This
Certificate of Merit
proclaimed throughout the World
is awarded to
Joseph S. Wu.
for DISTINGUISHED SERVICE
in Comparative Philosophy and Culture
and is the subject of notice in volume V111
Dictionary of International Biography

Chairman of the Board

London
14th March 1971

Registrar

本圖片爲作者民國六十年獲得之國際優良獎狀

©比 較 哲 學 與 文 化

著　者　吳　森

發行人　劉仲文

著作財產權人　東大圖書股份有限公司

總經銷　三民書局股份有限公司

印刷所　東大圖書股份有限公司

地址／臺北市重慶南路一段六十一號二樓

郵撥／〇一〇七一七五——〇號

初　版　中華民國六十七年七月
再　版　中華民國八十二年一月

編　號　E 10009

基本定價　肆元貳角貳分

行政院新聞局登記證局版臺業字第〇一九七號
著作權執照臺內著字第一一六二〇號

ISBN 957-19-0221-7（第一册：平裝）

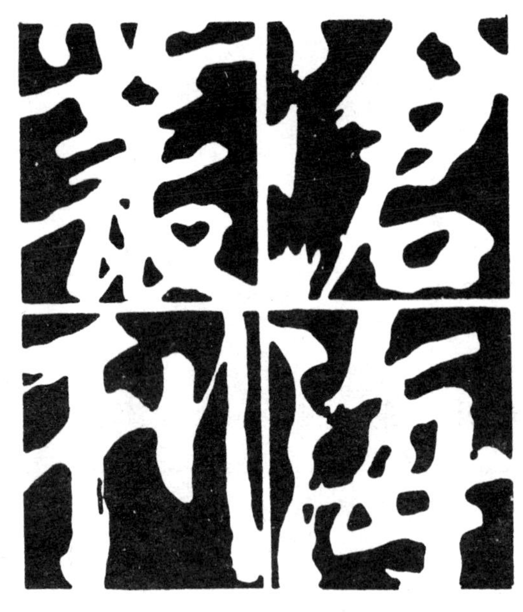

比較哲學與文化(一)

吳 森著

東大圖書公司印行

序

對於沉悶已久的中國哲學界，這是一本極具震撼性的書。它正像一把兩用的釘鎚，一面為我們起廢鐵，一面為我們敲新釘。

自胡適先生把杜威思想播種到中國文化的園地以後，不知有多少人亂捧杜威，多少人咒罵杜威；却很少有人從西洋哲學史的發展中，去深入地研究杜威。本書作者以他對西洋哲學的深厚功力，及在美國教授杜威哲學的實際經驗，替杜威思想作了一個極重要的說明。他認為把杜威思想譯成「實用主義」是不妥的，而應改譯為「實踐主義」。因為「實用」只是求低一層次的應用，而「實踐」却是把高一層次的境界付於實行，或由實行而通向高一層次的境界。在這裏，可以看出作者對杜威思想的研究，能本諸中國哲學的智慧，深造於道，再一以貫之。這對杜威思想的重新認識，當然有很大的貢獻；但最重要的還是糾正了膚淺的實用觀念，使我們了解真正的實踐，必須是有本，才能有用的。

自民國初年以來，東西文化優劣的比較，也成為中國哲學界的一個重要論題。直到今天，仍然此起彼落，爭論不已。事實上，他們都犯了一個共同的錯誤，就是推崇西洋文化者，却專數中國文化的弱點；而強調中國文化者，又偏愛以西洋文化的弱點來陪襯。作者有感於此，認為要比較文化，必須就兩方面作深入的研究，宜發其各自的特色和優點，再加以比較。這種比較乃是優點與優點的相互輝映，而不是缺點的彼此揭發。這樣的比較才能相得益彰，而不會流於輕薄的批評。本文集中「從『心理距離說』談到對中國文化的認識」，「『情』與中國文化」，以及「論中醫的基本精神」諸文，都展示作者對中國文化有很獨特而深刻的體會，和那些濫調陳腔或浮汜之論相比，實不可同日而語。

作者在民國六十五年到自由中國講學一年期間，又以他深睿的觀察力，發現中國哲學之所以未能顯著發展的原因，在於傳統學人的積弊：有我之心太重，以學術為私產，從而形成門戶之對壘，彼此攻擊。使哲學之成就，互相抵消，互相限制。以致於各自畫地為牢，孤芳自賞。作者有見於此，以其勇於批評的無畏精神，揭發門戶之陋習，提倡以「方法意識」代替「門戶意識」。雖然或因此而得罪各派門人，但學術之公道，自在人心；立說之影響，應見之於未來或後世。

筆者和本書作者的思想極為相契，但有一處覺得必須補充數語以為呼應。作者在「續論門戶和方法」一文中，認為能成一家之言的，便可稱為「哲學家」。這也許是以西方哲學的觀點來論，也許是作者對時賢或前輩尊敬的厚意。如以中國哲學傳統的尺度，一位真正堪稱為「哲學家」的，不只是有一家獨創之見，尤在於這種創見並非某些雕蟲小技，玩弄概念的怪論或新說，而是有關於解決人類整個問題的圓融智慧。所以中國古書常以「聖」「哲」連言，這正是強調哲人在思想方面也須像聖人的事功一樣，能起衰振弊，為萬世開太平。

本書作者遊美講學十八年，對於中西學術之修養，可說已臻於博大精深，不但與國際一流哲學專家分庭抗禮，絕無愧色；而且在中西哲學兼融處，猶有過之。在此，筆者更深切的期望，自這本書開始，作者能繼續把他更多的學識，智慧，及魄力貢獻給患難的中國。則筆者所默禱者，又豈是對作者一人之私心，實為了中國哲學未來之遠景也。

吳　怡序於民國六十六年十二月美國加州法界大學

比較哲學與文化 目錄

導論：本文集各篇大意

隋書經籍志有云：「南人約簡，得其英華；北學深蕪，窮其枝葉。」作者本是南方人，非常愛好約簡。中學畢業後，從香港到臺灣升大學，幸列北方（籠統而言）大師門下，然後知道「窮其枝葉」是「下學而上達」必經的途徑。其後出洋研讀西方哲學，遍歷窮其枝葉的艱辛，走盡不少紆迴的道路。近年由博返約，專治比較文化和比較哲學，先後在港臺兩地發表論文，得十八篇，彙爲文集。現於卷首將各文提要鈎元，以便讀者。惟約簡太過，未必得其英華。讀者若喜歡窮其枝葉，是作者求之不得的事。

(一)哲學和文化的比較研究

對傳統文化的檢討和對未來文化的創造，最好從比較研究入手。因爲沒有外來文化以資比較，我們傳統文化的優劣點無從顯露，我們便無從談怎樣創造未來的文化了。本文旨在介紹五種哲學和文化的比較研究方法：通觀法，局部法，襯托法，批評法，和融滙法。每一方法都列學當代學者著作做實例來評論。大抵局部法爲最脚踏實地的研究，亦爲現在世界學風之所趨。通觀法容易流爲獨斷，但學有所成而創作力强之學者往往喜用此法。襯托法和批評法爲「明暗相比」之法，實在以描述法及批評法爲主，而以比較法爲輔。融滙法實爲諸法之頂峯，功力未及的，千萬不可妄作嘗試。

㈡從「心理距離說」談到對中國文化的認識

本文借用英國心理學家愛德華•布洛（Edward Bullough）的「心理距離說」作爲引起動機，然後進行對中西文化作比較分析。根據作者的看法，西方文化是科學性的文化，而中國文化却是藝術性的。至於什麼是科學性，什麼是藝術性，作者在本文列表詳細分析。再從另一角度看，西方文化重法律，中國文化重道德。西方的法律，實在與科學精神共通。而我國的道德，却帶有濃厚的藝術意味。科學和藝術，並行而不相悖。法律與道德，可以互補對方的不足。由此可知，中西文化各有短長。我們不可以故步自封，亦不能妄自菲薄，應當集兩者之所長來創造我們未來的文化。

㈢「情」與中國文化

本篇承上文思想而發揮，指出西方大主流以理性爲宗，而中國文化精神却以「情」爲基礎。作者先從文字學分析「情」字的意義，然後紹述孔、孟兩聖的「情」的學說，繼而述中國大詩人杜甫，上承孔孟的仁道立場，把人情在文學上發揮到極致。作者繼續解釋，中國人不只對父母、兄弟、子女、夫婦、朋友有情，而且對死人、古人、鄉土、歷史文化、以及自然物都有情。而情的本質，不是一般人所說「愛情」的情，而是一種「惻隱」、「悲憫」之心，和「關懷」、「眷念」的意識。最後，作者指出，中國文化的「情」，是我們中華民族的精神命脈，是世界人類精神病的良藥，我們應加以珍惜，並且要發揚光大。

(四)中國倫理的基本精神

本文不是專論儒家或其他任何一家的倫理思想，而是對中國文化中的倫理精神作通觀的描述。作者首先指出，我國倫理精神具有「人本的」、「現世的」、「實踐的」、「和平的」、和「非功利的」等特色。但這些都不是最基本的精神。最基本的精神是對「行為之美」的感受。在中國古籍中，「美」和「善」往往是同義字。英文virtue一辭，在我國語言稱為「美德」，而不叫「善德」。其實，「人本」、「現世」、「實踐」、「和平」、和「非功利」等特色都是從「美的感受」或「藝術精神」發揮出來。這種建築在「美」之上的倫理觀是活動的、融渾的、涵攝的，和不拘執的。我們文化的精神也在於此。

(五)個人主義與中國社會

「個人主義」是西方文化的產品，在美國社會已根深蒂固。我們是否可以把這種觀念移植到我們文化的土壤呢？作者首先指出，美國的個人主義有正反兩面，正面是個人的自由，反面是個人的獨立性。個人自由並非任意胡爲，而是在法律制定之下成立。我國社會的一般大衆，法律觀念非常淡薄，守法精神亦付闕如，而人與人之間却「互相依存」和「休戚相關」（卽缺乏獨立性）。我們既缺乏個人主義的先決條件，所以個人主義實難行於中國社會。最後，作者指出，我們需要的，不是美國的個人主義，而是個人主義後面的「守法精神」和「個人獨立精神」。這才是滙通中西，捨短取長之道。

(六)懷海德和東西哲學的融會

美國哲學史家李維氏（Albert William Levi），在他的名著「哲學與當代世界」（Philosophy and the Modern World）一書，譽懷氏哲學爲融合整個西方哲學傳統的極峯造詣。懷氏本人曾認爲他自己的哲學類似東方思想。因此，懷氏哲學當爲比較哲學研究的對象。本文的目的在闡露懷氏哲學和中國思想的幾點相同之處：宇宙歷程觀，萬有相關論，和强調當下的體認。此外，作者特別提出懷氏God一觀念，意在將世界各大宗教融爲一家。由此看來，懷氏實有融滙東西思想的意圖。但他對東方的心靈缺乏具體的認識，而對東方文化缺乏直接的經驗。一個眞正滙通東西的哲人，還得俟諸將來。

(七)杜威哲學的重新認識

杜威氏的哲學，最初由胡適之先生介紹到中國，成果不甚滿意，反令國人對杜氏哲學誤解。但杜威思想在美國的今天，在社會科學、人文學科，以及政治、經濟、法律、教育等。仍有極大的潛勢力。（新進思想家往往盜用杜氏學說而不提其名。）爲此之故，作者特別將杜氏哲學重新作一簡介。本文略述杜氏形上學、知識論、倫理學、及政治哲學。而將杜氏「一以貫之」的中心思想和方法作提要鈎元的闡釋。惟杜氏哲學體系龐大，內容豐富，作者在本文恐未盡介紹人的能事。故特別在末段「杜氏哲學導讀」介紹杜氏重要著作。盼望有心研究杜氏哲學的讀者有路可循來作自己的研究功夫。

(八)易經和杜威思想的革命觀

本文的主旨在把易經中「革」卦的卦理和杜威氏政治哲學中的革命思想作一比較。作者首先闡述易經和杜威思想在形而上學相同的兩點：宇宙的變易性和萬物的交感性。其次分析易經第四十九卦「革卦」的卦辭和彖辭，指出易經的革命思想，一定要遵守「革而當」和「順天應人」的原則。然後作者分析杜氏政治主張在用民主方式改進社會而不贊成武力革命。這一點，在他對馬克思批評的一段話很清楚地說明。最後，作者指出杜氏思想和儒家思想的不同。杜氏思想偏重知性的理解，而儒家思想却以情爲主。但兩者不是互相排斥而是互補不足的。儒家思想缺乏了「下學」的方法，正好向杜氏的方法論借鏡參考。

(九)易經和杜威的因果論

本文主旨在把杜威哲學中的因果論和易經思想所設定的（presuppose）因果觀作一比較。根據杜說，因果律的意義，在指示我們的行動。易學的因果律正是趨吉避凶的南針，和杜說不謀而合。杜氏哲學和易經都强調因果發生的「個別情境性」、「知識工具性」、和「事物有機性」。在兩者的哲學中，我們都可以找到對「意志自由和決定論如何調和」的答案。但二者也有相異之處。易經是科學思想的前軀者，與宗教尚未分家。杜氏哲學爲科學成立後的批判者，重實證和訴諸經驗。杜氏認爲「因果」是純邏輯概念，而易經的因果論不能脫離形上學，因爲學易的最終目的在「窮理、盡性，以至於命。」這都超越經驗而進入宗教範圍了。

(十)從美國哲學看易經的宇宙觀

二十世紀的上半期是西方形上學崩潰的時期，但不少衞道的哲人力挽狂瀾，以謀重建岌岌可危的形上學。其中後實踐主義者 (Neo-pragmatist) 貝柏氏 (stephen Pepper) 著有「世界觀」(World Hypotheses) 一書，爲檢討傳統形上學及創造未來形上學的一本巨著。本文借用貝氏用以檢討形上學的「根喻法」(Root-metaphor Method)來探討易經。所謂「根喻」，是哲學家用以了解宇宙全體的一個常識譬喻。例如，機械論的「根喻」便是機器。據作者觀察，易經形上學的根喻是「家庭」。易經的宇宙觀是中國人家庭觀的引申和擴展。易經的作者們把家庭觀投射到整個宇宙上去，把宇宙看作一個大家庭。這是易學的人文精神和倫理意識。

(十一)從比較哲學的觀點看佛教的基本精神

在本文的導論中，作者指出佛教具有四種精神：(一)實踐主義的精神；(二)自我創造的精神；(三)衆生一體的精神；和(四)人人皆有佛性的精神。然後作者特別選出「無我」一題，用比較哲學的方法來闡述其含義，並指出「無我論」可以和當代西方的現象學、精神分析學及實踐主義滙通，而在道德修養上可以矯正個人主義的流弊。其次，作者提出禪宗的語言觀來討論，用文化哲學和比較哲學的觀點分析洞山大師下面的兩句話：「語中有語，名爲死句。語中無語，名爲活句。」這個「活」的觀念，反映着易經的生命宇宙觀，和「氣運生動」的藝術原理。因此我們可以說禪宗是中國人的生命宇宙觀及藝術精神透過佛教方式表現出來。

㈩從「比較文化」和「科學哲學」看中醫的基本精神

作者首先將中西文化作一簡單比較：西方文化有三大支柱：科學、法律、和宗教；中國文化有兩大基石：道德和藝術。作者特別對科學和藝術的不同作分析。其次，作者把西方的科學哲學作一簡單介紹。接着作者開始分析中醫的特質。中醫是一種藝術性的科學。它不是反科學，而是屬於另一科學傳統（西方科學以外的）之學。中醫所根據的形上學和西醫所根據的大不相同，因此立場有顯著差異。但中醫尚未發展成一套理論完整的科學，可能由於教育方法的缺陷。要宏揚中醫，必須發展中醫教育和促進中醫科學化。但中醫科學化並不等於中醫西醫化，西醫的學理和方法，在中醫科學化的過程僅供參考而已。

㈪論治哲學的門戶和方法

本文的前半論當代中國哲學家唐君毅、牟宗三、及方東美三人的治學風格及其造詣，然後作者提出用方法意識來代替門戶意識的主張。本文的後半論鑽研哲學應循的途徑與方法。根據本文作者意見，研究西方哲學的一定要先搞通西洋哲學史和當代西方哲學。此外還要打好邏輯及分析方法的基礎。至於研究中國哲學，一定要先通文字訓詁，重要典籍如學、庸、論、孟、老、莊等，都要讀到背誦如流而後已。最後，作者還介紹一些哲學論文的寫作方法，在行文中擧了不少文章作實例。在本文結論裏，作者寄望哲學界多多敎育人才。今日學術界與昔日不同，要發揚中國文化，滙合中西思想，一定要羣策羣力，共赴事功。

㈣續談門戶和方法

本文爲答覆讀者王喆昇先生致編者函之作，將前文未能暢所欲言的再加發揮。首先作者認爲中國學術界仍然缺乏虛心學習的精神，已故文字學大師高鴻縉的虛心學習爲極少數的例外。作者一生治學態度受其影響，才能欣賞唐門的「博大圓融」。其次，作者對哲學學者及哲學家的分別再予解釋，重申前文之論，許牟宗三氏爲哲學家。然後作者繼續發揮前文破除門戶之見的主張，認爲未能親列大師門下的學人不必產生自卑感，而曾經親列大師門下的切不可仗門戶之聲譽而盛氣凌人。作者旅美十六年，甫返國門，即聽到不少學術界門戶之見的閒言，故有前文之作。大抵中國學術界中人已見怪不怪、習非成是了。

㈤「克己復禮」辯

作者以剖析毛共的評「克己復禮」作起點。在港臺出版界向毛共答辯的文章中，仍未見到一文對「復禮」一詞作學術的探究。然後作者用語意分析法來展露「復禮」兩字的語意問題。若吾人依朱註訓「復」爲「返」，而把禮解作「合理的生活方式」，則「復禮」一詞有很大語病。有鑒於論語學而第十三章的「復」字朱註訓爲「踐」，作者於是探求文字訓詁一類的書籍，肯定「復禮」即「習禮」或「踐禮」之意。此文之特點爲中西方法兼用——應用分析法來破，然後應用文字訓詁方法來立，可以做哲學方法的一個例子。在結論裏作者提出治哲學的人應當懂文字訓詁，我們要「上達」，也不可以忽略了「下學」的功夫。

㈥論中國哲學的出路問題

作者認爲「中國哲學出路」是一個價值問題。這問題問的是「未來的中國哲學應該如何創造」。作者提出四個「不要」：㈠不要期望「禮失而求諸野」；㈡不要「諱疾忌醫」；㈢衞道之士不要「故步自封」；㈣革新之士不要「崇洋媚外」。接着作者提出四要：㈠要認識中國文化傳統；㈡要分別糟粕與精華；㈢要溝通古今和中外；㈣要融滙理論和實踐。作者在結論中，提出一簡單的哲學敎育改革方案。增設「哲學方法」及各種當代問題課程。編訂基本學科課本，以原典作敎材。敎法方面，注重討論法。錄取方面，提高語文標準。考核方面，注重學生思考方式，表達能力，及批評方法。如得健全師資配合，實行起來，當非難事。

㈦哲學敎育改進的我見

本文繼續前文結論而發揮，但重點在批評哲學敎育的現狀。作者特別指出過份着重講演法的流弊。學生依賴敎授的講演筆記而不讀原典，把敎授述說之哲學家當作哲學家本來面目不加深究。學生對教授之評價，往往不注重知識可靠性或見解正確與否，而注重教授演出是否「精彩」。許多教授爲了表演精彩，往往不擇手段，或表演驚人的背誦能力，或表演罵人的藝術。其次，中國學術界不注重批評方法，缺乏求眞析理的精神。再其次，學生寫論文報告以「抄襲」爲主，而躋於學者之林的未能身帥以正。最後，作者呼籲哲學界人士自動洗心革面：洗滌互相猜疑的心態，革除惟我獨尊的面孔；然後哲學教育才能走入正軌。

㈥門戶、方法、和中國哲學的未來

本文分三部份。第一部份解釋爲甚麼要用方法意識代替門戶意識。理由是：㈠門戶意識容易引起意氣之爭；㈡學術界分工愈細密，門戶教育力量愈弱；㈢門戶的代表縱是權威學者，不一定是好的教師；㈣門戶是學術權威，方法却是「權威的權威」。方法好比照妖鏡，異端邪說和偏頗之論在鏡下都會一一現形。第二部份爲未來中國哲學的構想。未來的中國哲學應該是以中國文化爲本，要融滙各哲學傳統，要趕上世界潮流，是全中國人的哲學。第三部份論未來中國哲學的構想如何實現。作者在此重申哲學教育改革的立場，並主張哲學研究所設「哲學教學法」及「哲學教學輔導」等課程，藉以培養優良的哲學教授。

哲學與文化的比較研究

㈠引言

我從事哲學和文化的比較研究十多年了。曾因爲這方面的微薄貢獻而獲得世界名人錄（Dictionary of International Biography）頒贈獎狀。但什麼是哲學和文化的比較研究呢？這一類學問用的是什麼方法？這類研究在學術上又有什麼貢獻？我一向對這些問題沒有作較深反省的思考。無怪孟子曾經說：「習矣而不察焉，行之而不著焉，終身由之而不知其道者，衆矣。」

去歲蒙台大哲學系邀請擔任客座教席，主講比較哲學一課，數月來給我很多反省的機會。我在美國雖然教了十幾年書，但從沒有開過比較哲學這一類的課程。美國大學的哲學系，極少有開這一門課的。美國的比較哲學學會，成立了不過是短短的十年，會員也祗不過百餘人。至於比較文化學。在美國的大學也不算是一門重要課程。筆者曾於一九七五年夏天加州大學香港暑期班開過「中美文化比較研究」一課，這純粹是爲中國留美同學開的，班上沒有一個美籍學生。根據筆者的觀察，「比較哲學」和「比較文化」這一類課程，對美國學生不見得有切身的需要，反而對我國的學生意義深長。原因是我國近百年來國運蹇厄，對我國傳統文化的檢討以及對將來文化的創造，都是我國青年學子所極關切的問題。因爲沒有外來的文化以資比較，我們傳統文化的優劣點都無從顯露出來，更無從談如何去創造未來的文化了。因此，比較文化學及比較哲學（後者可說是前者的一專門部份）這一類的課程，在我國的社會，實在非常適應一般文化工作者的興趣和需要。

本文寫作的目的，不在討論什麼重大問題，而在介紹幾種哲學和文化比較研究的方法。在介紹方法的時候，不得不擧實例來討論。所學的實例當中，除了前輩及時賢的著作外，筆者自已的文章也有時拿來作例子。不在自我標榜，旨在拋磚引玉和鼓勵後學罷了。根據筆者反省所得，哲學和文化的比較研究，大概可分五類：通觀、局部、襯托、批評、和融滙。以下各節將擧例說明和討論。

(二) 通觀式的比較

這一類的比較研究一定要研究者對所比較的文化有通盤性的了解。所謂通盤性（as a whole），並不是研究者對該文化的內容什麼都懂，而是研究者對該文化有概括性的認識，能把握該文化的精神和特性。前輩學者的著作中，梁漱溟先生的「東西文化及其哲學」是一個典型的例子。在這一本不朽的傑作裏，他把中國、印度、和西洋三個文化傳統作一個通觀式或全盤性的比較，從而肯定中國文化的價值。由於個人學力的限制，梁先生的大作不是毫無可議之處的。第一、他自己也承認，他從未出洋留學，也不懂洋文，對西方文化的了解，只靠別人的介紹。第二、印度文化方面，以大乘佛敎的唯識宗作代表。佛敎雖創於印度，但不在印度本土流行。這一來，大乘佛敎（尤其是唯識宗）是否能作印度文化的代表，是很成問題的。至於中國文化，梁先生以儒家作代表，把孔子學說的精神和義理都發揮的淋漓盡致。但可惜儒家以外的思想，梁先生都沒有什麼討論，這都是美中不足的地方。雖然如此，梁先生對這種通觀式的比較研究，實在有首創山林之功。

梁先生的巨著之後，中國學術界很少再有通觀式的比較文化研究出現。反而在美國我們可以找到一本和梁著可以比美的作品，這是耶魯大學敎授那托普（F. S. C. Northrop）所著的「東西之會合」（The Meeting of East and West）。此書取材範圍，較梁著爲廣，而東西兩方面之文化復有較細微的分析。舉例來說，英美雖同屬西方文化，但精神形態各異，這書也注意到了。至於東西之區分，根據那氏的說法，東方人（以中國日本爲主者）之心態爲美的感受型，而西方人則爲知性之分析型。這個粗枝大葉式的立說，還可以過得去。但在那氏此書中，討論墨西哥文化佔不少篇幅。而且根據他的說法，墨西哥文化實在介乎東西文化之間，而可以作爲東西交流之橋樑。這個說法實在使不少東方學者（尤其是中國學者）困惑。但東方學者懂墨西哥文化的寥寥無幾，不容易給那氏一個駁論或繼續發揮其說。此書出版後，曾引起熱烈討論。但近年來美國學風轉向分析的研究和局部的比較，此書乃不像以前的被人重視了。

中國文化人類學者許烺光，也寫過一本很夠份量的通觀式的比較文化的著作，名叫Americans and Chinese。書中比較中美兩國人的兩性觀、婚姻觀、宗教觀、家庭觀、政治觀等等，用很多實例來解說。但全書以一中心概念貫通起來：美國人的行爲方式，是individual-centered approach，而中國人的行爲方式是situation-centered approach。所有的例子都按照這一中心概念來解說，雖然有時不免過於自圓其說，但以一個文化人類學者或社會學者能用哲學家的「一以貫之」的方法，誠不失爲通觀式的比較文化巨著。

通觀式的比較研究往往是一件不討好的學術工作。研究出來的成果縱然會得到知心人的賞識和讚許，但也會受不少其他學者吹毛求疵的批評。尤其是處在今日的學術界，被認可的學術途徑是專門題目的研究和精密的分析，粗枝大葉式的通觀比較往往被認爲是獨斷的、不負責任的。一般來說，年輕的學者都很少走這一條路子。但成了名的老學者們還有不少人在通觀式的康莊大道優悠自得，因爲繞道羊腸小徑對他們來說，是太費精神和氣力了。

㈢ 局部式的比較

這種研究方式，在今日比較哲學和比較文化的園地裏，可謂大行其道，因爲分工愈細，愈容易獲得被認可的研究成果。在今日西方學術界的比較哲學和文化的刋物，都鼓勵這一方面的創作。美國比較哲學學會更每年定有專題，然後就專題來作比較研究。筆者兩度發表的易經和杜威哲學的比較，都是應比較哲學學會年會的邀請寫成的。

『易經和杜威思想的革命觀』(註一) 實在是不得已之作。筆者在美國研究和教學，一向不愛出風頭。一九七二年比較哲學學會的年會主持人，定了該年的專題爲「東西方的革命觀」(Philosophy and Revolution: East and West)，然後邀請會員學者寫有關東西哲學裏論革命的學說，寫成到會場發表。筆者本來沒有參加該年會的打算，後來和在美教哲學的朋友們連絡，知道還沒有一位中國學者準備去該年會宣讀論文。換句話說，中國哲學還沒有人代表。筆者爲了替中國哲學撐場面，不得不下一番功夫鑽研這個題目。筆者一向對政治哲學沒興趣，但爲了寫這一篇文章，向加州州立大學教政治哲學的同事請教多次，然後決定「易經和杜威比較」這個題目。好在易經和杜威都是筆者熟悉的，寫起來都不甚費力。這一篇文章，雖然與會的學者們都說很好，但筆者自己讀來，却嫌有點刻意求工的斧鑿痕跡。

『易經和杜威思想的因果論』(註二) 一文，更是爲了自己的使命感而作。當年會題定爲「東西方的因果論」的時候，筆者已經知道中國學者對這問題很難下筆。中國哲學（佛學不能算）本來便沒有什麼因果理論，縱使有點點滴滴的片段見解，也很難拿出來和西方哲學相提並論。西方哲學傳統和科學思想幾乎相依爲命，而因果學說更是他們傳統中一個極爲顯要的題目。和筆者同時在美國習哲學的中國學者當中，似乎沒有什麼人曾在科學哲學下過功夫。這一來，代表中國的使命，落到筆者的肩上了。可是，除了佛學之外，中國傳統哲學裏，那裏可以找到因果論和西方的大家分庭抗禮呢？仔細思量了許久，才想到把易經所設定（presupposed——非明顯立論）的因果觀和杜威的因果論來比較。寫成此文，尚稱滿意。此後，對杜威氏哲學和中國哲學能相通之處，領會更多。

這種局部或專題式的比較，從上述筆者的寫作經驗來看，最難的便是去找一個適當的題目。許多時候在西方大行其道的，在中國傳統裏可能是無關宏旨的話題。西方哲學中許多題材，像「分析命題和綜合命題的劃分」，「神的存在的本體論證」，及「綜合先驗如何可能」等題目，在中國哲學的領域裏簡直不存在的。中國哲學也有些題材，像「浩然之氣的存養」，「涵養須用敬」，「誠者天之道」等等，在西方哲學也找不着。倘若我們爲了「門當戶對」而强其相等，很容易便犯「中式漢堡」的謬誤了。(註三)

從事這種局部式或專題式比較研究的學者，也應該對中西文化有通識作基礎才行。要是沒有通識，便想不清楚要研究的文化傳統的特性，便很容易會創造「中式漢堡」或「西式塡鴨」來交卷。許多時候，局部比較或專題比較的成果，也要從通識的眼光去看，意義才顯得出來。嚴格的說起來，通觀的比較和局部的比較不是背道而馳，而是相輔而行的。可惜今日從事局部比較研究的學者，對文化有通識的簡直是鳳毛麟角了。

四 襯托式的比較

襯托式的比較也可以叫做「明暗相比」。當我們介紹或討論一哲學傳統的時候，爲了要把該哲學的特色顯凸出來，我們往往把另一種哲學作爲述說該哲學的背景。這是一種對比法，但作爲背景的哲學不會佔討論的很大篇幅，或甚至不會明顯地被討論。所以筆者特別稱之爲「襯托式的比較」。

筆者在一九六九年英國劍橋大學主編的「宗敎研究」（Religious Studies）一學報上發表了一篇述說中國宗敎思想的文章，（註四）便是用襯托法寫成。此文的目的在闡述中國宗敎思想的人文精神：神界類似人界，神人距離少，祭祖及先賢崇拜的人文意義等等。筆者在行文運思方面，都很自覺地以西方的宗敎爲背景，來把中國宗敎思想的人文精神顯露出來。這實在是一種普通作文的技巧，不必限於比較文化和比較哲學的園地裏。

在哲學界老前輩當中，不少學者都用這種襯托方法。方東美先生的英文本中國人生哲學（The Chinese View of Life），在闡述中國哲學的時候，都以西方哲學爲背景而逐點比較，藉以顯中國哲學的特性。當他敍述中國宇宙觀的時候，有意强調生命的宇宙觀，所以特別選出西方哲學中的唯物機械論作爲背景。唐君毅先生的「中國文化之精神價值」幾乎全部（最後三章例外）是用這個方法寫成。論宇宙觀一章，和方著有異曲同工之妙，把西方傳統宇宙觀作爲闡述中國宇宙觀的背景。唐氏的觀察，認爲西方宇宙觀實爲「超越精神」及「純理分析精神」的產物。中國宇宙觀缺乏超越的必然律的觀念，是以自然律內在於萬物。而中國先哲對萬物存在的認識，直接把握其事象，而不重純理的分析。

方唐兩氏用襯托法來闡明中國哲學及文化的精神，對中國傳統文化的提倡和重新估價，貢獻極大。因爲他們能把中國哲學和文化的長處和特色闡露出來，使中國讀者可以肯定或恢復他們對中國哲學和文化的信心。但他們的「襯托式的比較法」，也不是無可非議的。（註五）從西方的立場來看，他們對西方文化和哲學的解釋，都沒有盡客觀和公平的能事。唯物論和機械論的宇宙觀，在西方哲學界早已沒落或過了時。二十世紀初期至今，從柏格森、亞力山大、摩根、到懷海德，出現了生命哲學的大主流。我們爲什麼不把這類哲學當作西方哲學的代表，而偏要强調他們過了時的唯物機械論呢？以自然律內在於宇宙萬物的觀念，在西方哲學傳統裏也算是對自然律的一種看法，爲什麼我們把這種看法置之不理，專門强調他們的超越的必然律的觀念呢？至於重純理的分析，這的確是西方傳統文化和哲學的一大特色。但從二十世紀初至今，在歐洲的胡塞爾及其門人後學，在美國的詹姆士、杜威、及懷海德，都主張直接把握具體的經驗或事象，我們敍述西方哲學時，怎可以忽略這一點二十世紀的精神呢？

問題可能是，當我們承認二十世紀的西方哲學是他們傳統的一部份時，我們對中國哲學沒有什麼可述的必要了。因爲我們的，他們也有，而他們有的，我們未必有。那麼，我們和他們相比，眞是小巫見大巫了。這也不然，我們縱使承認了他們有生命的宇宙觀，有自然律內在於物的觀念，有直接把握事象而不賴分析的精神，我們也可以對我們傳統的文化和哲學的精神，有所發現，有所闡述。這一點，有待於年輕一輩學人的鍥而不捨和不苟且的精神了。

(五) 批評式的比較

這一種比較方式，也是明暗相比。其法是以某一種哲學或文化爲據點，來批評另一種的哲學或文化。表面的方式是批評，但在批評方式的背後，却有很深的比較意味。五四運動時的革新之士批評中國傳統文化，就是以西方文化作據點的。換句話說，當時的「新文學運動」和「打倒孔家店」等等都是哲學和文化比較研究下的產物。

筆者在國外所發表的論文當中，有好幾篇是從中國文化和哲學的立場去批評西方哲學和文化的。比較引起國際學術界注意的一篇，是在一九六八年十二月「國際哲學季刋」的「從東方的觀點去看當代西方哲學」。(註六) 其次便是一九七〇年夏天在「教育學說」中的「論美國高等教育中的兩項教條」。(註七) 在第一篇論文裏,筆者從知識論觀點出發,首先肯定西方思想一脈相承的精神是「明晰和確定的追求」(Search for Clarity and Certainty)，然後從整個西方哲學史學出表現這一精神的顯著的事實。進而論及西方當代的分析哲學，實爲「明晰和確定性追求」精神最高峯的表現。筆者然後以暗示的方式顯露當代西方哲學的弱點——爲了明晰和確定性的追求，不惜犧牲哲學和文化傳統中有價值（但欠明晰和確定性）的觀念。筆者再進一步討論哲學研究的題材，西方哲學界以宇宙最後實在爲主要的探討，（中國哲學則以「人生」爲主題）故哲學和自然科學有極密切的關係。何以如此呢？因爲自然界可以給我們較大的「明晰性」和「確定性」，而「人生」却躲在「惟恍惟惚」的面幕後面，我們不容易從它獲得明晰的觀念和確定的意義。這一來，西方哲學界形成了不大重視人生探討的傾向。筆者再進一步闡明，由於認知不同和題材不同，西方哲學養成了重批評的態度。由於重批評、好明晰，當代西方哲學家往往互不容忍地互相攻戰（按：只是學理上的爭論，並非如我國文壇意氣之爭和人身攻擊）。這一來，當代西方哲學家忽視了本來哲學的任務，對社會、倫理、教育等問題都置諸腦後了。

至於「論美國高等教育中兩教條」一文，純然從中國文化的觀點來批評美國高等教育。這兩項教條式的信仰是衆人週知的。其一爲博士學位（名譽博士不算）作爲執教大學的最基本的資格，其二爲大學教授們不斷發表論著作爲續聘的條件。由於作者在中國文化中長大，在中國學術界，許多極有成就的學者都沒有學士以上的學位，但他們都是大學裏學生們非常擁戴的教授。其次，許多優良的大學教授都不急於發表著作，把他們的時光都花在長遠的研究計劃或他們所授的課業上。筆者寫這文章的時候，是以中國的學術社會作背景來批評美國教育，但方法却純粹是西方的，是Exposition of presupposition 方法的運用，把這兩項習而不察的基本信條連根拔起來檢討其土壤、陽光、氣候、和品種等條件。這樣的批評才不致流於社論式的膚淺，所以出版後不少教育研究所教授指定爲研究生的參考讀物。

不過，話要說回來，這種比較方式很容易犯襯托法所犯的毛病，就是很容易不够客觀和有欠公允。平心而論，筆者上述的那兩篇文章對西方文化的批評實在有點過份或偏激。（這指理論言，絕非意氣之爭或人身攻擊的那種偏激。）奇怪的是，偏激的文章往往引起熱烈反應，圓融而敦厚的文章反不受讀者的熱烈歡迎。其實，筆者文中批評的美國文化教育的缺點，正是我們所必須具有而可以補我們文化不足的。我國人的心態，偏重直覺而欠缺求明晰和求準確的精神，而我國大學師資的審核、續聘、和升等，可能太不够嚴格。美國學者中倘若有人對我國社會文化和教育有很清楚了解的話，大可以給上述這兩篇文章作很有力的駁論——向中國文化還擊。然而，西方學者懂透東方文化的實在太少了。

㈥ 融滙式的比較

在學術思想的園地倚傍一個名家，或摭拾一二家的學說而獨樹一幟的都不太難。但要採花成蜜、百川歸海式的融滙衆說而成一家之言的，不論古今中外，都罕見得如鳳毛麟角，因爲做這種學問功夫的，不能徒恃天才，還要孜孜矻矻的鑽研，而且還要虛心地去融攝各家學說的精華，才能成他自己一家之學。在今日中國學術思想界的老前輩當中，已故的黃建中教授可以作爲融攝百家而成一家之言的首席代表。可惜黃先生著作太少，加以他的門人不懂得爲乃師捧場或善祧其學，以致其名在今日幾乎湮沒而不彰。筆者這裏說黃氏融攝百家之學而成一家之說的，是指他的「比較倫理學」（正中出版）而言。以下略爲介紹這本不朽之著，作爲我們融滙式比較法的一個模範。

黃氏的倫理學，旣滙通中西，亦貫穿今古。其自序有簡單扼要之說明：

本書從生物方面追溯道德行爲之由來，從心理方面推求道德覺識之起源，從人類社會方面研索道德法則之演變，從文化歷史方面窮究道德理想之發展。詮次衆說，中西對斟，較其異同，明其得失；由相對之善惡，求絕對之至善，襲太和之舊名，攝突創之新義；以爲助與爭乃天演所歷之途徑，和諧乃人生所蘄之正鵠，而十餘年來思想上之矛盾，始得一綜合。（註八）

黃氏之作，以問題爲經，各家學說爲緯，分析詳明，而文字之清晰凝鍊，當代哲學學者罕能與之比。書中立論，每一句皆有所本，詳註來歷，絲毫不苟。（此種著作比不加註者費時達三四倍，黃氏著作不多，此或其中一因。）而黃氏書中之博引，幾乎盡採原典。他的自序曾說：「凡書中所引中西載籍，率務求以原書爲據，不得已乃徵及編譯各本，蓋鑄錢須采銅於山，不敢徒買舊錢以充鑄。」（註九）這些話不是他自我標榜，這一項盡採原典、言之有據的信條，黃氏從頭到尾都實踐了。今日習哲學之青年，實在應人人具有此書一册。旣可作方法之南針，亦可作Scholarship之模範。

筆者在另一文裏（註十），敍述到唐君毅先生之學時，以「博大圓融」稱唐氏。今敍述黃氏之學，亦以「博大圓融」許之，究竟二人之分別在那裏？顯然地，最大的分別便是唐氏之學無路可循，而黃氏之學，示人以途徑。黃氏本人方法意識甚強，「比較倫理學」一書特闢專章論方法，而對其自己的比較法，更有詳盡的介紹。而此書除比較法外，亦兼用其他種種方法，黃氏對此特別說明：

比較法在倫理學上之應用正復甚廣，而他法亦爲本書所不廢。……凡特殊事實之有關倫理者、必遍觀而盡識，條分而件繫，眷其同異，考其得失；以徵驗求是，以思辨窮理，以歸納成律，以演譯證例。體驗人格之實在、則宜用直覺法，通衡行爲之價值、則宜用涵著法，探索道德之起源、則宜用溯演法，推究思想之發展、則宜用辯證法，餘如分析演徵二法，亦可待機而善用之；蓋治學多術，用各有當，不徒規規焉限於比較研究法已也。（註十一）

筆者就讀師範大學時，忝列黃門，從其習教育哲學。其時黃氏已年邁氣衰，講課無精彩可言。惟其靄然儒者，心平氣和，從不在課堂上「罵人」，亦從不標奇立異。惜筆者受業於黃氏時，陶醉於文字訓詁之學，對黃氏之學，尙未能欣賞體會。現在鑽研哲學十六年之久，在美國大學教倫理學亦多年。這次返國門，讀黃氏「比較倫理學」，驚訝萬分，歎爲現代倫理學觀止之作，可惜黃師已仙逝多年了。

(七) 結 論

本文介紹了通觀、局部、襯托、批評、和融匯五種比較研究法。局部比較或專題比較最宜初學，許多拿了博士學位的青年學者都用此法。這個方法的特性是脚踏實地往深處鑽研，但對於一些稍有成就，才情較高，而具通識的學者，認爲從事這種比較研究便沒有機會給他們發揮。他們比較喜歡通觀、襯托、和批評。但對於脚踏實地的學者來說，這三種方法都不切實際，只不過是意見的發表而已。就筆者個人的體會和觀察，通觀、襯托、和批評都離不開局部。而局部的研究亦要賴通觀的體會、襯托的描述、和批評的分析。其實，局部的研究是「下學」的功夫，要做「上達」的功夫，必須自「下學」始。「下學」的基礎若不穩，縱使「上達」到泰山之頂也要翻跌下來。至於融滙衆說而成一家之言，應該是下了多年功夫之後才可嘗試，這是五項方法裏最頂峯的一項，若功力才分不够，最好不要高攀，以免翻跌下來，粉身碎骨。

至於比較文化和比較哲學的題材，不是本文所要討論的了。比較哲學的題材，大可以從中西哲學史（指整個傳統裏所有的原著作言，並非指幾本哲學史教本也）裏找尋。至於比較文化的題材，則範圍要廣濶得多。舉凡社會制度、經濟、政治、宗教、語言、文學、藝術，以至於衣、食、住、行等基本生活方式，都可以作比較文化的材料。人類文化實在是人文學者的樂園，我們涵憩其間，大有「海濶從魚躍，天空任鳥飛」的逍遙自在。禪宗「平常心是道」的格言，就是告訴我們，文化的菁華，可以在日常生活裏體會出來。談到這裏，筆者想到袁枚一首詩：

但肯尋詩便有詩，
靈犀一點是吾師。
斜陽芳草尋常物，
解用都爲絕妙辭。

研究哲學和文化的同志們，我們不要再走老學究們的舊路，從故紙堆中找尋研究的材料了。我們要從象牙塔中跑出來吸一口新鮮的空氣，讓斜陽、芳草、游魚、飛鳥給我們靈犀，對虛無飄渺的穹蒼，和悲歡離合、愛恨交加的人世，去作直接的反省思考吧！

註一　本文集第八篇。

註二　本文集第九篇。

註三　此爲筆者獨創名辭，見一九七一年 Inquiry 登載之 "The Paradoxical Situation of Western Philosophy and the Search for Chinese Wisdom" 一文。

註四　此文英文題目爲 "Some Humanistic Characteristics of Chinese Religious Thought"

註五　筆者在比較哲學一課中，曾採用唐君毅先生『中國文化之精神價值』中「中國先哲的宇宙觀」作教材。台大哲學系同事郭文夫先生向筆者發問，問唐先生敍述西方宇宙觀時是否客觀公允。此問題給筆者反省思考機會，僅向郭先生致謝。

註六　此文之英文題爲：Contemporary Western Philosophy from an Eastern Viewpoint見International Philosophical Quarterly 一九六八年十二月號。

註七　此文之英文題爲：Two Academic Dogmas in American Education，見 Educational Theory 一九七〇年夏季號。

註八　見黃著「比較倫理學」二—三頁。

註九　前書，第三頁。

註十　「論治哲學的門戶和方法」，本文集第十三篇。

註十一　見「比較倫理學」，第六十一頁。

從「心理距離說」談到對中國文化的認識

本人出國已十多年，在美先後教過五所大學，一直沒有機會用中國語言演講。今天回到香港，本準備拜會中文大學的師友們，重新學習一番。想不到新亞書院哲學系的同學那麼熱誠，把我拉來講演。對國語荒疏已久的我，這實在是很大的考驗。辭不達意恐怕是意中事，而且在講詞中可能有中英文夾雜在一起的現象，這一點要請各位原諒。

我今天的題目是『從心理距離說談到對中國文化的認識。』心理距離說是近代西洋美學上一個很重要的題目。遠自一九一三年，英國一位藝術心理學家，名叫愛德華布洛(Edward Bullough)，在英國心理學報(British Journal of Psychology)發表一篇專論，題爲『作爲藝術一要素及美學一原理的「心理距離」』，影響頗大。朱光潛先生的文藝心理學曾作專章介紹。諸位也許從藝術哲學或美學這一門課程中學過，或至少聽過『心理距離』這一個學說。也許有人從來沒有聽過這個名辭。所以我還是從頭作一個簡單的介紹。

我記得前人有一首打油詩，作者的名字我已經忘記了，但是這首詩的理趣可以作爲介紹心理距離說的一個很好的引子。這首詩的文句大概是：『詩酒琴棋雪月花，當年日日不離它。如今七事都抛却，柴米油鹽醬醋茶。』這首短詩顯示一個很大的對比。詩、酒、琴、棋，代表藝術的境界，充滿着詩情畫意，逍遙無碍的意象。而柴、米、油、鹽，象徵着實用世界，其間充滿着煩厭、憂豫、及無可奈何的心境。布洛的心理距離說，正是要描寫人生中藝術意境和實用世界的大差別。同是一個對象，當它成爲藝術的意象時，便是美的對象。可是，當它變成實用生活中一部份的時候，美感頓然消失。擧個例來說，一幅雪景，和我們的實際生活不相牽涉的時候，令我們心曠神怡，正如柳宗元所描寫的：『千山鳥飛絕，萬徑人踪滅。孤舟簑笠翁，獨釣寒江雪。』可是，當我們駕駛著一部汽車上班，正巧遇著下大雪的時候，我們的心情，只有小心駕駛，戰戰兢兢，惟恐和別人的車子相碰或翻到溝渠去，那裏還有心情來欣賞那晶瑩可愛，一片如銀的雪景？原因是，當我們駕車上班的時候，雪已變成我們實際生活的一部分，左右我們的活動，威脅我們的安全，而不是藝術的對象了。這個例子給我們的提示是，實用界往往妨碍藝術的欣賞，進而妨碍我們對事物所下的判斷。然而，離開了實用界我們便不能生活。縱管你是聖人、至人、神人、詩人，也離不了實用的常識世界。實用的常識世界支配我們的思想甚大。看見房子，自然想到居住。看見瓜菜，自然想到吃。女人看見男人，自然想起這是『賺錢的』、『養家的』、『傳宗接代的』；男人看見女人，自然想起這是『燒飯的』、『管家的』、和『生孩子的』。根據心理距離說，我們如要眞能欣賞事物的眞正價值，一定要拋開實用的態度。藝術家和詩人跟我們不同，就是他們能擺脫實用的束縛去直接觀照事物的本身。所以清代大詩人袁枚說：『斜陽芳草尋常物，解用都爲絕妙詞。』他們看見太陽，不會像普通人聯想到曬衣服；他們看見野外的綠草，不會像一般農夫聯想到『飼牛的食料。』

藝術家超脫實用世界，理論的科學家也超脫實用世界，那麼藝術的態度和科學的態度區別在那裏呢？關於兩者的區別，我在下文有較詳細的分析。這裏首先聲明的便是，科學所理解的對象，主要是事物間的關係。藝術專就事物的本身作觀照。科學比較普通化，藝術比較個別化。因爲這個緣故，心理距離是一種個別的經驗。西班牙哲學家 Jose Ortega Y Gasset 給我們一個極好的例子：

譬如一個社會聞人病入膏肓，躺在醫院的病牀上，在他週遭的一共有四人：他的妻子、替他治病的大夫、新聞記者，和一位偶然來到那裏的畫家。不用說，和病人關係最密切的是他病牀旁邊的妻子，生離死別的悲痛，沒有其他的人比她再能感受到的了。其次便是醫病的大夫。病人是否能好轉，是他職務上的得失成敗。那位來採訪的新聞記者，和這垂死的病人能保持一段距離。但他的態度也還不是純粹超然的。因爲這垂死的病人可能是那記者的政治偶像或是他素來不喜歡的人物。他要把這病人的死訊或病狀在報章發表的時候，也很難超脫主觀的感情。至於那畫家，身份完全不同，他是個純粹的旁觀者，他只注意到病室裏的顏色、明暗、和形狀。他的觀察，只及於純粹感官世界。他和垂死的病人的心理距離是最遠不過的了。要那畫家超脫那病人死亡的現實很容易，要病人的妻子能超脫却極難。不過，一個人的藝術修養到了相當境界，也許能超脫切身的現實。莊子喪妻鼓盆而歌是其中一例子。蘇格拉底也曾說過：『哲學家是萬有的旁觀者。』威爾杜蘭 Will Durant 在哲學史話的序言中說：『我們對於無可奈何之事，要能一笑置之，即使死亡也不能例外。』這是哲學家的藝術精神，也可以說是心理距離說的極高妙的運用。

我對中國文化的認識，也許和諸位差不了多少。不過，在了解的過程當中可能很有差別。一九六〇年的夏天，快要出洋留學的時候，到唐君毅先生家辭行兼請教。他教我先在邏輯及認識論方面下一番苦功，然後鑽研形上學，最後才同到人生論。我到美國以後，都按照唐先生臨別贈言，先後修了幾門高等邏輯、認識論，以及科學哲學等科目。一心一意去學西洋哲學與文化，對於中國文化似乎拋在腦後了。一九六三年任密蘇里大學專任講師，執教西洋哲學史、邏輯、及科學哲學等科。密大給我的聘約，是教西洋哲學的。可是教了一年，學生紛紛要求開東方哲學的課。第一次開班選修四十人，第二次八十人，第三次名額增至一百，第一天註册的上午即告滿座，不少要求特准旁聽或選修。我在教課之餘，每天抽出一二小時在學生活動中心和他們討論。發現他們選課的動機，除了對東方文化好奇之外，大底出於對美國社會文化的不滿，和我們對自己社會文化不滿而崇尚西方一樣。由於這個觀察，我決心去研究美國社會和文化的特性。

這裏不是專講美國文化，不能詳細討論。姑且就本人觀察所得，列舉幾點主要特性如下：

職業專門化　　教育商業化
生產科學化　　商業競爭化
禮節表面化　　宗教形式化
藝術實用化　　道德相對化
法律嚴密化　　生活機械化

以上所提到的如『生活機械化』、『禮節表面化』，和『宗教形式化』，都足以引起美國青年對美國社會文化的不滿。由於對現實的不滿，自然會向外找尋理想的對象。東方文化於是成了他們外來理想對象之一。由於這個緣故，給我對中國文化有一個反省的機會。我在美國是客人，自然對美國文化採旁觀者的態度。我同時又遠離了祖國，中國的文化已不是我日常生活中的一部份，所以我對中國的文化可以拋開實用的態度去看。這一來，我對中西文化都有冷靜反省的機會。我在出國前，讀過好幾位老前輩談中國文化的著作。不過，在出國前中國文化是我實際生活的一部份。由於當局者迷，既未能體驗中國文化的價值，也不能充分明瞭前輩學者對中國文化的解說。出國以後，用旁觀者的理趣把西方文化和中國文化比較，才能領略到一點中國文化的精神和價值。我這裏所談的價值，不是實用的價值，而是內在的本身的價值。今天因爲時間有限，不能把中國文化拿來詳細分析。只好將我歷年向美國學生講學的一點老生常談，向諸位介紹一下。

首先我要聲明的，就是我沒有到過歐洲，我只能用美國文化作爲西方文化的代表。至於中國文化，是指中國傳統文化，及中國人原有的，富有代表性的生活和思維的方式。

首先，我要標明我的主張：中國文化是藝術的和道德的，這和西方文化是科學的和法律的有很顯然的不同。請諸位注意，我用『藝術的』和『科學的』兩個形容詞，都是相當廣義的，諸位不要以爲掛起來一幅一幅的圖畫才是藝術，在實驗室內的活動才是科學。我用這兩個詞來代表兩種不同的思維和行動的方式而已。爲了解說的方便，我姑且把科學的顯著特性和藝術的顯著特性列一個表來比較：（見下圖）

	科學的 The Scientific	藝術的 The Artistic
目的	對事物作理智的了解，目的在尋求眞理。	欣賞或創造，目的在求美。
方法的特性	分析的、實證的。	直覺的、想像的。
運用符號的方式	直述式，往往運用抽象的概念。	象徵性的，往往運用具體的意象。
表達方式遵從之原則	力求描寫確實，概念明晰。	力求傳神活現，畫龍點睛。
基本學習方式	遵從定義、法則、及程序。	摹擬典型作品或自然人物。
題材的性質	題材要合理化和契合事實。題材往往是事物的通性。	不必合理，也不必契合事實。題材往往是個別的特殊事物。

教育上之效能	給人知識技能。	陶冶性情品格。
發展過程之特點	科學可以多人共同合作。在發展過程中，後浪推前浪，愈新愈好。(The more up-to-date the more acceptable)	藝術爲個人之獨特創造，發展形態，不採取後浪推前浪方式。評定價值，不能以古今新舊作標準。

從列表的分析，很顯然地可以知道，在中國傳統文化裏，藝術的成份是顯性的，科學的成份是隱性的。中國傳統的人文精神也就是藝術精神。中國的道德和宗教，也充滿了藝術的成分。至於中國的宗教如何和藝術共通，下文當有解說。中國宗教思想中的天地鬼神和西洋宗教中的上帝實在有很大的區別。基督教的上帝是無上的權威，而中國人的神是美感的對象。神是美的而鬼是醜的，醜字從『鬼』而得意，是一個極好的旁證。至於中國人的天地觀是抱有對大自然崇敬和欣賞的態度，而不是跪在耶和華的殿前作搖尾乞憐的樣子。

談到道德，自然會引起許多哲學問題。道德的本質是什麼？道德是相對還是絕對？道德是先驗的還是從經驗得來的？善的標準是什麼？人性是善還是惡？這些問題，我一概不管。因爲我今天所談的是文化問題，不是道德問題。我的主題是中國文化是藝術和道德融匯合一的文化，而西洋文化是科學和法律合一的。我這裏要說明的是中國的道德如何與藝術精神溝通，西洋的法律如何與科學相涵貫。

第一、中國道德與西洋道德最大的分別是，西洋道德的主流，從柏拉圖到康德，都以理性爲主。中國道德却以情爲主。（關於這一點，作者另有專文討論，請參閱『「情」與中國文化』，見本文集第三篇。）這個『情』，不是普通『情人』的羅曼蒂克的『情』，而是一種仁心。孔子罵宰予不仁，就是罵他無情。藝術的主要內容是情。要是一個詩人沒有情感，那裏可以寫得出詩歌來。而且從文字學上來說，『情』是『心之美者』的意思。（言之美者爲『請』，蟲之美者爲『蜻』，水之美者爲『淸』，日之美者爲『晴』，人之美者爲『倩』。）此外，說文解字更明明確確說『美與善同意』。在中國歷史上，很多值得人歌功頌德的故事。如『季子掛劍』，『侯嬴一死以報信陵公子』，千古傳美爲『美』談，而不叫『善』談。英文中 Virtue 一詞，我們叫『「美」德』。事實上，『美』談就是『善』談，『美』德就是『善』德。說文中的解釋，今天還可以用得着。

第二，中國道德不重視戒律，而重視行爲的模範。西方人的道德則不然，從摩西十誡到康德良心上無上的命令，『服從律令』爲道德的基礎。中國道德傳統，最注重效法先聖和前賢。遵從原則和律令是科學的精神，仿效良好的模範是藝術的方法。這一點，又可以說明中國道德和藝術共通之處。

第三，在藝術的園地裏，對象的實在性是不必探究的。我們不必追問雙城記中的 Sidney Carton 是否眞有其人，也不必問紅樓夢中癩頭和尙及跛足道人是誰。中國道德傳統也具有這一點特性。二十四孝故事，完全是典型的道德故事，但都充滿藝術的意象。像大舜孝感動天，天遣象替他耕田，聽起來簡直是神話。其他如『臥冰求鯉』、『哭竹生筍』等故事，對那些只具科學實證頭腦而不懂道德和藝術的，簡直毫無意義。怎麼哭泣和筍的生長會有因果關係？王祥赤身露體睡在冰河裏，冷不死已算奇蹟，怎麼還可以在冰河裏捉一條大鯉魚回家孝敬母親去？殊不知道中國道德教育是藉藝術的方式來感召而不是以戒律來規範。這一點，和印度、西洋都迥然不同。

第四，藝術談境界，談體會。中國的道德也談境界和體會。文天祥所體會到的浩然之氣的境界，是不能用普通言語界說的。他本人最後的慷慨捐軀，從容就義，在西洋功利主義的道德觀和個人主義的倫理學是極難解說的。文天祥所領略的境界是他個人道德的造詣。而他自己道德教育的方式是追效先賢，正是藝術的方式。『在齊太史簡，在晉董狐筆，在秦張良椎，在漢蘇武節：：』這不是跟隨什麼硬性的道德規律。規律對人產生不了什麼境界。規律本身是冷冰冰的東西，也不好體會。只有透過藝術方式表現的活生生的聖賢模範，才容易引起我們的體會或思慕。太史公孔子世家贊中說：『高山仰止，景行行止。雖不能至，心嚮往之。』假使孔子不是一個活生生的人格，而是一條戒律，太史公也不會替他作贊，後人也不會對他崇敬。倘若孔子只頒過幾條道德規律，他頂多是一個普通的歷史人物，絕不會成為『萬世師表』。

上面四點目的在說明中國道德和藝術的共通點，並不是說中國的藝術和中國的道德是一回事。兩者顯然有別。至於它們的區別在那裏，不是今天的論題了。至於西方文化中科學和法律的共通，我現在簡略地說明一下。

第一，法律和科學都重視定義和程序。任何一篇科學論文或教科書都要把基本概念界說分明，不容一點含混。實驗科學特別注重做實驗的步驟或程序，實驗者不能絲毫忽略。西方歷史上有名的法典，都注重法律基本觀念的界說。而在現代西方國家司法方面，非常注意合法程序（Due process）。一個嫌疑犯的逮捕或起訴，假如不依照合法程序的話，可能導致無罪釋放。

第二，法律和科學都重視證據的確立。科學上的假設（Hypothesis），不經過實驗證明不能成爲定律。在法律的執行方面，證據是否成立往往是判案的主要決定因素。在美國大學的法學院裏，『證據學』是法學生共同必修的科目。證據的分類、鑑定、及其關連性（relevance），都是司法界很注重的論題。美國司法界有一句流行的老生常談：A presumption is always superceded by evidence。意卽任何假設都要屈服於證據之下。一個罪案若沒有充份證據支持，疑犯可以被判無罪。

第三，法律和科學都可以超越個人而採取多人合作的方式。科學的題目可以共同研究。許多時學理的成立和推翻要賴多人的合作。二十年前李政道、楊振寧兩位學者的推翻對等律，據說是有賴於實驗物理學者吳健雄的實驗支持。一所大學裏的科學學系的敎授們可以聘請研究助理。據說不少研究報告都是研究助理們的產品。法律方面同樣可以採取多人合作的方式。許多律令是經過多名立法委員連續會議而產生的。在司法程序上，又有陪審員的制度。疑犯是否被判罪，許多都由陪審員共同討論後採取投票方式來決定。

以上所擧三項，只不過略擧大端來解說西方文化的特質——科學和法律作爲文化基礎，與我們道德及藝術作爲文化基礎的有別。直至現在爲止，我只作描述式的解說，從未作主觀性的價値判斷。雖然我未作價値判斷，價値判斷已包含其中了。中國文化的優點，正是西洋文化的缺點。中國文化的缺點，正可以用西洋文化補救。在理論上，科學和藝術是兩回事。在人生實踐上，兩者相輔而行。藝術家不能完全無科學的頭腦和活動。科學家若沒有藝術陶冶，不能獲致很高的成就。近年來美國科學哲學的主流，已趨向科學中的藝術性，以Michael Polanyi 的 Personal Knowledge及Tacit Dimension 兩書作代表。中國文化的價値，絕不能用實用的態度去衡量的，因爲它的價値是藝術性的價値。然而，西方的藝術家被工業社會壓得透不過氣來。我們中國也被西方科學和工業國家侵凌，不得不發憤圖强。許多人以爲發憤圖强的時候，一定要拋棄固有文化，這是極大的錯誤。藝術是不會阻碍科學發展的。而藝術本身所提示的內容，往往可以變成一門了不起的科學。例如中醫的針灸本是藝術，發展起來可以成爲一門科學，站在西方醫藥界也毫無遜色。不過，我們要改進中國文化，最主要的是方法上的改進。憑著模倣和體驗的方式，能够成功的沒有幾個人。二十年前法相學會創辦人羅時憲先生有一個極有趣的例子，說明方法的重要。譬如一個小孩子，常常問他媽媽索取一兩毛錢買零食。一下子用完了，再回來說：『媽，給我一毛錢。』許多時會被媽媽拒絕。假如這小孩子取得媽媽的鑰匙自己去拿錢，他可以財源不竭了。金錢是材料，鑰匙是方法。懂得方法，材料的獲取自然不成問題了。

最後，我還要補充，道德和法律是相輔而行的。孟子說得好：『徒善不足以爲政，徒法不能以自行。』這句話說的是，只有道德是不够統治國家的，只有法律也不能使人民自動行善。道德教育重在感化和陶冶。那些飽受教育的人，也許會趨向聖賢的道路。但一般社會秩序，不得不靠法律維持。服從法律比較容易，體會『仁心』、『天心』的道德意境難。孔子早就說過：『民可使由之，不可使知之。』『由』便是遵從法規的意思。『知』便是懂得法規背後所具的道德原理。一般人的觀點，認爲儒家的學說，以道德爲根，刑名爲末，便以爲儒家鄙視法律。後世不重視法律的原因，有許多別的因素在。唐君毅先生「中國文化精神價值」一書對西方文化的重視法律方面頗有好見解，我讀完此書，猶半信半疑。後來念完了博士學位，再去修法律課程。修完了才領略唐先生的高見。我今天所講的，遠不及這書所講的十分之一或百分之一。只可惜唐先生在中國社會太久，諸位聽慣了他的名字，也許聽厭了他的論調，不及一個剛從美國回來的青年學者的清新，這不過是『心理距離』的作祟。諸位假如討厭中國文化，喜歡外來文化，討厭中國哲學，仰慕西方哲學，這也是心理距離的緣故。許多人整天夢想着出洋留學，這也是心理距離的作怪。遠看像蓬萊仙境，當你到達目的地時，可能是遍地荒涼。說到這裏讓我引王靜安先生一首詞來結束：

『憶掛孤帆東海畔，咫尺神山，海上年年見。幾度天風吹棹轉，望中樓閣陰晴變。　金闕荒涼瑤草短，到得蓬萊，又值蓬萊淺。只恐塵揚滄海變，人間精衞知何限。』

「情」與中國文化

「世情薄，人情惡，雨送黃昏花易落！」

唐琬釵頭鳳

首先要向諸位聲明，我今天所講的題目，是帶幾分主觀性的，是我個人對文化社會感受以後的一點反省，目的不是宣揚甚麼學理。諸位還好，有機會住在香港。香港總算是中國社會，中國社會是講人情的，有人情便有溫暖。下完了課或公務之餘，可以約兩三知己，到茶樓或咖啡館裏談天說地，多麼快意，多麼够情調。有歡欣喜樂的事大家一齊高興，有不如意的事大家互相關懷和照顧。人和人間的關係，縱使不是水乳交融，也算相互感應。可是，離開了中國的社會，尤其是到了美國，情況便完全不一樣了。你有暇想找朋友談天嗎？你的朋友可能嫌你打擾他。你有高興的事要告訴別人嗎？別人可能淡然置之。你有不如意的事，要別人幫忙嗎？你可能呼天不應，叫地不聞。人和人間的關係，只是利害式的和公務式的關係。當你有利於他人時，你可能會被請爲席上客，但當你對別人利益毫無貢獻的時候，別人自然對你冷落。「花開蝶滿枝，花落蝶還稀。」這兩句話把這種世情刻劃得非常透切。可是「主人貧亦歸」的堂前燕，在今日的美國社會，簡直是鳳毛麟角了。

從字形的結構來說，「情」字是形聲字，從「心」旁得意義，從「青」得聲音。但從「心」旁的字太多了。「情」字所以別於其他「心」旁的字，完全因爲「青」字的緣故。宋代文學家王聖美用歸納法把「青」字的含義展示出來。「青」字含有「美好」之意。他找着了很多例子，其中有下列幾個我們常見到的：「晴：日之美者。」「清，水之美者。」「菁：艸之美者。」「精：米之美者。」「倩：人之美者。」「請：言之美者。」「情」字不用說了。代入公式，「心之美者是爲情。」從文字學來看，我們的先人已經對情非常重視，非常珍惜，非常欣賞。後來有些道學家們主張壓制情感的，大抵都是佛敎輸入後影響的結果。我們如仔細讀先秦儒家的典籍，便發覺孔子和孟子對情的重視。

中國思想的代表是儒家，儒家的代表是孔孟。西方思想的源頭在希臘，希臘思想的主要代表是柏拉圖和亞里士多德。他們都以理性爲主，「情」的地位一點都不被重視。亞氏更給「人」下定義謂人爲理性的動物。中世紀雖然看重信仰 (Faith) 的地位，但神學家們却建立了所謂「理性的神學」，主張用邏輯來證明神的存在。近代西方哲學對理性更加發揚。康德的大部頭的名著，都用「理性」作號召。他研究理性起家，檢討批評理性而成大名。他的「純粹理性批判」爲現在研習西方哲學的人所必讀的書。一九六三年是我在美國專攻康德哲學的那一年。那時我心中便開始發生疑問：爲甚麼西方哲學中沒有一本對「情」批判的典籍呢？康德以批判理性而奠定後世西洋哲學的方向，我們爲甚麼不可以開闢「情」的新園地呢？我那時比現在年輕十年，好名之心甚重，常常想，假如我能寫成一本對「情」批判的專書，可以創一劃時代的大貢獻，可以立刻成名，甚至可以流芳百世。這一個念頭在我的腦海裏蕩漾了多年。到最近，美國哲學家郎格夫人(Susan Langer) 寫成了兩巨册書，題爲：MIND：An Essay on Human Feeling (Vol I：1967, Vol II：1972,Johns Hopkins University Press 。) 可是出版了好幾年，在美國哲學界反響不大，原因可能是美國哲學界已經中了分析學派的毒。和分析學派平分春色的是存在主義。郎格夫人的哲學，既非分析派，又和存在主義有很大的距離，所以捧場的哲學學者不多。但最要緊的問題是，這本書的缺點實在不少。第一，這書採取生物學的進化觀點來探究人的情感，取材多取自生物學和心理學，未能超現代科學的立場來探究。第二，郎格夫人雖長於認識論，但缺乏形上學的深度。第三，郎格夫人雖對藝術哲學造詣極深，但對藝術的社會性還未够認識，從而對人性的社會性忽略。第四，郎格夫人雖然立專章討論人類行爲和「情」的關係，但「情」在道德及宗教所佔的地位完全忽略。第五，郎格氏雖然受學於文化哲學大師卡西勒 (Ernst Cassirer)，但她的書却沒有豐富的文化內容來支持。所以，嚴格的說，一部眞正論情的不朽巨著還未面世，還等待我們的努力。

我們研究情的哲學，最好從中國文化找材料。中國哲學史和文學史大概是我們最好的出發點。論語一書，雖然沒有明顯地提出「情」的觀念，但「仁」字却出現了一百零五次之多。孟子說：「仁，人心也。」其實仁就是一種合乎禮義，發而中節的情感。這種情感與生俱來，但如何表達便有賴於後天的教育。「孝」是子女對父母應有之情。「悌」是對兄弟儕輩應有之情。「忠」是對長上君國應有之情。「禮」便是表達情感應有的方式。「義」是適宜的意思，也就是情感的表達恰到好處的規準。「君子」是理想的人格，也就是發乎情止乎禮，喜怒哀樂發而皆中節的人格。孔子對人情非常重視，這一點可以從論語的記載看得出來。宰予曾批評三年之喪太久，認爲一年便够。孔子問他：「當你父母死了不久，你能吃好的穿好的很安適地過日子嗎？」宰予答說：「當然可以。」孔子說：「要是你心裏過得去的話，你便這樣幹吧！當一個孝子居喪的時候，他吃好東西不覺得有味，聽音樂不起勁，甚至住華麗的房子也覺得不舒服。所以他禁絕了一切享受。要是你處之泰然無動於衷的話，就隨便你怎樣吧！」宰予一走出去，孔子便對其他的說：「予太不仁了。當一個孩子生下來，三年內都在父母的懷抱裏。所以普天下的人都定爲居喪三年。宰予有沒有報答父母三年懷抱的恩德呢？」孔子駡宰予不仁，就是譴責他對父母無情，對父母的死無動於衷。儒家維護孝的禮節，目的在提倡情感教育，然後透過情感教育來維持一般人的道德水準。曾子的話「愼終追遠，民德歸厚」是畫龍點睛的解釋。和儒家差不多同時的墨家，主張廢除喪葬儀式。那時，維護喪葬儀式最强力的人是孟子。他根據惻隱之心的原理來解釋葬禮的必需。他說：「上古的時候，一個人的父母死了，隨便的丟到溝裏去。但隔了一段時期，偶然再經過棄屍的地點，看見野狐狸來吃死人肉，許多蟲聚在一起來吸吮腐化的屍體，心中非常難過，滿頭大汗，不敢正視。於是回家拿鋤頭鏟子再到棄屍的地點把屍體用泥土掩蓋起來，由此可見孝子仁人的葬父母是本着對父母的親情，是有個中的道理存在的。」此外，孟子解釋用棺槨的原因，不是爲了外表的漂亮，而是不忍使死者的肌膚直接和泥土接觸，這樣才盡人子的一點情分。這就是說葬禮和棺槨的起源在人心的深處——對死者的深情厚意，對死者的惻隱之心，對死者雖死猶生的態度。可是不及情的墨子和他的信徒，始終不能欣賞情感的價值和意義。論語中父親偷羊兒子作證的故事，大概大家都熟悉。孔子的「父爲子隱子爲父隱直在其中」一句話，遭受不少批評。關於這一小節，本人已作英文討論。其中牽涉到語意學的問題，在此不能一一提及。但論語這一章最主要的是孔子不同意葉公的說法，稱頂證父親偷羊的那位坦白的兒子爲正直的人。反之，從孔子的立場，這一位坦白的兒子，簡直不近人情。不近人情的人，是儒家倫理的大敵，還可以叫做正直的人嗎？

諸位，到現在爲止，大概你們當中一定有人以爲儒家所重視的人情只限於子女對父母的孝道。其實絕不止此。孔子早就提出以情治國。當他回答魯哀公執政者是不是應該把壞人殺掉的時候，他說：「你要政治搞得好，爲甚麼要以殺戮來做手段呢！只要你一心向善的時候，人民自然會做好。在上位者的德行好比風，一般人民的德行好像草，風來的時候，草一定順風勢偃仆的。」

從現代的眼光來看，孔子是主張廢止死刑的人。嚴刑峻法絕對不是治國的辦法，所以他主張德治。德治就是用「情」來感化。這一個主張，到了孟子，發展成爲一套王道的政治思想。「王道」和「霸道」的分別，（以德行仁者「王」，以力假人者「霸」。）相信大家都得熟悉，大概用不着我解說了。

秦漢以後，孔孟這一套人情至上的思想在學術史上不幸地失了傳。「文起八代之衰，道濟天下之溺」的韓愈，自命爲儒家道統的嫡傳人。其實他所得的只是儒家的皮相，對人情尊重和珍惜的那種精神，他沒有超凡的才情去把握。宋明理學因爲受了道家和佛家的糅雜，對人情的體會比孔孟遜色。從「情的哲學」的立場來說，宋明理學不算得是先秦儒家的嫡裔。能保握人情的極致而把仁心發揚光大而無理障的却是唐代大詩人杜甫。給予杜甫「詩聖」頭銜的人未必能領略這一點。但「詩聖」這一名稱對杜甫來說眞是恰到好處，因爲他繼承孔孟兩聖把人情發揚光大。他的詩歌感人肺腑的力量，比論語孟子還大好幾倍。他描寫人情的深度，沉鬱頓挫，迴腸百轉。廣度方面，簡直包羅萬象。他的描寫和他的妻子兩地相思的「月夜」，固然是家傳戶誦之作。「羌村」和「贈衞八處士」之作，寫和妻子及朋友久別重逢的情景。友情，離情，對時光無情慨歎之情，對世事難料而感到茫茫然之情，寥寥數語，描寫得淋漓盡致。可是杜甫對情的抒發，絕不限於家人和朋友。看看他的「茅屋爲秋風所破歌」的最後幾句：「安得廣厦千萬間，大庇天下寒士俱歡顏？風雨不動安如山。嗚呼！何時眼前突兀見此屋？吾廬獨破受凍死亦足！」這種辭句，不是仁者之心，絕對不能寫出來。他但願天下的窮人都有好房子住，自己凍死也甘心情願。這種情，已經脫離了個人環境的圈子，而是對一般貧苦大衆的同情心。他那被人稱爲最够寫實的「三吏」和「三別」，簡直就是惻隱之情最質樸最自然的流露。其中「垂老別」一首，寫老翁被迫當兵和他老妻別離的情況，其中有幾句，眞是纏綿哀怨：「老妻臥路啼，歲暮衣裳單。孰知是死別，且復傷其寒。此去必不歸，還聞勸加餐！」我每逢讀到這幾句，心頭中產生無限悲憫之情，好幾次都幾乎掉下淚來。王國維在「人間詞話」裏稱頌李後主的詞有「釋迦基督擔荷人類罪惡之意」。其實這句話拿來頌揚杜甫是最適合不過的了。他描述人的苦痛，是眞純的惻隱之心的流露，儼然有大乘佛教中菩薩的心腸。不過他的思想是儒家的，上承先聖孔孟的仁道立場，來把人情在文學上發揮到極致。可惜講中國思想史的人，往往把他忽略。

中國人對情的重視，不只是對父母兄弟子女夫婦朋友之情，也不只是對一般貧苦大衆之情，而且對死人有情，進而對古人有情。子女守孝三年，春秋二祭，是對已死父母及先祖的情分。中國文學中特別有祭文一種體裁，表達後死者對已死者的頌揚和懷念。這種體裁的起源當然和祭禮不無關係。但在中國文學中還有一種特別的詩歌，叫悼亡詩，是純粹對已死配偶的懷念和追思。這種詩歌的代表作很多。潘岳是唐以前最有名的一個。他的亡妻葬殮之後，行將離家上京赴任，覩物思人，情不自禁，因而作了下面幾個動人的句子：「望廬思其人，入室想所歷。幃屏無髣髴，翰墨有餘蹟。流芳未及歇，遺挂猶在壁。」唐代元稹的「遺悲懷」，更加哀怨纏綿：「今日俸錢過十萬，與君營奠復營齋。」「同穴渺冥何所望，他生緣會更何期？惟將終夜長開眼，報答平生未展眉。」在今日的美國社會，太太死了，恨不得馬上續娶一個更年青更貌美的，那裏還有「終夜長開眼」和「營奠復營齋」的情分呢？潘岳和元稹作悼亡詩的時候，大概他們的妻子死了不久，骨肉未寒，所以情感特別眞摯。但宋代大詩人蘇東坡在他妻子死了十年的時候，猶念念不忘。他的「臨江仙」詞云：「十年生死兩茫茫，不思量，自難忘。千里孤墳，無處話悽涼。縱使相逢應不識，塵滿面，鬢如霜。……相對無言，惟有淚千行。……」還有愛國詩人陸游，對他已死的前妻唐琬深情欵欵，死後四十年仍舊念念不忘：「玉骨久成泉下土，墨痕猶鎖壁間塵。」「夢斷香銷四十年，沈園柳老不飛綿。此身行作稽山土，猶弔遺蹤一悃然。」

可能有人這樣想：我上面所擧的例，完全取自歷史上大詩人的作品，詩人的情感一定豐富，那可以代表一般性的中國人？那可以作爲中國文化精神的代表呢？這是很合理的一個疑問。但是，我要告訴諸位，第一，在中國社會裏，通俗和典雅並沒有明顯的界限，杜甫的詩歌雅俗共賞，白居易的詩老嫗可解。第二，中國人人情的豐富和受敎育並沒有必然的關係。相反地，許多中國人在美國讀到碩士博士，受敎育愈多，愈失去本來純眞的情感。現在讓我告訴諸位一個二十多年前的故事：

遠在一九四八年，在天津城外一條河邊，一天發現了一束蘆葦草包着一副死人的骸骨。這是一個女人的屍骨。她的丈夫姓張，是一個煤礦工人。爲了找尋生計的緣故，十年前兩夫妻離鄉別井到東北去。八年後，那做妻子的病逝。張某人把他的妻子埋葬在臨時墓地。過了兩年，因爲煤礦被政府封閉，張某人沒有工做，迫得還鄉去。他不忍把妻子的駭骨留在異鄉，於是把屍骨掘出來，用茅草包好，帶着三個孩子，星夜趕程步行回鄉。走到半路，一天晚上，在天津火車站附近的牆邊歇宿。有一個小偷，以爲茅草包着的是甚麼珍貴的財寶，把它偷了。後來發現是屍骨的時候把它棄在江邊。張某人一發現他妻子屍骨失踪，立即報告警局。其後找着了。當地政府爲了衞生的關係，要他把屍骨就地埋葬。他不肯，說道：「我每天晚上拿它當枕頭來睡，我也沒有生病。」當局見他情摯之深，讓他拿屍骨還鄉去。這一小故事的主角，是一個單純的煤礦工人，並沒有讀過潘岳、元稹、杜甫、蘇軾、和陸游的詩歌。但他對他已故的妻子，却是情深義重。這小故事除了展示對死者情感之外，還揭露中國人對鄉土之情。因爲今天時間不够，所以對鄉土之情暫不論。

中國人情感豐富，不但及於已死去的親屬，而且及於和自己完全無親屬關係的已死的古人和他們的事蹟。在中國文學裏那些懷古和詠史的詩歌便屬於這一類。左思是以詠史出名的，但是他借詠史來抒發自己的懷抱成分多，還不算是對古人的一種純情的表現。陶淵明的比較純些。他的詠荆軻是純粹詠史之作。「其人雖已歿，千載有餘情」兩句，寫盡中國人對聖賢豪傑的深厚情感的獨特的氣質。但從我本人看來，詠史詩和懷古詩寫得最好的，還是我們偉大的詩聖杜甫。他詠諸葛武侯的其中一首曰：「丞相祠堂何處尋？錦官城外柏森森。映階碧草自春色，隔葉黃鸝空好音。三顧頻煩天下計，兩朝開濟老臣心。出師未捷身先死，長使英雄淚滿襟。」諸位大概會這樣想：諸葛武侯才氣縱橫，人品清高，加上鞠躬盡瘁的精神，當然使後人崇敬。然而杜子美的豐富情感是多方面的。他對任何動人的故事，都寄以無限的情懷。諸位大概都聽過昭君出塞的故事吧。這故事沒有聖賢可崇拜，也沒有忠臣烈士可敬仰。但王昭君不幸的遭遇已足够使我們情感豐富的詩人寫成千秋絕唱：「羣山萬壑赴荊門，生長明妃尙有村。一去紫臺連朔漠，獨留靑塚向黃昏。畫圖省識春風面，環珮空歸月夜魂。千載琵琶作胡語，分明怨恨曲中論。」

我一直到現在爲止，還未給「情」字下一個哲學性的界說，只是從文字學分析，以及從哲學文學來解說情在我國文化的地位。究竟我現在所談的情和一般人所說的「愛情」有甚麼分別？俗語說：「情人眼裏出西施。」「願天下有情人終成眷屬」，這兩句話的「情」字，可以用「愛」字替代而意思完全一樣。那麼，我在這裏所說的「情」，究竟是不是「情人眼裏出西施」的「情」？是不是「天下有情人終成眷屬」的「情」？假如我在這裏談的只是「情人眼裏出西施」的「情」，那麼中華文化並沒有甚麼了不起之處。諸位也許會批評我太迂腐，太保守，有意抹殺男女間愛情的價値。不！我絕不輕視男女間的愛情，而且我從男女間的愛情的體會來解釋中西文化一個很大的差異。最近我在美國加州敎書，除了東方哲學外，以西方哲學中的倫理學爲主。其中一門課叫「當代道德問題」，包羅萬象，其中男女之間的問題是主要題材之一。我對這一門課的敎學方法，以學生相互間討論爲主。當學生們討論到難解難分或離開本題的時候，我便排難解紛，把他們改正過來，有時用暗示的方式來領導他們自己獲得答案。我記得有一次，一個女學生提出一個切身的問題時：「假如我和我的男友熱戀，我非常愛他，他非常愛我。當他要求和我發生性關係時，我應該拒絕還是答應？」班上的學生都很踴躍地挿口討論，有的說要答應，有的主張拒絕。就中還是說要答應的佔大多數。最後，他們硬要我表示我的意見。我那時的處境，眞有點進退兩難。美國近年來性行爲的放任，光怪陸離，甚麼同性戀啦，配偶交換啦，在加州大城市都流行起來，婚前性行爲簡直不算甚麼一回事。假如我反對婚前性行爲，一定招致不必要的論辯。也許以後沒人來選我的課。要是我贊成婚前性行爲，那只不過是隨波逐流，人云亦云，卑無高論。在課堂上這一刹那間，我隨口回答說：「事情沒有這麼簡單，要看你們兩人愛的性質來決定。大體而言，愛可以分爲兩大類。一種愛是以「關心」或「顧念」（英文可用Concern一辭表達）爲主的。另一種的愛是「探究」和「好新」的成份居多（英文可用Wonder一辭表達）。假如你們兩人互相關注、互相珍重的話，已經是做夫婦的準備了。但假若你們的愛有一方是以Wonder爲主的話，恐怕你們的愛是不能維持太久的。」全班學生都對我這個折衷的答案表示佩服。其實這點見解沒有甚麼了不起。Wonder和Concern正是西方和中國文化之差異的根源。西方人對自然Wonder，產生了科學來征服自然。中國人重Concern，成爲世界上最講究社會道德的民族。我今天所談的「情」，不是好新好奇或貪戀的情，而是關懷和顧念的情。唐君毅先生一九五八年的「死生之說與幽明之際」有下列的一段：「故一家之慈父慈母，其情或只限于一家。一鄉之善士，其情或只限于一鄉。而文天祥史可法，即其情長在中華。孔子、釋迦、耶穌，則情在天下萬世。」（人生之體驗續篇第九十七頁。）唐先生所用的「情」字，正是我今天在這裏談的情。這一種情的本質是「關心」「顧念」和「珍惜」。

以上所談的，是人對人的情，後死者對已死者的情，和我們對古人和歷史的懷古之情。最後，我還要特別提出的是我們中國人對物也同樣有情。西方人對自然物一開始就以Wonder爲主，再進一步便是征服自然。中國人自始即感謝天覆地載之恩而對天地有無限感謝和崇敬之情。這是一種道德和宗教的意識，另一方面，中國人對自然物採取欣賞的態度，這是藝術的意識。這和西方人用科學的態度征服自然很不一樣。在十九世紀以前，西方人視自然爲一堆死的物體，並沒有生命在其中。中國人一向視自然爲有生命的機體。易繫辭說：「天地之大德曰『生』。」又說：「生生之謂易。」中國人視自然有生命而對自然有情，驟聽起來似乎接近迷信。但二十世紀西方的大哲懷海德氏高呼自然有生命，主張情爲宇宙的本體。懷氏精通數理，熟曉西方科學和哲學，竟然有中國式的主張，無怪李約瑟氏在中國科學與文明一書中懷疑他受中國哲學的影響了。

我以上所談的，似乎談了不少，但談來談去只及於一些文化現象的描述。「情」的形上學和「情」的認識論都未有談及。要談情的形上學要牽涉到宇宙實體的問題，西哲懷海德「歷程與實在」（Process and Reality）是一本極可借鏡的參考書。至於情的認識論，我國古代的易經已開其端，論題當在「感通」一觀念上。懷海德的「攝受」（Prehension），在我看來，遠不及我們「感通」一詞。「身無彩鳳雙飛翼，心有靈犀一點通」兩句，給這個觀念畫龍點睛的詮釋。這個觀念，包括人與人間的感通，後死者與已死者的感通，今人與古人的感通，人與自然物的感通。這一來，我們的世界事事圓融無礙，而這個圓融無礙的統一體爲我們人類崇高的「情」。

今日的社會，尤其是美國的社會，個人主義流行。正是在「家家自掃門前雪，不管他人瓦上霜」的時候。人與人之間簡直沒有情的感通。父母子女兄弟姊妹之間，不重視所謂天倫之樂。朋友之間，談不上同舟共濟、患難相扶，主要是互相利用來增進一己的利益。在大學裏，師生之間的關係更爲表面化及商業化，那裏有「春風桃李」「舞雩沂水」之情？這一來，西方文化的大問題，是人與人間的孤立。一九六九年東西哲學會議，以 Alienation（疏離）爲主題，許多東方學者都莫名其妙，因爲東方的文化裏還未有這個問題。唐先生在十八年前在「死生之說與幽明之際」一文中，曾慨歎禮樂不興而恐怕「死生之路斷」，「幽明之路隔」。今天我的感想是，在今日西方社會，不只死生之路斷，幽冥之路隔，生人與生人間的道路也幾乎隔絕呢！他們的社會學者和心理學者都知道有這問題，但沒有一個思想家能提出切實的答案。他們的超越性的宗教已經無補於事，物質的追求徒然增加這問題的嚴重性。看來他們最可靠的解決方案，是向我們中國文化學習，重視倫理的關係和珍惜人情的價值。近百年來，我國國勢衰落，許多人都以爲我國傳統文化一無可取，紛紛向西方學習。我到美國留學，主要學的是西方哲學和文化。然而愈研究西方文化，愈發現中國文化的偉大處和可愛處。我今天所談的「人情」一觀念，便是我近來站在一距離以外來反省中國文化的一點心得。但這不應只是我個人的發現。因為我們中國人是情感的民族，我們之間必定有所共鳴，有所感通。凡對中國文化有體會而對西方社會有觀察的，相信也會有同樣的感想。我今日敢大膽的下個結論：中國文化的「情」，是世界人類精神病的良藥。因為生在無情的社會，雖生猶死。中國雖然物質文明未趕上西方，但人類的幸福不能以物質衡量的。希望大家記着：「人情」是我國文化的最寶貴的遺產。不論是對父母之情，子女之情，兄弟姊妹之情，朋友之情，鄉土之情，家國之情，先祖之情，歷史文化之情，甚至於對自然物之情，我們都要加以愛護，加以珍惜，加以發揚光大。我們可以離去錦繡河山，但我們數千年傳下來的「人情」傳統，是我中華民族的精神命脈，絕不能讓它失去！

中國倫理的基本精神

這個題目在過去幾十年中不知耗盡了前輩學者多少筆墨。我來討論它，似乎是多餘的，無必要的了。可是，縱管這題目如何「老生常談」，我們也有討論它的價值。世界上最舊的東西莫如現有的宇宙，我們一切的新發明也不過是從舊有的宇宙中找尋新意義吧了。這雖然是個舊題目，但我深信我自己的見解不像這題目的那麼陳舊。我雖然不會標新立異，但也不願意因襲舊說。本文的中心思想是我年來在國外對中國文化體會的心得。我不敢敝帚自珍，現在藉這機會來就教於賢達！

我國倫理精神，分析言之，可以說是人本的，現世的，實踐的，和平的，和非功利的。我國的傳統文化中，不是沒有宗教，而是在宗教中富有人本精神。西方的宗教，把人看作上帝的創造物。人在上帝面前不但卑不足道，而且無能爲力。上帝是無上的權威，是絕對的眞理。我們的祖先雖然拜天地，祭鬼神，可是天地鬼神不是絕對的權威，而是神秘莫測難以捉摸的對象。我們拜祭它們並不表示我們對它們的屈服，而是我們對它們的不了解而產生的神秘感。其實，西方人的上帝本來也應該是不可思議的東西，但他們硬裝作對上帝很了解。什麼「全知」啊，「全能」啊，「無所不在」啊，「道路」啊，「眞理」啊，「生命」啊，說了一大堆。可是中國人還似乎比較客觀些，我們的祖先從不給天地鬼神下一個正式的定義。可見天地鬼神這一類東西，在我們祖先的心目中，也不過是「若有若無」「惟恍惟惚」的概念罷了。西方人既然屈服於他們上帝之下，一切人類的行爲都不得不根據上帝的意旨。爲甚麼不可殺人呢？爲什麼不可姦淫呢？那是上帝命令的。中國先賢的倫理觀，除了墨子借天說人之外，沒有不明顯地是人本的。西方人道德的根源是上帝，我們道德的根源是人心——良知。我們倫理學說的核心，是闡明人和人間的關係。出發點是「人」，歸根到底也是「人」。我們的拜祭祖先和死去的父母無非是愼終追遠，愼終是愼「人」的終，追遠是追「人」的遠。而孔子說的「祭神如神在」正表現我們對天地鬼神那種不肯定的態度。「如」字不過是假定之辭而已。至於「未能事人，焉能事鬼」和「未知生，焉知死」等名言，更是人所共知，也不必在此贅述了。

其次，中國倫理的精神是現世的。我們既沒有西方人基督教的「永生」觀念，對佛教輪廻的說法也不採取肯定或認可的態度。這種現世精神當然不會和人本精神沒有關係。但人本的不一定就是現世的。從佛教的中心思想看，佛教是人本的。它的生命觀完全是自我創造的說法。人的生命絕不是由外在的動因（如西方人的上帝）創造的。生命的最後因是「無明」，「無明」又是前世的總業。由此向後溯，並無最初的因。由此而往前推，除了轉依證得涅槃之外，也沒有最後的果。生生不息，恆轉瀑流，刹那刹那的生滅，既是宇宙的過程，也是衆生造業的過程。因此拿佛教來和西方宗教比擬，佛教可以說是人本的宗教。但它的人本和我們倫理精神的人本大不相同，因爲它是否定現世的。它的人生終極理想是涅槃，是虛無寂滅的境界。人到達了這個境界便斷絕了一切慾念。我們深信慾望是一切煩惱的根源，但不能說人類一切活動和世間一切文物制度不是源於人類慾望。更不能說人類斷絕了慾望以後一切活動和文物制度仍能維持。試問世界上所有人到了「心如止水」「六根清淨」涅槃境界，人類還有什麼活動？世間一切文物制度還有甚麼意義？我們的倫理精神就和佛教的兩樣。我們的人生理想是「在明明德，在親民，在止于至善。」這個至善的境界是在現世求的，不是在虛無寂滅的境界裏求的。

二十世紀西方哲人杜威氏創實踐的哲學，强調知識與實踐的關聯性。其實這實踐的精神正是我們倫理精神的核心。儒家的倫理中心觀念是仁，孔子不是說過「力行近乎仁」麼？他自己的周遊列國，發憤忘食，學而不厭，誨人不倦，正是力行的好榜樣呢。就是墨子也摩頂放踵躬行實踐他一家之言。宋明理學者的靜坐功夫，也就是居敬存養的實踐，和佛家坐禪作爲進入涅槃的究竟兩樣呢。其實，我們的倫理思想史不應該只包括那些立言的大哲，而忽略了立德立功的仁人義士。「在齊太史簡；在晉董狐筆；在秦張良椎；在漢蘇武節。爲嚴將軍頭；爲嵇侍中血；爲張睢陽齒；爲顏常山舌。或爲遼東帽，淸操厲冰雪。或爲出師表，鬼神泣壯烈；或爲渡江楫，慷慨吞胡羯；或爲擊賊笏，逆豎頭破裂。」這些不是「居天下之廣居，立天下之正位，行天下之大道。……富貴不能淫，貧賤不能移，威武不能屈」的躬行實踐者麼？這些仁人義士正是我們倫理思想史的中心人物呢。我們讀文信國的「是氣所磅礴，凛烈萬古存！當其貫日月，生死安足論！」寥寥幾句，其感人之處眞要比千萬言的西洋倫理學名著有力得多呢！可是，文信國公不是個空談者，在他寫完這些句子不久，便從容就義實踐了他的人生理想了。

說到和平精神，在一般人的心目中，是指反戰爭和非戰爭的觀念，事實上這只是和平精神的一面。其實這種精神滲透到整個民族文化的任何一方面。「子帥以正，孰敢不正？」「其身正，不令而行。」這正是治理人民的和平手段。關睢的「樂而不淫、哀而不傷。」正是我國文學上的和平精神。俗語有謂：「君子絕交不出惡聲」。絕交是朋友間相處不下去而採取無可奈何的步驟，到了這個田地，還保持不出惡聲，這眞可謂和平精神的極致。本來在競技的場合，沒有所謂和平可言。可是我們的先賢比賽射箭的時候，「揖讓而升，下而飮，其爭也君子。」這是充滿着和平氣氛的體育精神。在家庭中、父母、兄弟、姊妹、夫婦，以至出外朋友，種種人與人間的關係，無不以和爲貴。在過陰曆年時貼在人家屋宇壁上的桃符往往有寫着「一團和氣」或「和氣生財」的，我們驟眼看來雖然有點俗不可耐，但這正充份地表現着我國人愛好和平的特色呢。禮記的禮運大同篇不管是否僞造，只要它是出自中國人手筆、便可以代表中國的思想。試看在這篇文章中描寫的大同社會，簡直可以用和平二字括之。孔子的栖栖惶惶周遊列國，無非是爲施行仁政的和平社會而奮鬬。宋明理學家的靜坐存養無非要使個人的身心狀態獲得和平。

我國倫理精神，功利色彩可謂低到極點。所謂功利主義，有普通的和專門的兩種說法。普通的說法，凡是主張有所爲而爲，計較利害得失的，便是功利主義。專門的說法，功利主義（Utilitarianism）是西洋倫理學說的一大主流，以邊沁（J. Bentham）穆勒（J.S. Mill）等爲主要的代表。其中心思想是以追尋快樂爲人生的理想，以是否能獲致快樂來作行爲善惡的標準，可說是快樂主義（Hedonism）的一支派。這一派的學說、勢力和流弊，謝幼偉先生已在他所著的當代倫理學說詳爲述評。我們儒家的倫理傳統，不但沒有像西洋倫理學那種狹義功利主義的觀念，就是連一般的功利思想，有所爲而爲，計較利害得失的主張都排斥淨盡。孔子曾教學生「先事後得」，這句話的含義，恰好相當於現代耳熟能詳的「只顧耕耘，不問收獲。」孔子的可愛處不只是「無所爲而爲」，而且是「知其不可而爲」。「知其不可而爲」是「無所爲而爲」發展到最高峯的積極精神。孔子這種精神，當日已經街知巷聞。可惜後世提倡孔子思想的未有給這一點盡量發揮。只有漢代大儒董仲舒最懂得孔子這一點可愛處。他標榜的「正其誼，不謀其利；明其道，不計其功。」寥寥數語，孔子的精神栩栩如生。後人對孔子雖然也崇敬萬分，可惜這點精神多多少少已失落了。直到近代提倡西學以後，國人的道德水準大不如前，原因是這點非功利精神喪失殆盡了。

上面所述的幾點中國倫理基本精神，是依據儒家倫理思想和國人一般傳統倫理觀念立論的。我並不完全承認儒家思想百分之一百地支配中國人的倫理生活二千多年，但我確信儒家倫理精神是中國倫理精神最高的代表。上述的人本的、現世的、實踐的、和平的和非功利的，既是儒家的倫理精神，也同時是我們中華民族的倫理精神。然而，我們的倫理精神就只是這些嗎？不！上面所述的，不過是枝節的顯而易見的特徵罷了。在這些精神的背後，還有一種更基本更微妙的精神把它們融貫起來，統一起來。我們倫理精神的最偉大處最可愛處正是這一點基本精神。這一基本精神不只是我們倫理的基本精神，而且是整體文化的基本精神。不過，我們單從儒家思想的表面去看是永遠找不出來的。因爲這種精神不是見於孔子和弟子或時人的對話，也不是見於某大思想家的著作，而是無形地沁透於整個國人的精神生活。從極古到近今，我國人的思想生活都和這種精神打成一片。

爲了易於解釋，我們姑且把人生的理想劃做眞善美三大範疇：科學追求的對象是「眞」，倫理學追求的對象是「善」，藝術追求的對象是「美」。同是以「善」爲追求對象，西洋的倫理學和我國的倫理學本不應該有甚麼差異。然而，目的雖同，雙方走的路子却完全不一樣，那便構成顯著不同的兩大型。西方人的「善」的觀念，建築在「眞」的上面。換句話說是從「眞」裏求「善」。就其宗教倫理來說，信上帝是善行，但我們爲甚麼要信上帝呢？他們的答案是：因爲上帝所表示的是「眞理」。或者甚至說：上帝就是「眞理」。使徒保羅，聖女貞德，他們都是爲「眞理」而犧牲。基督教的聖經記載：耶穌說：「我就是道路、眞理、生命。」那時距離現代科學的萌芽還遠，但西方人已有了明晰的「眞理」的觀念。我們中國人向來就對「眞」的觀念澹薄，而我們所追求的「善」，却以「美」爲據點。我們爲甚麼要殺身成仁？爲甚麼要一死酬知己？忠臣爲甚麼不事二主？烈女爲甚麼不事二夫？這完全是行爲之「美」。「善」的形相就是「美」的形相。再從文字學和語意學分析，「善」和「美」都是以「羊」爲字根的字，說文解字曾明言「美與善同意」。羊是「善」的象徵，也是「美」的象徵。季札的掛劍徐君墓，侯嬴一死以報信陵公子，梁鴻孟光的擧案齊眉，千古傳爲「美」談。其實我國人的倫理生活受這種「美」談影響極大。我們稱之爲「美」談，那「美」簡直成了「善」的代用字或同義字了。「美」在英文作 Beauty(名詞)或Beautiful (形容詞)，「善」在英文作Goodness (名詞) 或Good (形容詞)。英文中的Good Famiy，在中國語言裏却是「美滿的家庭」。Good life 翻成中文也作「美滿的生活」。最奇的便是英文的Virtue，我們稱之爲「美德」，不稱「善德」。在古書中「善」「惡」是相反概念，常常並擧；而「美」「惡」也是相反概念，也常常並擧。(此種例子多極，如「將順其美，匡救其惡。」「天下皆知美之爲美，斯惡矣。」……等是。作者旅居美國，行篋無書，俟他日撰專門著述時始一一列擧。) 這是「善」「美」兩概念關係密切到成爲同一概念的明證。

美的認識以直覺爲主。直覺的特徵就是不計較認識對象的客觀實在性。惟其如此，才容易覺出美的形相來。譬如我覺得我的愛人美，這個覺得，絕對不是科學的觀察和分析。若用科學方法觀察分析，我的愛人不過是一堆有新陳代謝作用的細胞組合成的有機體而已，對我有甚麼「美」的可言？因此美感的作用是存於直覺而不是存於分析。從觀察分析認知所得的概念是明晰的，普遍的，固定的。從直覺覺得的美的形相不是這樣。「若卽若離」「是耶非耶」才是最神妙的美的境界。我國人天地鬼神的觀念就在我們的直覺中，所以才會有「惟恍惟惚」「若有若無」的特性。其實我們的天地鬼神可以說是我們人格化的美的對象。惟其與實際人生有一段距離，而又不在整個人生之外，因而更易顯出美的形相。正如「曖曖遠人村，依依墟里煙」的境界一樣。其實我國古代的神話，美感的成份多，宗教的成份少。而神話中的神往往是可愛的對象，而不是無上的權威。我們縱有神的觀念，但這神的觀念和西方人的神完全兩樣，它並沒有闖進我們倫理的範疇來做我們倫理生活的主宰。

再就現世的精神而論。美感的作用是直覺，直覺所及的只是現世。若把現世否定，無異把一切美感對象否定。在美感中所生起的想像，極其量也止於超然脫俗而已。在來世或出世的觀念裏，美感作用會慢慢消失，因爲失去了直覺作爲認識的依據的緣故。根據美學上心理距離的原則，事物在適當的距離才易引起美感，距離太遠便爲我們的直覺所不能及，惟有「若卽若離」「不卽不離」才是美感的境界。現世的過去和未來足够生起美的形相了，我們又那裏要求出世或來世呢？

至於實踐的精神更和美的作用有絕大的關係。須知我國的文學在宋明以前並沒有和哲理分家。而我國古聖人的立說，並不憑嚴密的論證來博取世人的認可。然而他們的思想却能影響着全國大多數人的生活。原因是他們每一句話都有雷霆萬鈞之力直逼入吾人心坎的深處。當我們讀孟子讀到：「居天下之廣居；立天下之正位；行天下之大道。得志，與民由之；不得志，獨行其道。富貴不能淫；貧賤不能移；威武不能屈：此之謂大丈夫。」我們覺得好像軍旅中吹起號角，奏起進行曲來。這種辭句，直透我們的內心，鼓起我們的志氣。西洋的倫理學說只給我們知識，惟有我們聖賢的倫理學說才能給我們力量。所謂力量，不就是實踐的原動力麼？文信國公正氣歌所列舉的仁人志士，無一不是我們行爲的榜樣，是善的模範，也是美的模式，更是我們實踐的動力。科學和藝術有一顯著的分別，就是科學是分析的，抽象的，普遍的，藝術是直覺的，具體的，個別的。我們先哲的學說，列舉個別的事物，這樣才使人易於感受。分析抽象的哲理是冷冰冰的，極其量能使你對某些事物認識，而不能使你生起實際行動。因爲分析抽象的只屬於知的範疇，而具體的個別的才能引發情志，情志才是行動的根源！

藝術的精神是和平精神。這種精神在藝術的作品表現，我們稱之爲和諧。和諧是一種美的形相。詩歌的美在於溫柔敦厚而決不在於潑婦罵街式的譏誘。同理，音樂的美在於各音調之和諧；圖畫的美在於顏色線條的和諧。愛美的民族愛好和平也許是必然的。因爲戰爭中，一切美的形相被破壞了。「可憐無定河邊骨，猶是深閨夢裏人。」閨房之內，情蜜意濃，兩口子的生活多麼美啊！然而戰爭把夫婿搶去，曝骨無定河邊，從此，家庭的美遭破壞了。試看，我們文學史上的詩人文人寫過了多少反戰爭的作品？「漢擊匈奴，雖得陰山，枕骸遍野，功不補患！」（見弔古戰場文）枕骸遍野是一幅多麼醜惡的圖畫啊！中國人最懂得把美的形相射到人生的各方面去，因此在人生各方面都充滿愛好和平的精神。「禮之用，和爲貴。先王之道，斯爲美。」（見論語）從廣義的來說，禮是一切行爲的規範，若說禮之用以和爲貴，不就是說一切的行爲都以和爲貴嗎？

藝術的精神和功利主義絕不相容的。因爲藝術的體會是形相的觀照，是不容許有實用的念頭雜在其中的。藝術家的精神就是爲藝術而藝術，絕不是以藝術去達成某一項實用目的。惟其如此，藝術家只管欣賞藝術的內在價值罷了。我們的聖賢孔子孟子正是偉大的藝術家呢。他們提倡仁義，不是把仁義當作任何手段去達成甚麼目的。他們力倡「殺身成仁」「舍生取義」無非是因爲仁義的內在價值而已。他們正把仁和義當作一種美的形相看待。「正其誼，不謀其利；明其道，不計其功。」這正是藝術家爲藝術而藝術的精神呢。

我們倫理精神的偉大處和可愛處，就是不倚傍「眞」來建立「善」的標準，而把「善」建立在「美」的形相和藝術精神之上。可惜許多人不明此理，往往以西方的科學觀點來評判我們的傳統道德，胡亂立說。他們那裏懂得「眞」的範疇和「美」的範疇正如河水不犯井水呢？西方的倫理思想，惟其建築在「眞」之上，反不如我們的堅固。認上帝爲眞理的基督教倫理觀，由於科學發達以後，人們鑒於上帝的不能實驗或證明，而產生基本的改變。而且建築在「眞」之上的倫理觀往往有固執的弊病，因爲承認某一項事物爲絕對眞理，必會認定其他的爲假而排斥。反之，建築在「美」之上的倫理觀，是活動的，融渾的，涵攝的，不拘執的。我們先賢學說的眞精神正在此！我們中華文化的眞精神也正在此！

個人主義與中國社會

(一) 前言——從自由主義談起

去年十一月二十六日的晚上，臺大哲學系員生給牟宗三先生和我兩人擧行一個歡迎晚會。系主任黃振華先生並請我們卽席演講。我一向在美國教書，實在不慣這一套卽席表演的玩意。牟先生在中國大學教了四十年書，一向用的都是講演法。(在美國教書，以討論法爲主，講演法爲輔。) 卽席發揮意見，妙語連珠，精彩絕倫。他首先就哲學的意義及功能發揮，然後繼以描述當年北京大學的自由風氣及大學生的囂張跋扈、目空一切的態度。再其次論到臺大的學風，實在繼北大的眞傳。北大的自由風氣，實由前輩留學生如胡適之先生等開其端。彼等把歐美的自由主義移植至中國來。牟先生繼續評論，自由主義在歐美是可行的，因爲他們都有一套完善的社會制度作基礎。但我們中國沒有他們那一套制度，怎可以把自由主義移花接木地在中國社會實行呢？我比牟先生生得晚，沒有福份去親嘗北大的「自由餐」。我當年讀大學時因爲家境困迫，也沒有機會到臺大親享北大自由主義傳下來的餘蔭。不過，我在大學畢業後一年，便遠渡重洋，到了自由主義的溫牀——美國。我一直在那裏，從攻讀學位到教書，居留了十六年。奇怪的是，我教過五所美國大學，他們的學生，都沒有像牟先生描寫的北大學生的囂張跋扈、目空一切的態度。但我絕不懷疑牟先生的話。反之，我可以給他的話提出證據來。還記得大約在十多年前的一個秋天，我正在美國南伊州大學攻讀博士的時候，來了一位臺大哲研所畢業曾在一國內私立大學執教數年的同學，傲氣凌人，目空一切，看不起任何一位在美國留學的中國同學。那時南伊大哲研所給他的是助教職位，他却在自己的房門口貼上印有「某某大學副教授」的名片。可是南伊大哲研所的師友，也沒有把他當作副教授看待，而這一位同學也慢慢的銷聲歛跡虛心地求學了。在我個人看來，北大和臺大的學風，不可能是美國的抄本。美國的大學生談自由，但在學問上沒有目空一切的態度。反之，他們都很謙遜地不恥下問，連成了名的老學者們都很虛懷若谷。牟先生所描述的北大學風，眞令我有一點瞠目咋舌，不寒而慄。

說到自由主義，我更覺得莫名其妙。我在美國住了十六年，覺得美國人所享受的自由實在有限。踏上他人院子上的草地，可能犯上了trespassing的罪名而遭罰款。你自己院子裏的草太長不割，可能被市政府檢控「妨害公共衛生」。做商人的爲了說服顧客而略把商品吹噓一下，可能犯上了misrepresentation的罪名而被取銷營業牌照。做學生的，可能會因抄襲他人作品而勒令退學。反觀中國社會（就目前臺灣來說），商人們有自由來針對個別情形來開價。司機們有自由來橫衝直撞，不守交通規則。出版商有隨便翻版的自由。教授們有興之所致的「離題萬丈」的講演的自由。學生們也有寫論文時無可奈何而東抄西抄的自由。一言以蔽之，在中國社會所享受的自由絕不會比一個美國公民所得的自由少。

西方自由主義的精神，目的在保障人權和維繫社會秩序，絕不是鼓勵個人任性胡爲的學說。所謂「自由」，是社會上人與人間約定或共同制定的自由，是就法律規範下所界定的自由，由此可知，在西方的法治社會裏，個人所享有的自由實在有限，絕不是我們所想像的逍遙無礙的境界。要是我們提倡一種「放浪不羈」、「任性胡爲」的自由，便和西方自由主義的思想相距十萬八千里。作者鑒於國人對西方自由主義尙未得一明確的概念，故撰寫本文來闡發一番，但「自由主義」本身是空洞無物的，它所依附的理論根據是西方社會中的「個人主義」(Individualism)，故本文以「個人主義」爲主題，兼論中國社會是否和「個人主義」有不相容的地方。

(二) 個人主義的兩面觀

「個人主義」（Indivdualism）是一個非常籠統的名詞，從來沒有一個明顯的界說。作爲一種學說，「個人主義」當然是西方思想的產物。但作爲一種人生態度，我國亦早已有之。楊朱的不肯拔一毛而利天下，正是個人主義的躬行實踐。後世所謂「明哲保身」，「各家自掃門前雪，不管他人瓦上霜」，都是這種人生態度的寫照。可是，這種人生態度，在中國的傳統文化裏生不了根，沒有發展成爲一套支配整個民族思想的學說。反之，在歐美國家，個人主義成爲思想的主流，而且有種種不同的化身。有以理性主義出現的，也有以浪漫主義出現的。近世的存在主義，其實就是個人主義的一種最時髦的化身。我在這裏要討論個人主義，實在不知道用那一種化身最妥當。但上文已提過，前輩的留學生曾把「自由主義」介紹到北大來。這裏所說的，無疑地是指美國的個人主義。所以，我現在要討論的，是以美國社會流行的一般個人主義的思想作爲對象。我不願作抽象的、艱深的、學理的探討，只不過把我在美居留十六年體會所得，給國內讀者參考參考而已。

美國的個人主義，有正反兩面。（這是相對來說，那一面正，那一面反，都無所謂。）正面是個人的自由（individual freedom），反面是個人的獨立性（self-reliance）。美國人在法律上所享有的個人的自由，大抵居全世界之冠。我們在憲法上規定的如信仰自由、通訊自由、居住遷徙自由等等，他們一概都有。此外，還有許多新奇的「自由」。有關個人資料保密的自由，便是新項目之一。筆者有一位同事，非常關心他的兒子在大學念書的成績，有一天他親自跑到他兒子所念的大學的註册組調查，爲註册組組員「擋駕」。他找註册組組長理論。組長告訴他說，根據美國聯邦新法令，每一個大學生的學業成績，是他本人的切身資料。學校不能未經他本人同意而洩漏於任何人，他本人的父母要獲得他的資料，事先要經他本人同意，如學校註册組職員一時不愼公開他的資料，他可以循民事訴訟法控告學校而索取賠償。此外，美國人還享有私生活孤立而不受干擾的自由。最近加州通過一項新法，兩成年人（無論同性或異性）同居一室，如雙方情願而發生任何方式的性關係，法律無權干涉。法律尙且無權干涉，何況親戚朋友？在中國的社會，假如有一宗不正常男女關係的新聞，如愛上有夫之婦或師生相戀之類，一定不脛而走，弄到當事人無顏面見人而後已。

但美國人享有私生活不受干擾的自由，不致因私生活與世俗相違而把個人前途斷送。此外，人所共知的是，美國人享有批評的自由。人民可以批評政府，師生可以批評學校行政首長，學生可以批評教師，子女也可以批評父母。只要言之成理的話，對方也不得不接受。由此看來，美國人所享有的自由着實不少。但話要說回來，他們的自由，絕不是個人任意胡爲的權力，而是社會上人與人間共同約定透過法律所制定的原則。由於所有的自由權都由法律制定，一旦對自由權濫用而侵害別人的自由時，便要負法律上的刑責。擧例來說，假如一個人濫用批評的自由來揭發他人的私生活時，他很容易犯上譭謗或妨害他人自由的罪名。換句話說，根據美國個人自由的社會思想，要保障個人的自由，首先要尊重每一個人的自由。只懂得享受自由而不尊重別人的自由可說是自由社會的公敵。

個人主義的另一面是個人的獨立性。一個人要是沒有獨立性，根本不配談自由。個人的獨立性可以說是個人自由的先決條件。美國的家庭生活自始便注重個人獨立性的培養，兒童自幼卽獨睡一個房間，不要父母或兄姊陪着睡覺。因爲美國一般家庭沒有傭人的緣故，兒女們稍長便開始要幫忙父母家務，從室內到戶外，包括打掃庭院、割草、灌水、施肥等工作。甚至家庭中電器及水管的修理、汽車的保養等等，都有子女來分擔工作。一個美國家庭的兒童，由於工作訓練有素，卽使將來成爲一個學者，也絕對不會變成「四體不勤，五穀不分」的書呆子。而且，美國人家庭很鼓勵子女經濟獨立。許多就讀中學的時候，已經自給自足，不必向父母討零用錢了。至於學校教育，自少便鼓勵兒童們發表自己的意見，注重獨立思考的培養。教學的方式注重啓發式而避免用注入式。我們中學大學裏常用的講演法，美國教育家稱之爲spoon-feeding。這個名稱含有很大的貶抑意味。根據他們的教育哲學，卽使講演者如何精采動聽，也只是注入式的教育，難免扼殺青年人的獨立思考能力。由於這種啓發式教育的結果，美國一般的大學生都對政治、社會、經濟，以及國際現勢等問題，，都有自己一套獨立的見解。

（三）中國社會法律觀念的淡薄

上文已經說過，美國人所享有的自由，絕不是個人任性胡爲的權力，而是社會上人與人間共同約定透過法律而制定的原則。美國人的自由主義全憑社會中各人的守法精神來支持。近年來在美國司法界雖難免有漏洞，甚至有水門醜聞的事件發生，但他們人民的法律觀念比諸我們的要濃厚得多了。中國人一向重視道德而輕視法律。重視道德是我們民族傳統的美德。但在道德教育未普及的社會裏，只有少數人對道德尊重。一般人也許會談談膚淺的道德名詞，像「良心」、「義氣」、「信用」之類。可是，「良心」、「義氣」和「信用」，都是不能强制執行 (enforced) 的。一旦面臨個人的利害衝突，有多少人能維持口講的信用？有多少人還能保持良心或義氣？

中國社會有一句流行的俗話：「生不入官門，死不進地獄。」從這句話可以了解一點中國人的心理，「官門」就是像地獄一樣的可怕。法律和道德不同，它一定牽涉客觀執行的程序。這個客觀執行的程序，一定透過官門。由於一般人怕官門的心理，便形成對法律的懼怕和敵視。這一來，人與人間的關係，都不約而同地避開法律不談，只談自己所了解的「良心」、「義氣」、和「信用」。民國成立以後，政體上已採取法治，歐美各國的法律都被採用過來。但這不過是皮相的模仿，歐美法治的精神還沒有在中國社會生根。立法方面，和美國的相比，還有一段很可觀的距離。到目前為止，我們還沒有一套完善的對消費者保障的法律 (consumers protection law)商人可以針對個別差異來定價錢。在商人們自己制定的「貨物出門，概不退換」的政策，多少人受了損害。然而他們所受的損害沒有獲得法律制定的補償而徒呼負負，大歎倒霉而已。在警方執行法律方面，我國和美國相比距離更遠了。由於一般人民不尊重法律，很容易導致不約而同的集體違法的現象。試問：每一部計程車都超速行駛，警方又如何執行超速罰款的交通規則？要是一般人不遵守收受款項要立收據的規則，政府又如何施行徵收所得稅的法例？這一來，由於民衆的不合作，縱有良好的制度也很難實行。民衆不合作的原因，大抵由於法律教育未普及所致。由於法律教育不普及，國人對法律常識幼稚得可憐。聽說許多年前在大陸有一段趣話。有一個人犯了罪受審的時候，那個女檢察官一五一十的起訴他的罪狀，來勢洶洶似的。反之，坐在上頭的法官却端詳地在聽。那個嫌犯伏地叩頭哀求：「老爺啊！太太可兇了啊！請你不要聽她的話，饒了我吧！」由此可知當時國人對法律常識的幼稚，把女檢察官當是法官的太太，旣屬可笑又屬可憐。在今日的臺灣，國人的法律常識也許不致如此幼稚。但有多少人對司法的程序有明確的認識？有多少人對憲法上規定的權利和義務有基本的了解？

一般的大衆對法律觀念如此淡薄，那麼，那些有識之士或思想家們對法律的態度又如何呢？諸位都曉得，我國思想和文化的傳統，以儒家爲骨幹，而儒家一貫的主張都是以道德爲本刑名爲末的。論語許多章節都可以給這一點作註脚。例如：「道之以政，齊之以刑，民免而無恥；道之以德，齊之以禮，有恥且格。」「子爲政，焉用殺？子欲善，而民善矣。君子之德風，小人之德草，草上之風必偃。」此外孔子也曾說過，一個理想的社會，是沒有訴訟的社會。他說：「聽訟，吾猶人也；必也，使無訟乎！」許多年前我讀歷史材料書，（似乎是唐書，記不清楚了。）發見一個很有趣的故事。兩兄弟爲了爭家產而訴訟於公堂。若在今日的美國，一定動用財產估價官、會計師，還要傳訊雙方證人，搜羅和鑑別各種證件。這種官司可能打上半年或一年。但在歷史書上的記載，那審案的法官只花了幾分鐘便了結該案。據說這位法官開堂的時候，給兩兄弟一番訓詞，說道：「世界上最可貴的東西是家庭中的和氣，而最可鄙的東西是物質財產。你們爲什麼要抛棄最寶貴的東西去換取最可鄙的東西呢？你們回家去吧！你們恢復舊好，不要再爭吵吧！」據說兩兄弟大爲感動，從此不再爭吵。假如這個故事是眞的話，這位審案的法官已把孔子「必也使無訟乎」的原則應用到司法界了。

那麼，爲什麼在中國的文化裏，上自孔子，下至今天的計程車司機，都對法律的觀念如此淡薄呢？原因非常錯綜複雜，非三言兩語可以解釋詳盡，只好留待日後有機會再另文詳細說明了。

(四) 中國社會中人與人之間的互相倚賴

我回祖國的第二天，便隨一班朋友到飛機場去接一位長輩朋友。其時有一位朋友躭心這位先生，可能被海關檢查留難。但另外一位朋友很神氣的說：「怕甚麼，有某某委員在這裏，到海關裏面打個招呼便行了。」這句話對留美十六年第一次返抵國門的我，非常聽不進耳。我進出美國多次，憑自己關稅法的知識，一張嘴巴，從來沒有被美國的海關留難過，也從未聽過要找個甚麼委員來跟海關打招呼便可以順利通過的。縱使找着一個什麼委員，美國的海關也不會隨便賣人情。因爲美國的關員也要保持自己獨立的判斷，他也希望旅客自己獨立地過關，並不憑藉他人的情面或力量而獲得放行。來臺後不久，聽到某某師兄弟已得着某某大學的敎席，是藉某某先生的人事進去的。這句話我也聽不大慣。我在美國十六年，敎過五所大學，全憑自己摸門路。美國大學聘請教授，和中國大學聘請的方式不一樣。應徵者要到聘請教員的學系宣讀一篇論文，然後由系中各教授輪流發問題。應徵者是否被聘用，要由全學系的教授們舉行投票方式決定。一般的習慣，要全票通過（也有多數票的）才有機會應聘。試想想，用這種方式來徵聘教員，人事的關係還有甚麼作用？

出國後三四年的光景，我便常常對這個問題思索——爲什麼中國社會特別注重人事關係？後來多方觀察美國社會，比較之下，才領會到美國人的生活方式，注重個人獨立自主，而中國人的方式是互相依存和互相協助。在家庭中各份子互相依存不必說了。子女年幼時賴父母提攜養育，父母年老時賴子女奉養，這已是中國傳統社會中人所共知而視爲當然的事實。而且，這種互相依存的關係，及於兄弟姊妹叔伯嬸母。我還記得抗戰時期日本人統治下的廣州，民不聊生，饑餓交迫。因爲我父親平素勤儉略有積蓄，我們才不致挨餓。但許多叔伯嬸母們都常常麕集我們家，等待救濟。我們常是煮好了飯菜，和他們一齊分享。最近我在加州省立大學教書，從香港來了一位年紀較長但極爲聰明而好學的女同學。她排行最大，但她的弟妹們全都大學畢業了，她現在才開始讀大學。我問她甚麼緣故。她告訴我，她快中學畢業的時候，恰值她父親生意倒閉。她爲了幫忙家計，去當洋行職員，將每月薪水的百分之八十幫助父母的家用和弟妹們的學費。從美國個人主義的立場，她對父母及兄弟姊妹們實在沒有必然性的義務，也不必犧牲個人的前途來解決家庭的窘境。然而，她是中國家庭和中國社會的產物，她的美德，正是中國傳統歷來所褒揚的「孝」

和「弟」，都是西方社會所忽略的。

在中國社會裏，人與人間的互相倚賴性並不限於生人和生人間的關係。生人和死人之間，也有一種互相依存的現象。生人往往藉着死人的餘蔭，就是藉着祖宗的功德或顯赫的威名來在社會上立足。而死人也藉着生人的功業而聲名得以顯耀。已死者和仍活着的雖然死生之路斷，幽明之路隔，但兩者間的關係，仍然是一種相互依存的關係。這是形上世界或宗教領域的一種眞實，是很難用描寫普通經驗的語言去界說的。在傳統的中國鄉村裏，假如有一個人中了榜榮歸故里，全村的人都歡騰慶賀。一人的榮耀變成全村全族人的光榮了。可是，要是有一個人犯了滔天大罪，可能全族人都要受處决。在歷史上，一人犯罪，皇帝下命令誅三族、五族、七族、九族的，比比皆是。可見這種互相依存，休戚相關的觀念和事實，早已在中國人的倫理中根深蒂固。在舊式初入學的教本裏，有所謂三本紅皮書，就是「三字經」，「千字文」，和「幼學詩」，我三本都念過。就中以「幼學詩」給我的印象最深刻，其中有兩句，描寫中國社會這種互相依存性極爲深刻：

「一子受皇恩，全家食天祿。」

怪不得紅樓夢中賈府各人都希望賈寶玉拚命用功來博取功名了。最後，寶玉果然中了擧人。賈家本來要被判刑充軍的或要被抄家的，都因寶玉中了榜而蒙皇恩大赦。由此可見榮辱相關，休戚與共，確是我國傳統社會的大特色。

這種互相依賴的觀念在今日中國社會仍然存在。由於我國近數十年來的政治動蕩和經濟的窘迫，許多人都移民海外以求出路。不少到美國去的留學生，都希望拿到學位後獲得職位而取得當地的居留權。許多做父母的也希望藉着兒女獲得美國居留權後自己也可以移民過去。可是近年來美國經濟不景，留學生得學位後獲得職業的，寥寥無幾。藉留學來獲得移民身份的美夢，簡直成爲泡影。但不少人想出新辦法來，就是到那邊去和當地的土生華僑子弟結婚，較之於從職業獲得居留，更爲妥善的捷徑。記得五六年前我們學校裏有一位來自香港的女同學，長得不錯，又好學，又聰明。可是她留美的目的，是負了家庭的使命，要嫁個華僑金龜婿。她早便把這一點「任務」告訴她的要好朋友。消息傳開來，自然而然的那些沒有居留權的中國男子（中國留學生）都不敢追求她。但事情湊巧得很，一位來自香港就讀於另一所大學的中國男子來訪，和她相見之下，彼此都好像鐵遇了磁石一樣。從此有了往來，情投意合，如膠似漆，私訂鴛盟。到自己決定要結婚的時候才告知父母。女方家長一聽到未來的女婿不是華僑子弟都大爲驚惶失措。女子的媽媽立即申請觀光簽證到美國來阻撓這一樁婚事。據說這女子的媽媽曾到女兒的宿舍跪下來請求自己的女兒不要嫁給那個沒有居留權的男子。這一位來自香港的小姐，畢竟是中國家庭和倫理的產物，爲了爸媽晚年的安定生活和弟妹的前途，決定犧牲一己的愛情，忍痛和男朋友分手。後來這位小姐眞的嫁了一位在美國的華僑男子。這男子連中國話也不會說一句。可是，憑藉他的關係和力量，女子的家人都陸續到了美國，而且弟妹們都獲得機會在大學讀書。正是：

「一女嫁移民，全家往美國。」

這種留學的目的和移民的現象實爲美國社會觀念所不容。從他們的角度看，剝奪了一個人的意志自由是任何好事都不能補償的。然而，中國社會中的個人，不是一個孤立體，個人生存的價值，是依附與別人的關係而存在的。這一點，大抵西方人都很難了解吧！

（五）結論——個人主義在中國社會行得通嗎？

西方式的個人主義，固然是西方式的產物。在產生的過程中，有兩大基石作支柱。其中一大基石是西方人二千多年來的法律傳統和守法精神。另一基石是培養個人獨立性的家庭教育，學校教育，和社會風尚。我國社會文化中兩大基石都付闕如。換句話說，我們的社會文化實在缺乏個人主義的先決條件（precondition）。在缺乏這兩個條件的情況下，個人主義實在很難闖進中國文化的大門來做中國人思想的主宰。沒有天然基石而强行移植來中國國土的個人主義，好比將一株樹苗移植於沙漠，休想它能生根，開花，和結果。其實，我們目前急切的需要，並不是西方個人自由主義，而是他們的法制精神和個人的獨立性。事實上在美國社會，個人自由主義已產生不少的流弊。但他們的法制精神和個人的獨立性仍然是他們社會的不倒的支柱。我們要吸收西方文化，應該捨短取長才是。大抵前輩的留學先進，只求名位，沒有清楚地觀察西方社會和文化，以致弄成「本末倒置」，「捨長取短」的現象。今日的留學生們，沒有當年「一登龍門，聲價十倍」

的威勢，但恐怕也不容易有名位來把握「取長捨短」的機會吧！

懷海德和東西哲學的融會

吳　怡譯

（一）

回顧西方哲學史演變的型態，可以看出每一個時期的觀念，都各有其對立與融合。在希臘時期，一邊有巴門尼底（Parmenidean）的「一」和「不變」；另一邊有赫拉克里特斯（Heraclitus）的「多」和「變易」。一邊有詭辯家和原子論派的強調「感覺」；另一邊有蘇格拉底的高標「概念」，這些都是互相對立的觀念。接着，偉大的哲學天才柏拉圖，則把這些紛紜複雜的學說，兼容並包的納入了他的思想間架中，完成了融合的工作。不論亞里斯多德如何改進柏拉圖的思想，其實也只是就柏拉圖的體系加以引伸、修訂、與附加而已。雖然柏拉圖有如此的成就，但他的融合工作，仍然只是屬於希臘本土的思想。後來，由於希臘和希伯來傳統文化之間的交流，便形成了哲學史上第二度的融合。這完全得力於那位開展了士林哲學的中世大哲——聖多瑪斯•阿奎那（St. Thomas Aquinas）的貢獻。當中世哲學之流注入到伽利略，和牛頓等科學家所激起的現代思潮中，於是思想界又產生了對立。一邊是發明了萬有引力定理的科學，一邊是對神靈作默想的宗教。也許這時最重要的問題是：宗教和科學的關係如何？它們是互不相容的嗎？它們是屬於兩個不能溝通的領域嗎？康德有意要解決這個有意義的問題，他的批評哲學不只是要調和英倫經驗主義和大陸理性主義之間的爭端，而且要挽救自由與機械、理性與信仰，尤其是宗教與科學等的偏鋒發展。這種調和可說是希臘、希伯來、和現代科學三方面的融會。大致說，十九和二十世紀的哲學也可視為康德哲學的一種引伸、修訂、附加、和重建而已。其實，康德的融合並不是最後的結論，因為西方的文化傳統已不再是一種封閉的宇宙。此後，西方世界已面臨着東方傳統觀念的挑戰。

從歷史演變所顯示的這種對立和融合的型態看來，今天我們實在需要能有一位像柏拉圖、聖多瑪斯、或康德的大哲來融合這兩個世界。可惜今天許多有哲學頭腦的人却把注意力集中於那些沒有價值的斷簡殘篇，使自己委身於那些瑣碎的分析，和技術性的末節問題。他們對於建立系統的純理論，不是視作過時的玩意，便是看作超人的事業，而不願置身於其中。以筆者的看法，只有懷海德的哲學是例外的。據一位現代哲學史家的描述，懷海德的哲學「已達到融合整個西方傳統的極峯」（註一）。筆者以為懷海德的貢獻不只是在於西方傳統思想的融合，而且在於兼容東方文化的成就。筆者本文的目的乃是要發掘懷海德哲學和中國思想的某些相同之處，以及說明他有關上帝的觀念，可能導致世界各大宗教的融合。筆者相信：雖然懷海德還夠不上是東西思想的融合者，但他却是這方面的舖路者。本文的方法只是披露這一消息，而不是尋章摘句的去作文字的考證。

(二)

在「歷程與實在」一書中，懷海德坦白的承認他思想中那種强調有機性的特殊色彩，是偏於東方思想遠較歐洲傳統爲濃(註二)。以筆者的看法，懷海德哲學和中國思想的相似之處最主要的有三點，即：宇宙的歷程觀、萬有的相接論、及强調當下體現的思想。

正如伯德 (Derk Bodde) 所說：在中國哲學裡大都認爲「宇宙是一個由各部份及各種勢力井然有條而構成的有機的和諧體」(註三)。的確，中國哲人們眼中的宇宙是一種歷程，而不是一個實體。它的特色是永遠的變易和發展。中國思想的宇宙觀可以追溯到兩個泉源，就是易經、和道德經。在道德經中曾描述說：

有物混成，先天地生，寂兮寥兮，獨立而不改，周行而不殆，可以爲天下母，吾不知其名，字之曰道。(註四)

在懷海德眼中，「實在」是一種萬有相接的歷程，而且是必須由具體現象中當下體現的。所謂「點」、「刹那」、「分子」也只是概念抽象化之所產。他有名的「具體誤置的錯誤」(註五)之說，正和禪宗所謂「誤指爲月」(註六)之喻極爲相似。他對「標準字典之誤」(註七)的看法，和我國古代道家的拋棄言語文字的態度是相同的(註八)。

懷海德的自然觀部份是受到浪漫詩的影響(註九)，他坦誠、虔敬的讚美凱濟(Keats)、雪萊(Shelly)，尤其是華德華滋(Wordsworth)(註十)。浪漫詩使他對自然的看法充滿了美的價值(註十一)，這也就使他認爲哲學和詩極爲相近的原因(註十二)。也許這正是他爲現代中國學者所推崇的主因之一(註十三)。對中國人來說，詩是傳統文化中的甘泉，因此，中國哲學裡便充滿了生命之美。讀中國的禪學、莊子、或道德經，和讀康德的純粹理性批判，或亞里斯多德的形上學，完全是兩種情趣。因爲看中國的這些經書將會使讀者通過了文字之美而有妙不可言的境界。當筆者在「科學和現代世界」一書中讀到「藝術的修養乃是使我們沐浴在盎然的生趣中」(註十四)之句時，不禁詫異懷海德是否在夢寐中曾讀過道家的著作。

中國思想和懷海德哲學間極相似之處，曾使一位頗負盛名的學者以爲懷海德曾受過中國哲學的薰陶。這位學者就是李約瑟(Joseph Needham)。在他那本大作「中國的科學和文明」中，曾特別强調說：

> 總之，我要進一步考察歐洲受中國有機的自然主義的影響……這種自然主義對歐洲思想是一大刺激，其融合性自十七世紀開始，即克服了歐洲思想在神學活力論與機械唯物論之間

的矛盾。早期的所謂「現代」化的自然科學其最大的功績可能是在於假設這個宇宙是機械化的——也許對他們來說，這也是不能避免的事——但由於知識的增進，需要生機哲學重於原子唯物論的時代接着來臨了……當這個時代來臨時，我們發現一系列的哲學家們——從懷海德可追溯到恩格斯和黑格爾，從黑格爾又可追溯到萊布尼慈——都是舖路者。他們所得的靈感也許不全是歐洲的，也許現代歐洲自然科學的理論基礎意外的也得自於莊周、周敦頤、朱熹的啓示。(註十五)

李約瑟的這種想法也許因缺乏歷史根據而無法證實；也許不能使那些認爲西方的大哲不可能受東方思想影響的偏見者所信服。但他的這種說法却指出一個事實，就是我們的這位大哲已建立了一種哲學體系，可作爲東西哲學融會的媒介。他的眞知灼見對那些研究人類思想史，尤其是研究比較文化和比較哲學的人是極有價值的。

當筆者敎道德經至「爲學日益，爲道日損」(註十六)一章時，學生們似乎非常困惑，甚至完全無法理解。爲了給他們一個正確的提示，筆者引用了懷海德的一段名言：

只有當你丟掉了敎科書，燒掉了演講詞的註語，忘掉了爲考試而强記的綱目時，你所學的對你才有眞正的用處。……大學敎育的作用乃是在於使你能洞察那些原則。(註十七)

聽了這段話，學生們便都悟了。假如有人想寫一本中國的敎育哲學，也許他會發現懷海德在一九二九年出版的「敎育的目標」一書(註十八)極有參考的價值。懷海德曾說「學生是活的，敎育的目的乃是刺激和引導他們去發展自我」，(註十九)這論調正和道家聲嘶力竭的反對傳統教育的戕傷性靈有着相同的旨趣。

懷海德教育理論最有價值之處在於提出「典型」（Style）之說。依他的解釋，「典型」是受教者最後的目標。是對人生極有用的，也是遍滿於萬有的，他接着詳細的解釋說：

管理員是以力戒浪費爲典型，工程師是以節省物資爲典型。工匠是以完成好的作品爲典型。典型是心靈的最高德性。(註二十一)

從這段話的最後一句可以看出懷海德的教育理論是由美的陶冶以達道德的修養。就中國人來說，善是一種美德。其實，整個中國道德教育史是一種典型的教育，或典型的修養。傳統中國倫理訓練是要完成人格的典型。中國人稱名節、義氣、豪俠是我們行爲的典型。可惜中國傳統教育的這種價值已經不爲人所重視。要不是懷海德提到，筆者也許把它放在一邊，不會去討論它了。

懷海德在「大學的功能」一文中，批評那些只以著作去衡量敎授才能的作法是不當的。很多偉大的老師乃是在講課，或個別談話中對學生發表了他們的創見。雖然他們沒有很多作品，但却具有很大的影響力。雖然他們沒有簽上自己姓名的大作，但由於他們對學生的影響，却仍然完成了不朽的事業。因此只以著作的多寡去估價敎授們的才能，實在是一大錯誤。(註二十二)

筆者非常同意懷海德的說法，深感以學位去衡量敎授的才能也同樣是一大錯誤，許多敎授沒有博士頭銜，照樣是一位好老師。決不可認爲一個人沒有學位，就沒有能力從事學術的工作。在中國，學術體制並不過份嚴格，沒有大學文憑的人有時也可在大學任敎，並沒有任何不同，只要他能證實他有能力在學術的園地上工作。可是由於受到西方，特別是美國的敎育體制的影響，使得中國這種具有彈性的體制也逐漸變呆板了。

(三)

前面所論尚不足以說明懷海德的融會東西思想。懷氏和東方思想的相似之處，也許被認爲只是一種巧合，不値得重視；也許被認爲那只是人類思想共同的特色，並非是誰影響了誰。但假如我們仔細研究懷海德有關上帝的理論，將發現他對上帝的觀念是有意要融會東西，因爲他的這種觀念乃是爲了融合世界所有的宗敎。

在形上方面，懷海德認爲上帝是萬有的原則；在價値方面，上帝是價値的原則；在美學方面，上帝是世界的詩人（註二十四）。在「宗敎的發展過程」（註二十五）一書中，他列學了上帝的三個主要觀念：

1.在東亞方面，是把上帝看作構成世界的一種非人格的秩序。這代表了極端的神內在論。

2.在希伯來或阿拉伯方面，是把上帝看作具有人格的個體存在，這代表了極端的神超越論。

3.泛神論對上帝的看法，代表了極端的一元論。

懷海德指出基督敎的信仰並非偏於以上任何一方面（註二十六）。按照基督敎的演變史看來，他們對上帝的解釋，兼有超越的、內在的、一元的、泛神的、有人格的、以及非人格的。懷海德為了融合這些觀念，曾致力於一種可以適用於基督教以及世界其他任何宗教的觀念。他的這一想法，在下面的一段話中表現得最為清楚：

一般經驗論的原則是强調宇宙萬有的原理不是由抽象的理性而得。對於上帝的體悟也是來自一種特殊的經驗，也是建立在經驗的基礎上。由於經驗解釋的不同，人們乃有不同的體悟。因而對上帝的名稱也有：耶和華、阿賴、婆羅摩、天父、天道、第一因、超越的存在、天命等，每一名稱都是由他們應用的不同經驗而定。(註二十七)

接着，他在另一篇文章中說：

價值世界顯示出宇宙在本質上是融合的。當它顯示出芸芸衆生有其不朽的一面時，也就是指人格的融合，這也是上帝的觀念。(但這不是基督神學文獻中的上帝，也不是印度佛教中泛神化的上帝，而是在兩者之間的) 祂是存在於有限世界中的無形的本質。(註二十八)

很顯然的，懷海德致力的上帝的觀念，可以解釋所有世界宗教。因此我們說他是從錯綜複雜的東西文化中尋求融合之道也並不過份。

(四)

雖然我們承認懷海德是世界哲學的融合者，但他的成就離理想的境界尚有一大段距離。那是因爲他雖然對東方的思想文化頗有悟力，但他對於東方的心靈却缺乏具體的認識，以及對於東方文化缺乏直接的經驗。東西思想要進一步的融合，必須有待於對東西文化作更多的比較研究，而且也有待於哲學的天才們能貢獻他們更多更大的努力。

註一 李維 (Albert William Levi)：哲學和現代世界 (Philosophy and the Modern World)，四八三頁。

註二 懷海德：歷程和實在 (Process and Reality)，十一頁。

註三 伯德 (Derk Bodde)：中國文化的傳統 (China's Cultural Tradition)，七九頁。

註四 老子道德經廿五章。

註五 懷海德：科學和現代世界 (Science and Modern World)，七十五頁。

註六 這比喻是來自禪學寶典「指月錄」，故事是說：有一個習禪的學生問老師月在那裡，老師指着月昇起的地方，可是發現那個學生却一直注視他的手指，便說：小沙彌啊，不要把我的手指誤作月。這個比喻的意思就是要我們不可誤手段爲目的，誤方法爲主體。

註七 懷海德：思想的模式 (Modes of Thought)，一三五頁。

註八 老子道德經第一章。

註九 李維 (Levi)：哲學和現代世界四九二頁。

註十　懷海德在科學和現代世界一書中，用整整一章（第五章）的篇幅去論浪漫詩。

註十一　李維（Levi）：哲學和現代世界，四九三頁。

註十二　懷海德：思想的模式，二三七頁。

註十三　現代中國學者都推崇懷海德爲現代西方最有見解的哲學家。介紹懷海德的著作有：謝幼偉教授的「懷黑德哲學」、方東美教授的「中國的生命觀」（The Chinese View of Life）和唐君毅教授的「哲學概論」。

註十四　懷海德：科學和現代世界，二八七頁。

註十五　李約瑟（Joseph Needham）：中國的科學和文明（Science and Civili Zation in China）引自伯德中國的文化傳統七十九頁。

註十六　老子道德經四十八章。

註十七　這段懷海德的名言，是被摘錄在「教育的目標」一書的書後封皮上。

註十八　懷海德：教育的目標（The Aims of Education）。

註十九　懷海德：教育的目標，十一頁。

註二十　同上二十三頁。

註二一　同上二十三至二十四頁。

註二二　同上九十八至九十九頁。

註二三　同上九十九頁。

註二四　懷海德有關上帝的理論有系統的介紹於其名著「歷程與實在」的最後一部份，在五一一頁至五三三頁。至於筆者所引證的，都在五一三至五一六頁，可以參看。

註二五　懷海德：宗教的發展過程 (Religion in the Making)。

註二六　懷海德：宗教的發展過程，六十九頁。

註二七　懷海德：科學和現代世界，二五七頁。

註二八　懷海德：科學與哲學 (Science and Philosophy) 九十七至九十八頁。

杜威哲學的重新認識

㈠前言——我認識杜威哲學的經過

我首先要聲明的是，我不是杜威信徒，也沒有企圖把杜威重新介紹過來做國人思想的主宰。我也不主張透過杜威的方法來重建我們的道統。那麼，「知之者不如好之者，好之者不如樂之者。」我怎可以用非杜威信徒的身份來介紹杜氏的學說呢？奇怪的是，我肄業中學的時候，竟以非基督徒的身份當了幾年「耶穌之友團」團長和一年基督教學生青年會會長。中學會考時，「聖經」一科拿到優異獎。我也不是佛教徒，但我曾經講授「大乘佛學」和「禪學研究」等課程，也曾作過不少以佛教爲題的講演。這如何可能呢？答案是：摒除私心和偏見。這不是我自己的獨特意見，而是在一次和唐君毅師對話時他所提出的見解。唐先生對中國哲學的了解，不用我多說。

奇怪的是，他不懂德文，也沒有出洋留過學，對海德格「存有與時間」一書的哲理，只看過 Werner Brock 的介紹，竟然能寫出一篇傳神扼要的文章，紹述海氏的學說。(註一)我因爲這個緣故，曾在他面前說過句恭維的話。聽了我的恭維話之後，唐師一點也不自滿，只是平和地、深沉地說了下面一小段話：「要正確地了解別人的思想，最要緊的便是自己沒有私心，而對別人沒有偏見。有了偏見和私心，便不容易了解別人了。」

我對杜威氏哲學的了解，可算是「沒有私心和偏見」，但我對杜氏哲學的認識，却走了一段很長的路，路上豎着不少里程碑。

一九五四年（民國四十三年）中學畢業，考進了香港廣僑學院，見賞於羅時憲先生，得親炙其左右。暇時常常聆聽羅先生述說民國以來中國思想大勢。說到胡適之先生介紹杜氏哲學來華的時候，羅先生補充一句：「共產黨最怕杜威，因爲杜威哲學是共產主義的剋星。」我聽了這兩句話，有點莫名其妙。但不便深究，惟有存疑勿論。

一九五五年到五九年，肄業師範大學，聽過好幾位老師的哲學課。其中教育哲學教授田培林先生常在講演中大罵杜威。那時，我曾向教哲學概論的老師問及杜威哲學，他答說：「杜威的哲學是沒落文化中最沒落的思想。」我怔了一怔，不敢再問下去了。不過，我在師大四年，沉迷於文字訓詁及中國經典中，對哲學的興趣不算濃厚，究竟杜威是沒落時代中沒落的人物呢？還是共產主義的剋星呢？我一概少理。

一九五九年（民國四十八年）我考進了新亞研究所。新亞一向以思想及歷史名，文字訓詁不大注重。我曾因此事函高師笏之（鴻縉），以爲憾事。高師來函鼓勵「隨唐君毅先生習中國思想，隨吳士選（俊升）先生學杜威哲學。」隨唐先生習中國思想，很容易便如願以償。但隨吳先生學杜威便很難了。因爲吳先生兼新亞書院校長及研究所所長兩職，根本沒有開課。惟有買了吳先生翻譯杜氏的「自由與文化」來閱讀。該書的附錄有吳先生論杜威氏知識論一文，讀完此文後覺得杜氏思想富有現代意義，而且和我國知行合一的思想傳統，有互相發明之妙。那時，不再相信杜威哲學是沒落文化中最沒落的思想了。

一九六〇年（民國四十九年）赴美留學，入聖路易城華盛頓大學哲學研究所，專攻現代西方哲學。其時，有權威教授李維氏（Albert William Levi）精研古典哲學及歐陸思想，但對杜威氏評價極高，而美國哲學權威愛姆斯（Morris Eames）對杜氏哲學尤推崇備至。從多方面的觀察，知杜氏哲學在美國仍有極大的勢力，於是下決心非搞通他的思想不可。首先從愛氏習杜氏形上學及知識論。其後南伊州大學成立杜威研究中心，愛氏應聘前往，其時我亦讀完了碩士，隨他到南伊讀博士。南伊州大學哲學研究所杜威哲學之專家特別多，他們分別開的杜氏形上學、知識論、倫理學、政治哲學、美學等課，我都一一修過。博士論文也與杜氏哲學有關。博士學位拿到後，也教起杜威的哲學。並曾指導過學生寫有關杜氏哲學的論文。我不敢說是杜威哲學專家，不過由於我自己無私心，對杜威無偏見，總算能了解他思想的大概。

(二)國人對杜氏哲學誤解的由來

根據筆者個人的意見，國人對杜氏哲學誤解的主因，是「介紹人」未盡介紹的責任。誰都知道，杜威哲學是胡適之先生介紹進中國的。也許由於當時留學生返國登龍的機會太好的緣故，胡先生沒有久留在美國繼續學習杜氏的哲學。胡先生介紹的，都是杜氏哲學膚淺的一面，(據筆者觀察，胡先生對杜氏哲學的了解，遠不及後來的吳俊升先生。）像「大膽假設、小心求證」及重功利重實效的主張。這些都是杜氏哲學中較次要的。而且，若不把杜氏博大圓融的思想作整體性的介紹，這些枝節的主張是沒有意義和價值的。而且，這些枝枝節節性的主張和我們儒家的道統似有扞格不入的地方。論語的「君子喻於義，小人喻於利」及董仲舒的「正其誼不謀其利，明其道不計其功」等銘言，支配着中國人的思想兩千年。縱使實際上有不少重功利的知識分子，由於他們重功利的緣故，也不敢向反功利的權威挑戰。胡先生把重功利重實效的主張介紹過來，雖一時吸引了不少年青而好新之士，但招惹衞道派學者的强烈反感。不少哲學界碩學之士立刻向杜氏思想迎頭痛擊。前輩學者如賀麟和謝幼偉先生在這方面都有專門撰述，而以謝氏的批評較具影響力。謝氏專研西方哲學多年，曾一度受學於懷德海。他把懷氏思想介紹給國人，實比胡先生介紹杜威多盡介紹之能事。但可惜謝先生對杜威的重要著作，還欠深入和正確的了解。當他批評杜氏思想時，出自他自己見解的，只是一些不着邊際的浮詞。較爲「深入」的批評，往往借重西方哲學家的意見，其中尤倚賴英人羅素（Russell）及勃勒得萊（Bradley）。羅氏以天縱之資，卓然成一家之言。但他最不能了解別人的思想。他所著「西方哲學史」，評述前人學說的時候，既不中肯，又把別人的學說歪曲了。筆者在華盛頓大學當研究生時，曾隨愛姆斯夫人（羅素哲學專家，現任南伊州大學哲學研究所所長）專門研究羅素對杜威的批評，發現羅氏對杜氏思想全不了解。至於勃勒得萊，爲英國十九世紀末二十世紀初年唯心論的領導人物，對美國實踐主義很有偏見。謝幼偉先生竟依據羅、勃等人對杜氏的批評，那可能得到中肯之論呢？

其次，杜氏主要著作未翻成中文，亦爲國人對杜氏思想了解的一個重大障礙。「哲學之改造」、「思維術」、「民本主義與教育」，以及「自由與文化」等書，都不是杜氏最主要的著作。根據愛姆斯教授的意見，杜氏最主要的著作有兩本，一爲 Experience and Nature，一爲 Logic: The Theory of Inquiry，若將此二書精讀而澈底了解，杜氏其他的著作都如在掌握中了。可惜這兩部著作都未有中譯。一般而言，杜氏文體艱澀，詞句冗滯，美國人英文極有修養的，都往往望而生畏，何況以英文爲外國語之中國讀者？語文的問題，實在是思想交通的重大障礙。

杜氏思想本身的圓融性，也是別人對他不易了解的一個原因。他既批評理性主義，但對經驗主義（狹義者言）也有微詞。他是唯心論的叛徒，也是唯物論的死敵。在道德哲學方面，他既不依附康德的理想主義，而對邊沁（Bentham）穆勒（Mill）一派的功利主義也頗有異議。這一來，他的門人、後學、以至讀者，對他的思想都很難捉摸。有人以爲他是唯心論者，亦有人以爲他是唯物論信徒。有人以爲他是理性主義者，也有人以爲他當屬經驗論一派。至於pragmatism及instrumentalism兩詞，都爲杜氏自己認可的，但這些詞語絕不能顯示杜氏哲學的眞面目。老子說：「道之爲物，惟恍惟惚。」「惟恍惟惚」四個字，大抵可以形容杜氏哲學難捉摸的狀態吧！

國人對杜威氏的誤解，完全由於不懂得他的哲學而自以爲懂得。若是我們承認杜氏哲學的博大圓融性和「惟恍惟惚」性，對杜氏哲學採「存而不論」的態度，也許不斷會有人繼續探求而有新的發現。可是中國的思想界却以爲杜氏之學，不外「重經驗」、「重實效」、「重結果」等幾項常識信條，對他的著作不加以深究而遽下武斷，封閉了後學研究杜氏哲學之路。所損失的，是杜氏本人呢？還是我國思想界呢？這一點，大抵不言而喻吧！

㈢杜氏形上學的特性——以經驗為題材

杜氏體系博大精深，內容豐富，其思想實非一短文可能介紹。南伊州大學杜氏著作研究中心，計劃將杜氏生平著作重新整理出版，預期爲三十巨册，可能要比一套百科全書的篇幅還要多。筆者客座期內，參考書籍不在手邊，故在本文不打算將杜氏思想作系統性的介紹。只是將平日在美講授杜氏哲學時體會所得，介紹於國內讀者之前。希望讀者不要把本人點點滴滴的意見當作杜氏哲學的本身。讀者如對杜氏哲學感興趣，當自己研讀原典，最好不要倚賴別人的介紹。

杜氏的形上學以經驗爲題材，知識論以行動爲骨幹，倫理學以反省爲方法，政治學以民主爲基石。其他對敎育、宗敎、藝術等，均有獨特見解。玆因篇幅限制，姑就此四者發表一二研究心得。

形上學在西方哲學史，可謂源遠流長。但一般來說，以探討宇宙的實在爲主。由於探討的對象或題材的不同，西方形上學史大抵可分三個時期。第一個時期以實體 (Substance) 爲對象，蘇格拉底以前的自然哲學家首開其端，歷柏拉圖、亞里士多德發揚光大，再經中世紀及近代哲學而理論漸趨繁複精密。但到休謨的懷疑論出，「實體」之存在在經驗無從獲得證明，頓時失去舊日冠冕堂皇之地位。第二個時期的形上學以「心」（Mind）爲探討對象，德國大哲康德實爲這一期的始創人。康德爲了答辯休謨，一切都用主體性來解釋。這一來，我們要了解宇宙的林林種種現象，首先要了解主體性或心體的結構。康德這一場哥伯尼式的革命，開創了德國唯心論一派的哲學。這派哲學以黑格爾的影響最大。然而，這一派冠冕堂皇、睥睨千古的唯心哲學，在二十世紀各種新科學和人類新經驗興起之後，遭受到無情的打擊和凌厲的挑戰。實在論、存在主義、實踐主義、邏輯實證論、語言分析派等等崛起，都對德國唯心論作不留餘地的批評。其中邏輯實證論及一部分的語言分析學者，更否定形上學的價值和地位。可是形上學在西方哲學史太根深蒂固了。因此，富於使命感的當代西方哲人，都從事重建形上學的艱巨工作。在英語界的哲人當中，應以懷德海及杜威氏爲代表。第三期的形上學，應從他們開始。形上學的對象，不再是「物」，也不是「心」，而是人類的「經驗」。「經驗」一詞，包含主體和客體，尤指主體和客體間相互作用歷程所包括的一切。因此，這一名詞在二十世紀的哲學含義極廣，和希臘哲學中之「經驗」（與理論對立者）或英國經驗論中之「經驗」爲狹義者不同。根據杜威氏在「經驗與自然」一書中之解釋，「經驗」一概念包羅萬有，擧凡主體性之知覺、推理、想像、憧憬、感受、夢想，以及客體性之山川田野、日月星辰，均屬我們的「經驗」範圍（註二）。由此看來，「經驗」一詞，在杜氏哲學裏，包括所有主體客體及人類文化活動之全部。讀者千萬不要以狹義的「經驗」來了解他的經驗觀。

「經驗」一詞，旣包括主體客體間之一切，我們要探討經驗的本質，究竟從何處下手呢？形上學的任務，便是要從博雜紛紜的人類的經驗中，找出它的基本原理。根據本人業師愛姆斯敎授夫婦的解釋，杜威氏的形上學基本原理有二：其一爲 Quality，其一爲 Relation。其後，本人繼續研究，發現了第三原理，名爲 Continuity。這三者是經驗所具有的基本性質，也是我們藉以對經驗了解的基本方式，吾人經驗中之任何事物，或人，或物體，都可以透過這三者來了解。擧個粗淺的例吧：譬如你想了解你的女朋友是一個甚麼樣的人，首先要了解她的 Qualities。這就是說要問，她有沒有具備孝順、溫柔、和誠實等美德，還是忤逆、粗獷，虛僞等劣品性。其次，你要了解她和別人（甚至和非人的對象）的關係；她對父母怎麼樣，她父母對她又怎麼樣？

她和她的兄弟姊妹相處的情形如何？她和其他的男朋友（如果有的話）的交情又怎樣？再其次便是要看她個人的生活史（historical continuity），她小時有過什麼經驗，在大家庭中長大呢？還是幼失怙恃呢？她現在的人格，是和她從前經驗那一部份是 continuous 的呢？讀者們讀到這裏，可能在懷疑，我現在談的不是哲學，只是一種世俗的常識。假如你有這種感覺的話，你對哲學（或形上學）一定有一個很偏頗而狹隘的觀念，以爲形上學是專研超越的本體或先驗的心性的（這種形上學在西方已過了時）。其實哲學或形上學是研究宇宙人生的基本原理，是無所不包的。我們怎能將它關在象牙塔裏然後譴責象牙塔外毫無哲學呢？袁枚說得好：「斜陽芳草尋常物，解用都爲絕妙辭。」這就是禪宗所提倡的「平常心是道」了。杜氏這三項基本原理，也可以說得高深莫測而令人摸不着頭腦的。然而，這是教育的眞諦嗎？

此外，在杜氏的形上學裏，還有一項很重要的輔助原理，是補充說明 Continuity 一概念的。杜氏這一概念，是帶有「生長」（Growth）和「發展」（Development）的意味的，和數學的連續性（Mathematical continuity）不同。在生長或發展的過程當中，比較高層的（Higher level of existence）一定由較低層的（Lower level of existence）發展成。高層和低層之間，是連綿無間的。高層（卽後來發展成的層次，不必有價值意味）和低層之間，有一種雙重關係，可名之爲 Genetic-functional Relation。Genetic 的原義爲「發生」或「遺傳」。高低（或後先、或上下）層之間有 genetic 的關係，意思是說，高層的形成，不是「無中生有」，而是從低層發展成的。至於兩層次（僅屬相對而言，無顯明界限也）間之functional relation 是指高層會發揮其功能（perform the function）對低層的存在加以調整、改良、節制等等。舉例來說，政治理想爲高層，政治活動或經驗爲低層。政治理想要不是空中樓閣的話，必當從實際的政治活動或經驗產生。理想形成後，它會盡其職能來指導經驗或改良經驗。這一項原理，雖然可以說是形上學的。但杜氏之形上學和其知識論有密切關係。知行合一的眞諦，即在於高層（知）和低層（行）的 Genctic-functional 關係當中。

(四)杜氏知識論的真諦——以「知行合一」為骨幹

杜氏的知識論，一言以蔽之，曰「知行合一」。但兩者如何合一呢？這不得不費一番解說了。

我們不可不知的，就是杜氏反對所謂自明的眞理（self-evident truth）或一望便知的直接的知識（immediate knowledge）。「兩點之間的距離以直線爲最短」，「等量加等量，其和仍相等。」這些數學命題，舊日的數學家們稱之爲自明的眞理。試問，一個完全沒有學過數學的小孩子，對這兩個命題是否一望卽知呢？杜氏認爲所謂自明的眞理或一望卽知的，不過是在吾人經驗中重複出現多次，不知不覺間增加了 psychological familiarity 的程度，直至一望卽知而後已。所謂「習非成是」，亦是根據 psychological familiarity 這個原理。所謂 immediate knowledge，一點也不 immediate。不過由遠及近的過程被人們忽略了或遺忘了，所以便產生這一類直接的知識或自明的眞理。

那麽，甚麽才算眞知呢？眞正的知識不是「不勞而獲」的或「俯拾即是」的直接知識。眞正的知識來自吾人的經驗或活動。當我們在生活中（無論個人生活或羣體生活）遭遇問題的時候，問題會刺激我們，驅使我們對情境有所觀察，引發我們對所觀察的情境作反省思考。由於觀察和反省的結果，我們對問題提出假設性的答案。假設性的答案再經行動或實驗證實的時候，便成爲問題的解答，這才算是眞知。但這所謂眞知，並沒有「永恒」或「放諸四海而皆準」的性質。因爲知識的功能在指導行動或解決問題。何種知識能在何時何地解決何種問題，都因個別情境而異。這是因時制宜的原理，和我國先賢孟子提出「義者，宜也」有相互發明之處。這亦可以說是一種「時中」之道和「不拘執」的精神。

由此看來，人類知識的寶藏就是人類生活史解決問題方案的總記錄。當我們遭遇問題的時候，我們當然可以從這記錄檔案中取現成的材料。不過，當我們套取前人成果的時候，充其量是一項假設。我們要用行動和實證的精神將前人的知識付諸實踐，經過實踐後的證明，我們才可以肯定它是我們問題的答案。王陽明說：「知是行之始，行是知之成。」杜氏大抵會把這話略爲修改成：「知是行的南針，行是知的實踐。」

一般來說，「知」和「行」的關係正是 genetic-functional 的關係。眞正的知，絕對不是「海市蜃樓」或「空中樓閣」，應該是從吾人之「行」（經驗或生活）處產生，這是 genetic 的關係。「知」成立之後，便可以發揮其所以爲知的功能來指導、節制、或推進我們的行動，這便是 functional 的眞諦。倘若有一種知識，吾人獲得之後對吾人生活行動一點沒有指示作用的，這不能稱爲眞知。由此看來，杜氏的知識論實可以和我們的思想傳統互相溝通。可惜在前輩學者當中，除吳俊升先生外，沒有什麼人能領略這點精神。

許多人以爲杜氏只重分析、實證、及推理，直覺一定爲杜氏思想所不容。我國傳統哲學一向以直覺爲主要方法，杜氏重分析而不重直覺，和我國的傳統哲學怎可以有溝通的地方呢？這些不必要的疑惑，都是起源於不了解杜氏思想。

我在這裏要說明兩點：第一，杜氏絕非武斷地抹殺直覺在認識過程之地位，而是有鑒於「直覺」一詞，歷來解說不清，從而對這一名詞另有新解。第二，杜氏並不以爲「直覺」和「理性」（或「分析」）是互不相容的。他在「經驗與自然」一書裏，認爲擅分析的人和善直覺的人不是本質上有何相異，只是程度上的差別。擅分析的人就是比不擅分析的人更能清楚地表達他從直覺得來的知識罷了。（註三）至於杜氏的直覺說，在 Art As Experience 第十一章有極精彩之解說，實爲發前人之未發。本人曾借重其說向美國學者們解釋禪宗「頓悟」的原理，使禪學脫離鈴木大拙的神秘色彩。可惜杜氏論直覺之精彩處，實爲他對心之分析的副產品，而他的「心論」系統龐大而複雜，筆者極難在這裏作簡短的介紹，惟有希望讀者們自己去探討杜氏的原著吧！

(五)杜氏倫理學的旨趣—以反省思考為方法

在「道德生活理論」(Theory of Moral Life)的第一章，杜氏即把道德分爲「禮俗的道德」(Customary Morality)和「反省的道德」(Reflective Morality)兩種。「禮俗」是一個文化傳統及其社會約定俗成的產物，對社會中的個人都有很大的束縛力。正如曾國藩所謂：「風俗之於人心，始乎微而終不可禦者也。」根據我國一般傳統的說法，「禮」是聖人制定的，而聖人制禮，都符合一定的道德理想。禮記把制禮的目的說得很明白：「夫禮者，所以定親疏，決嫌疑，別同異，明是非也。」話雖如此，但實際不少「禮」是約定俗成的產物。那些具有道德意識和社會知識的「聖人」，也許曾將「禮」作評鑑或修訂。但以少數聖人而創制統馭全民生活的一切方式，似乎誇大其辭或理想化。禮俗成立之後，倘若社會生活和人民知識水準一成不變的話，禮俗還可能繼續發揮其對個人行爲的約束效能。但社會的變遷、知識的進步、和文化的分解與融合，在在要求我們對禮俗有檢討的必要。孔子是好禮而守禮的人，但他也有時「從衆」而不從禮。一般人多數受禮俗的支配，不懂得去反省思考。杜氏要呼籲，作爲一個現代人，我們的道德行爲不能是盲從附和的。我們要以智慧來反省思考，作爲我們行爲的南針。這裏，我要替杜氏特別聲明的，禮俗的道德和反省的道德絕不是互不相容的。有時禮俗的道德經反省之後當淘汰，有時經反省之後尚有時代和社會的意義而該保留。杜氏的主張是，不管禮俗的道德是好是壞，我們不要盲從附和，我們要用我們的智慧因時制宜去鑑定是否可行。杜氏絕不是主張推翻禮俗而用理智代替。理智的功能，在如何選擇適當的禮俗而使吾人在特殊的環境下來實踐罷了。若推翻一切禮俗，好比棄所有道路而不用。吾人若不走現成的道路而另闢蹊徑，可能一輩子也走不成。理智的運用，是指導我們如何去選擇適當的道路，從而使我們順利到達目的地，而不是指導我們盡毀現成的道路。這一點，研習杜氏倫理學的不能不細辨。

杜氏在「人性與行爲」(Human Nature and Conduct) 一書，從「本能」、「習慣」、和「智慧」三個層次來建立他的道德思想體系。本能的衝動和習而不察的行動，支配着一般大衆的生活方式，只有運用智慧的人才能把他們自己從本能和習慣的束縛解脫出來。有智慧的人，便是能運用反省思考去解決問題的人， 也是能預測行爲後果而事前加以愼密考慮而作適當選擇的人。譬如一位男士在談戀愛之先便考慮到「始亂終棄」會把他女朋友的一生幸福喪盡，因而事前作適當的選擇。杜氏注重後果，便是因爲對後果的預見，能指導當前的行爲。國人竟以功利主義釋杜氏學說，和杜氏的原義，相差何止十萬八千里！

國人中亦有以爲杜氏沒有道德理想的，這都是對杜氏學說不了解所致。杜氏所要抨擊的，不是道德理想，而是和實際生活脫節，永不能實現的「道德幻想」。根據杜氏的學說，道德理想和道德實際之間，當具有 genetic 和 functional 的關係。這就是說道德理想當由道德實際培養孕育出來，然後道德理想再回過頭來指導道德實際（包括道德行動、行爲、經驗等）。道德理想屬

「知」，道德實際屬「行」，惟有透過二者 genetic-functional 的關係，「知」和「行」才能合一起來。我們若能了解這一點，便可以了解杜氏哲學中各部門（在此卽指知識論和倫理學）的相通性。

㈥杜氏政治學的要領——民主精神

誰都知道，杜威是一位提倡民主的社會哲學家。可是，杜氏所提倡的民主並不是誰都懂得的學說。

許多人認爲民主不過是「服從多數」或「多數通過表決」。要是多數人是平庸愚劣的話，我們也要服從他們。所以民主政治根本不是一種理想的政治方式，因爲受統治於一羣豬一般的腦袋的人，倒不如由一個聰明能幹的獨裁者來統治。對民主政治作這樣的解說，不是有意歪曲，便是對民主精神的了解太膚淺了。「民主」(Democracy) 一詞，含義極多。根據杜威氏在 The Public and Its Problems 一書的解說，「民主」一詞，有四種不同的含義，但四者是相輔而行，互爲補足的。

民主最基本的意義是一種政府形式，由全體公民選出代表參與政治。一切政治上的決定，採取公開討論方式，然後由投票多數決定。政府機關的首長，有一定的任期。人民除選擧權外，還有彈劾和罷免的權利，民主的第二義是一種社會理想，是一種「民治」、「民有」、和「民享」

的大同世界。上述這兩種民主的意義，大抵具有政治學常識的人都懂得，但這都不是杜威氏民主學說的核心。杜威氏所着重的，是民主的第三義和第四義。民主的第三義是一種教育方法。這個方法的特性，是公開討論和批評，從而促進學術、文化、社會、和政治的進步。換句話說，不參加公開討論或不接受批評的人便是反民主。但要實行這種方法，一定要全體人民都受過相當的教育才能辦得到。因此，教育的普及實爲民主政治的先決條件。民主的最後理想，當然不限於教育方法，也並不僅是「民治、民有、民享」的一個空洞的社會理想。因此，杜氏認爲民主的終極意義是一種共同生活方式，在這種共同生活方式之下，多人參與共同的生活而互相交換經驗以求社會文化的進步，在這種民主生活方式之下，每一個個體的生命都不受任何抑制和阻礙，而能達到他們應有的發展。(註四)

在杜氏思想和活動最活躍的時期，共產主義還沒有到今日囂張跋扈的地步，但杜氏對馬克思主義理論上的弱點(也是實行方面的)，早已有强烈的覺識。在杜氏的政治哲學著作中，許多時都有對馬克斯學說點點滴滴的批評。杜氏尤其反對馬克思學說中的暴力主義。請看他的這一段話：

『强調階級鬬爭，明目張膽地用暴力戰鬬方法，以獲致全面性的變革，這都是吾人所關心而戒懼的。其實，問題不在於運用暴力是否有助於全面改革的實現，而在於暴力和理智之間，那一種可作爲吾人長期改革的依據，以及使吾人能充分貢獻一己的才能。很顯明地，那種認爲「暴力不可避免」的想法將會左右了理智的運用。因爲這「不可避免」四字，就堵塞了理智的通路。……如果心中預存有「暴力不可避免」的成見，那麼在可以用和平方法解決問題的時候，也都會隨便濫用暴力了。』（註五）

杜氏一貫的主張，不管在知識，在倫理，以致於在政治，均認爲採取理智的方法（Method of Intelligence）來達到解決問題的目的。在今日複雜的社會裏，人與人之間的相處，（例如資本家和工人）往往會發生問題，這是無可否認的事實。但我們應該公開地，平心靜氣地來討論，來共同尋求問題的解決方案，倘若一味懷恨在心而訴諸武力，這只不過是自我毀滅的途徑。社會和文化絕不會因暴力而進步。

還有，根據上文所述的杜氏的一般學說，理論和實踐之間，是一種Genetic和Functional的關係。那麼政治理論必須根據政治社會實情而產生。而政治理論也要能發揮其指導政治活動的實踐功能。馬克思的政治理論是根據十九世紀歐洲社會背景來建立的主張，毛共囫圇吞棗、移花接木地拿過來處理我國的社會和政治問題，縱使馬克思學說在理論上如何高妙，也不可能在我國國土發展其功能的。同理，民主學說產自歐美社會的背景，若要它能在我國社會產生指導作用，也是在實踐上一件很難的事。由此看來，當年杜氏的中國弟子們，隨便主張仿效西方或仿效美國，這都是由於他們對理論和實踐間 genetic 和 functional 的關係有所忽略，是違背杜氏哲學的基本精神的。

(七)結論——杜氏著作導讀

以上所述，不過是作者近年來在美國講授杜威哲學與諸生討論時所發揮的一種老生常談的見解，並非有精深研究。但自信能把握杜氏哲學之眞精神而示後學有志研究杜氏哲學者正確的途徑。杜氏形上學的三範疇 (Quality, Relation, Continuity) 及其對上下（或高低）層經驗（或存在）的 Genetic-functional 的解說，只是散見杜氏各種著作中，杜氏自己亦無對此特別說明。而在美國一般介紹杜氏哲學之書籍，亦未能將杜氏這一項「一以貫之」的原理闡露出來。本文的特點，便是把這最基本原理介紹出來。但筆者要特別聲明，讀者千萬不要以爲讀了筆者的文章便是讀了杜威氏的哲學。筆者所介紹的，只是杜氏哲學的基本精神，至於杜氏哲學的血肉、骨幹、和五臟六腑，有志習杜氏哲學的讀者當往原典裏找尋。現在筆者僅就過去研究心得，把杜氏主要著作用「讀書指導」的方式略爲介紹。

「哲學之改造」(Reconstruction in Philosophy) 爲杜氏最易讀的著作之一。內容包括形上學、知識論、倫理學、及社會哲學等部門。可以作爲杜氏哲學的一本入門書。但這書在討論問題方面，往往粗枝大葉或語焉不詳。而且此書爲早期作品，和日後作品比較，在思想精密及經驗引證方面，都顯出許多未成熟的地方。

英文程度好而有極大耐心的讀者（而且還要對西洋哲學史懂得透徹），可逕讀「經驗與自然」(Experience and Nature) 及「邏輯」(Logic: The Theory of Inquiry) 二書。此二書分別代表杜氏之形上學及知識論，而對哲學其他部門亦涉及。此二書行文冗滯，(但思想理路很清楚) 讀來有令人奄奄欲睡之感。讀者宜慢慢的讀，絕不能貪快，「經驗與自然」之第一章，宜讀兩三遍以上才可繼續讀其他各章。「邏輯」一書，先徹底讀前六章。閱讀至少兩次之後，然後再慢慢讀其他各章。每一章的內容都非常豐富，當一面讀，一面深思，始能得益。此外尚有 Quest for Certainty可以在讀此二書時一併讀，此書亦爲通論性質，但比「哲學之改造」深一點。

讀通了「經驗與自然」及「邏輯」二書，可以讀其他的著作了。倫理學方面，宜先讀「人性與行爲」(Human Nature and Conduct）。此書雖屬早期著作，然頗多精闢理論。筆者業師 George Axtelle (杜氏朋友) 於一九六五年時謂嘗讀此書二十六遍，每次均有新發現云。筆者屢用此書爲倫理學教本之一，亦嘗讀十遍以上，每次閱讀，都有清新的感覺。其次，「道德生活原理」(Theory of Moral Life），原爲杜氏與塔虎脫 (Tuft) 合著之「倫理學」(Ethics) 杜氏所寫的部份，十餘年前其門人後學特別抽出爲之發行單行本。此書較「人性與行爲」嚴肅拘謹，但許多重要理論爲「人性與行爲」所沒有的。尤其是對「道德主體」(Moral self) 之解釋，發前人所未發。但讀者讀此書，當澈頭澈尾的讀，不能專讀「道德主體」或任何其中一章的。此外，杜氏還有一本極重要的著作和倫理學有關的，這是 Theory of Valuation ，爲杜氏之一般價值論。此書對流行中之偏頗的學說 (如邏輯實證論)，都有擊中要害的批評。這書雖只有幾十頁的篇幅，但不易讀。要多讀幾次才能把握其中義蘊。此外，「哲學之改造」論道德之專章。Quest for Certainty 中論「善的建立」一章，都屬杜氏倫理學的主要著作，可補上述三書的不足。

社會哲學和政治哲學在杜氏哲學系統裏沒有嚴格劃分。其實二者在近代西方哲學也不是隸屬兩個截然不同的部門的。在這一方面，杜氏有四本重要的著作：㈠ The Public and Its Problem ㈡ Individualism Old and New ㈢ Liberalism and Social Action 及㈣ Freedom and Culture。四書中以 The Public and Its Problem 爲最重要，但最難讀！但讀者若早已讀通「經驗與自然」及「邏輯」二書，這本書讀來也不難。若讀通了這一本，再輔以其他三書及「民本主義與教育」論「民主」部份，杜氏政治哲學當在掌握中了。

當杜氏以「科學方法」（其知識論一部份）及「社會哲學」名於世的時候，不少學者們譏杜氏缺乏藝術方面的哲學。因爲杜氏一向給人的印象便是他沒有才華，缺乏文學和藝術的修養。杜氏可能亦知道這一點，於是潛心於紐約藝術館多年，一方面多多欣賞和體驗，一方面從自己的形上學（即經驗的哲學）作對藝術經驗方面的探討，著成 Art as Experience 一書，出版的時候，整個哲學界（可能除了我國——因我國人早對他有了偏見）爲之震驚，不再認爲杜氏缺乏藝術修養。John Hospers （分析派學者）譽此書爲美國哲學界美學中最佳之作。此書承「經驗與自然」的形上學體系，特重 Continuity 一原理，對藝術和經驗之關係有極透闢之解釋。對藝術之重要概念均有獨到之見，而對於「靈感」、「神思」、「直覺」等問題，都有發前人未發的精到見解，在文藝批評方面，亦有一家之言。且此書文筆較其他書為流暢易解。我國人有興趣習杜氏哲學的，千萬不要錯過此書。但筆者要鄭重聲明，若未讀過「經驗與自然」便讀此書，很容易對杜氏學說誤解。

杜氏的宗教哲學亦有自己獨特之見，著有 A Common Faith 一小書，對美國當代基督教神學頗有影響。杜氏此書實根據其自己的形上學立論，認為宗教經驗和非宗教經驗二者之間有 Continuity 。宗教經驗實來自普通經驗，而宗教經驗產生之後可以使吾人的普通經驗更多姿多彩。這實在是 genetic-functional 一原理之運用。杜氏在此書發前人未發的是 a religion 及 the religious 的區分，前者為一實體 (substance) ，後者為 quality。宗教之重要性不在教會儀式及教條的繁文褥節，而在於其能使吾人向上提升之功能。若宗教失此功能，則無價值。所謂「上帝」一觀念，實代表一切價值之最高統一者，亦為使吾人從現實到達理想之動力，舍此之外別無其他意義。杜氏宗教哲學的主旨在將宗教用經驗和理性將之淨化，使其符合現代知識和生活的理想，從而發揮其指導人類精神生活之功能。一般人以為杜氏反宗教，也是很大的誤解。

杜氏教育哲學的著作甚豐，其中以「民本主義與教育」(Democracy and Education) 及「經驗與教育」(Experience and Education) 為主。根據筆者觀察，許多研習杜氏教育哲學的（不論中國學者或美國學者），花一輩子的時光專研杜氏教育哲學著作，到頭來還是搞不通或對杜氏學說誤解。主要原因是沒有讀通杜氏「經驗與自然」及「邏輯」二書。吳俊升先生對杜氏教育哲學的了解勝於其他教育哲學學者，原因是吳氏曾對杜氏「邏輯」一書下大苦功。（唐師君毅之言）筆者出國前試讀「民本主義與教育」，簡直不知其所云，其後隨愛姆斯教授精研「經驗與自然」及「邏輯」二書後，再讀「民本」一書，即覺其顯淺易解，不像以前丈八金剛，摸不着頭腦的迷惘了。「經驗與教育」一小書，實爲對批評者之答辯，可補充「民本」一書之不足。但此書論經驗之性質，亦有爲他書未說明的，所以也有其獨立價值。

杜氏所著，絕不止以上所述。但筆者可以說，若有人按照上述的指引研究杜氏哲學，相信可以把握杜氏哲學的全貌及基本精神。不過，能了解杜氏學說的，還要具備一些德性上的條件——虛心和忍耐。平心而論，杜氏不是一位天才高亢的哲人，（他大學畢業後申請研究所獎學金也申請不到。）而是靠慢慢體會人生吸取知識文化而成功的思想家。一個才情高亢或才氣豪邁的讀者，一定不喜杜氏的著作而不能讀下去。可是那些天分不逮的，又無法了解杜氏哲學的抽象性和圓融性。懷德海是當代形上學的祭酒，才情奔放，但他竟能了解杜氏和欣賞杜氏（註六）。可見懷氏有相當的虛心和耐心。倘若我們早就有了成見，認爲杜氏的哲學「境界低」而不屑學習，那我們永不能了解他了。據筆者個人的見解，懷德海一類的哲學像天馬行空，確能提升我們的理想，但沒有杜氏這一類脚踏實地的思想家，我們二十世紀的哲學界便缺乏了「下學」之途，縱有「上達」之士，我們亦只好徒歎「高山仰止」了。

註一 見唐著哲學概論（學生書店出版）下冊附錄。

註二 John Dewey, Experience and Nature (New York: Dover Publications, Inc., 1958 paperback reprinting), P. 8.

註三 Ibid., P. 300.

註四 John Dewey, The Public and Its Problems (1927, reprint ed., Denver, Alan Swallow, 1954), PP. 82-83; also PP. 206-210.

註五 John Dewey, Liberalism and Social Action (1935, reprinteded., New York: Capricorn Books, 1963), P. 78 吳怡譯此段為中文。

註六 懷氏對杜氏對思想界之貢獻嘗作下面評語：

John Dewey is to be classed among those men who have made philosophic thought relevant to the needs of their own day……He has disclosed great ideas relevant to the functioning of the social system……

(Quoted in Albert William Levi, Philosophy and the Modern World, Bloomington.:Indiana University Press, 1959, P.283.)

易經和杜威思想的革命觀

吳　怡譯

(一)引　言

如果要把中國古代占卜的易經和二十世紀特別推崇民主及科學方法的杜威氏作比較研究，看來縱使不乖謬荒唐，也難免有牽强附會之嫌。不過，話又要說回來。有時候，在某一文化中已被視爲過時或迂腐的陳舊觀念，在另一社會體系裏，却可能被認爲意義深長和新穎脫俗。今天我們看到某些文化中的最新動向，却往往是走另一文化的舊路。五十年前梁漱溟氏就認爲當代的西方思想家在要求改變西方人生哲學的傳統，而他們的方向，正是中國儒家思想的舊路。(註一)梁氏這種看法，後來竟很巧合地獲得美籍英國哲學家懷海德的支持。懷氏一向不敢自誇對中國思想有甚麼心得，但在一九四一年八月三十一日和學生敍談時曾幽默地說過下面這幾句話。

「假如你要懂得孔子，不妨去讀讀杜威。反之，你要想了解杜威，最好讀讀孔子。」(註二)儘管梁懷兩氏的話，不無誇大之處，但他們的見解却爲中西思想的比較提供了極爲有意義和嶄新的途徑。同時，也使我撰寫這篇文章有了更大的信心。

本文的主旨在把易經中「革」卦的卦理和杜威氏政治哲學中的革命思想作一比較。第一步是闡明易經和杜威思想中的形而上學的基本原理。其次便是介紹易經「革」卦的要義。再其次便是對杜威政治思想中革命觀的分析。最後便是將兩者的異同作一綜合比較。

(二)易經和杜威哲學的形上學基本原理

雖然易經是一本形而上的著作，但「形而上學」(metaphysics)一辭却來自西方。在西方的傳統哲學中，「形而上學」常被解作對宇宙本體(與「現象」爲相反辭)的探索。這種解釋，對易經的形而上思想來說，顯然是不恰當的。因爲在易經的思想體系裏，並沒有現象和本體的對立。但杜威氏曾替形而上學一辭下過一個新的定義。他的解釋是，形上學是「研求一切存在事物所顯露的共通性。」(註三)假如我們採取杜氏對形上學所下的定義，那麼對易經的形而上學思想，便比較容易解說了。根據本文作者的觀察，易經思想和杜威哲學中有兩個共同的基本形上學觀念，就是宇宙的變易性，和萬物的交感性。

一九〇九年，杜威在哥倫比亞大學的一篇演講詞中，曾批評西方傳統形上學的弊病，在把宇宙看作是固定的和最後的實體，而根本忽略了它的發展性和變化性。可是，由於達爾文進化論的影響，我們的宇宙觀也改變過來。（註四）根據杜氏的看法，這個世界是「既非定，亦非靜，而是一恒轉如瀑流的歷程。」（註五）但這種宇宙觀和希臘古代希拉克利梯斯的流變觀念不一樣，因爲杜氏的流變觀念是具有發展性和創生性的。如用杜氏最常用的術語來說，宇宙就是「生長」的歷程。（註六）在杜氏這種「變易」「生成」或「創生」的觀念中，儘管萬物如何生長或變易，要根據「連綿不斷」或「綿密無間」的原則。（註七）這個「無間」或「不斷」的原則是指自然萬物生長的「不斷性」或「無間性」。（案：中國成語中的「種瓜得瓜，種豆得豆」便是顯露這種「無間」性或「不斷」性，假如種瓜得豆的話便是違反這個原則了。）任何生物的生長或事物的演化，前期和後期都是相連無間，有跡象可尋、而循序漸進的。根據這個原則，杜氏反對有所謂「突變」這一回事。尤其是那些所謂遭受外來力量而產生突變的論調，更爲杜氏哲學所不容。那麼，假如事物的變化不是遭受外來力量而產生的突變，究竟變化的動因來自那裏呢？杜氏的答案正是他的（也是易經的）形而上學的第二個原理——萬物的交感性。學例來說，化學變化是由於各元素間的交感，生物變化是由於有機體和環境之間的交感，社會的成長和發展是由於人和人、以及人和社會間的交感。

杜威的這兩個形上學的基本原則，雖然和易經所用的術語，和所處理的問題上有所不同，但却正是易經思想體系的首要原則。易經的作者們從自然的事物，如行雲，流水，晝夜相繼，四季交替的現象中，體認到「變化」就是宇宙鐵一般的事實。正如易傳上說：

「道有變動。」(註八)

但自然界中事物的變化並不是由於某種超然的、或外在的動因所致的。易經的宇宙觀是機體的宇宙觀，變化的歷程就是生長的歷程，所以易傳有謂：「生生之謂易。」(註九)這個「生」，便是「天地之大德。」(註十)不過，話又說同來。假如沒有外來的動力，變化又如何可能呢？依據易學，變化的產生是由於兩種宇宙的原動力——「乾」「坤」或「陰」「陽」——的交感作用。而這兩種動力是內在於任何事物之中的。易傳所謂「一陰一陽之謂道」，便是這個道理。(註十一)我們要知道，「陰陽」或「乾坤」兩對名詞只是象徵性的用法。「陽」或「乾」象徵着天、太陽、剛健、堅强、積極、主動、男性等；「陰」或「坤」象徵地、月亮、柔弱、溫順、消極、被動、女性等。由於這兩種宇宙動力的交感，(實卽萬物之交感，因這兩種動力存在萬物中。)於是便產生一切生成和變化。

據以上所述看來，杜威和易經思想在形而上學方面的基調相同。這一來，我們對兩者革命觀的比較研究，也別有深厚的意義。

㈢「革」卦的哲理

易傳上說：

「天地變化，聖人效之。」（註十二）

這充分說明了聖人要順乎天地，而不妄圖反對任何天地間必然產生的變化。同時，聖人也要順乎實際的需要，而助成天地的變易。「革」是變化方式的一種。在易經六十四卦中，有一個「革」卦（第四十九卦），專門討論這種變化的方式。

「革」字的原義爲「去獸皮之毛。」（見說文）引申而產生「更換政治方式」的意義。就引申義來說，它和英文 REVOLUTION 一詞算頗接近。易經雜卦解釋「革」字說：「革，去故也。」（註十三）序卦更補充說：「井道不可不革。」（註十四）這一個卦，是繼井卦（第四十八卦）之後而說理的。「井」象徵着一種靜止性的積聚，假如日久不清理積聚的汚泥，井水便發臭不能作飲用了。同樣，一個社會的文物制度和風俗習慣因循日久，也要不時革新才不致於固蔽僵化。

革卦的卦辭原文是：

「革，已日乃孚，元亨利貞，悔亡。」（註十五）

此卦彖辭的解釋如下：

「巳日乃孚，革而信之。文明以說，大亨以正。革而當，其悔乃亡。天地革而四時成，湯武革命，順乎天而應乎人，革之時大矣哉！」（註十六）

從以上這段話，我們可以得到下列幾點認識：

(1)「革」必須有正當的目的——爲正義而「革」。

⑵聖人之革，必須善待其時，也就是說，不能在時機未到時，倉卒從事。

⑶聖人之革，必須「革而當」。也就是說，所採取的方法要適當，所革的對象要明確。

⑷聖人之革，必須順天應人，排除私心，以湯武革命作模範。

除了上述四項外，作者還須加上一點：

⑸「革」本身沒有一定的目的，它只是達到目的的方法而已。所以在革卦「去故」之後，接着就是鼎卦（第五十卦）的「更新」。因此，我們也可以說，所有「革」的目的，是要建立順天應人的新社會，而不只是限於推翻舊制度而已。

也許有人會問：「革」之道當順天而應人，那麼「天」如何啓示我們應革之宜呢？要解答這問題，必先了解「天」是什麼。「天」的觀念，根據馮氏中國哲學史，有下列五種說法：（註十七）

㈠物質之「天」，卽與「地」相對之「天」。

㈡主宰之「天」，卽所謂皇天上帝。

㈢運命之「天」，乃指人生中吾人無可奈何者。

㈣自然之「天」，乃指宇宙萬物及自然之運行。

㈤道德之「天」，乃指宇宙中最高道德原理。

易經中之「天」，實在不能明顯地歸入任何一個範疇。大致說來，它是自然的，但却具有主宰和道德的意義。吾人可以透過對宇宙萬物的觀察、和形而上、道德上的直覺，而默識到天命的存在和流行。

另外一個值得注意的問題是，「武力」在易經革命思想中所佔的地位究竟如何？我們在易經一書中大概找不着一個直接的答案。雖然革命在今天往往和「武力」連在一塊，而且用「武力」或「暴力」推翻政府已是今日世界極普遍的現象。但易經一書，根本不談「暴力」或「武力」。假如我們把易經當是一部儒家的典籍，自然易經是反對暴力的了。孔子思想的中心觀念是「仁」，而易經也强調過「天地之大德曰生。」可見儒家思想決不贊成以武力作手段來達到政治的目的。但這只就原則上說，並非完全沒有例外的。正如柯雄文氏所說，「孔子的倫理思想，是極富伸縮性的。它能順應吾人生活變遷而因時制宜的。」(註十八) 所以在絕對需要時，仍不免要用武力，只是運用時必須非常謹愼，而且要有高度的理智作指導。

(四)杜威的革命觀和其對馬克思的批評

關於倫理的變通性和理智的重要性兩點，也是杜威哲學思想的特色。但很奇怪，儘管杜威是位社會思想家或政治哲學家，他却沒有發表任何有關革命的理論。作者所以撰寫本文，就是要去探討杜氏政治主張中隱而不彰的有關革命的論調。

前面我們已說過，杜威的世界觀是視宇宙爲一變化的歷程。因此在他的社會哲學中，他反對靜態的社會，認爲變易才是社會當有的特質。但「變」的方式有多種，有生長方式的生物變化，有思想訓練的心理變化，有漸修與頓悟的宗教信仰上的變化，有地震所造成的地理上的變化。無論變化的形式是如何的分歧，却可歸納爲「漸變」和「突變」兩種。但對杜威來說，像宗教信仰上的突變，却違反他哲學裏的連綿無間的原則。就我們一般人來看，一瞬間的頓悟，是一種超越的靈覺，這種靈覺不知來自何方，是神秘而不可思議的。可是，從杜氏的自然哲學觀點來看，這好像超越性的頓悟，實在是吾人機體心靈中連綿發展而漸漸導致的一種結果。因此，杜威氏認爲宗教信仰的變化，也不是突變的，只是表面上像突變，實質上，却仍然是連綿無間，循序漸進，不斷發展的成果。

由此觀之，杜威氏不會贊成全面改革或澈底推翻現行政體的那種革命。這也就是他要反對馬克思以階級鬪爭爲革命手段的重要理由。杜威的反對馬克思，絕不是以保守主義或反革命者的身份。杜威和馬克思最大的不同點，在於杜氏主張用社會方法，也就是用理智的方法去解決社會問題，而不是用暴力去起革命。這一點，他解釋得很清楚地說：

「强調階級鬪爭，明目張膽地用暴力戰鬪方法，以獲致全面性的變革，這都是吾人所關心而戒懼的。其實，問題不在於運用暴力是否能有助於全面改革的實現，而在於暴力和理智之間，那一種可作爲吾人長期改革的依據，以及使吾人能充份貢獻一已的才能。很顯明地，那種認爲「暴力不可避免」的想法將會左右了理智的運用。因爲這「不可避免」四字，就堵塞了理智的通路。我們若相信有「不可避免」之事，即陷於武斷或迷信而不能自拔。理智本經驗而實踐，絕不先懷成見。所以理智是武斷者的死敵。如果心中預存有「暴力不可避免」的成見，那麼在可以用和平方法解決問題的時候，也都會隨便濫用暴力了。」（註十九）

顯然杜威是反對革命中的暴力方法，却並不反對革命本身。我們可以想像得到，如果革命是採取理智作方法而不用暴力的話，杜威氏一定會全心全意贊成這種革命。但問題是，眞有這種革命嗎？假如我們的革命觀是以理智（而不是以暴力）爲革命的屬性的話，這種革命觀是否有邏輯上的矛盾呢？誠然，革命一詞，就普通英文來說，的確含有暴力之意。但「革命」和「暴力」的連在一起，只不過是心理上的熟習，並不是邏輯上的必然。因此，革命而採用理智的方法，這在邏輯上是可能的。易經中的革命觀便完全符合了這一個革命概念——以理智的方法完成革命。

儘管杜威和易經思想在這方面有很相似的地方，但在其他方面仍然有很多的不同。關於這種不同，在本文末段將有所論述。在這裏我要强調的是，對於杜威來說，究竟革命應採取理智或暴力的方式，仍是一個次要的問題。杜氏社會哲學的首要原則是要建立一個根本不需要革命的民主社會。但「民主」（Democracy）一辭的含義分歧多端。它可以說是一種政府組織的形式，也可以說是一種倫理和社會的理想。不過，根據杜氏的主張，民主最重要的特色，乃是一種教育方法、和一種共有共享的生活的方式。作爲教育方法，民主是一種公共研討的程序，使每一參與者都能藉着互相討論來盡量發揮其才智。至於作爲共有共享生活方式的民主，杜氏曾作如下的說明。

「關於共有共享社會的觀念和理想，是使其中的每一個個體的生命都不受任何的抑制和阻礙，而能達到他們應有的發展。這種共同的活動，其成果是爲其中每一份子所共有共享的。正由於是共有共享的，所以也是每一份子全力以赴的，這樣才是眞正的共有共享社會的觀念，非常清楚簡單，它正是民主社會的基礎。」（註二十）

在民主的生活方式中，社會的改變是個自然而然、連綿持續的歷程。這種改變是經過理智的選擇與指導，使我們每個人都儘可能的參與其中，互相交換經驗，以求改善或百尺竿頭更進一步。在杜威的看法中，民主的社會實在沒有革命的餘地。當然，假如我們所謂革命僅是就改造社會和政治這一層面說來，在民主的社會自然也有革命在其中。但這種革命是由於社會中人與人之間的互相切磋，而不是階級與階級之間的兵戎相見。在這種意義下的革命，以現代術語來說，不如稱之爲「改革」。所以，一般來說，杜威實在是一位主張改革社會的哲學家，而不是革命運動的提倡者。

㈤餘　論

上文已將易經中革卦的義理和杜威哲學中的革命觀加以比較。他們有兩個很基本的相同點：第一是兩者的理論都立基於形上學的變易性和交感性上，第二是兩者都反對使用暴力。但縱管有這些相同點，他們的相異處也不能抹煞。杜氏的重點在把暴力和理智嚴格區分而特別推崇理智。

至於儒家的精神，尤其是孟子，主要在把霸道和王道分開，而特別推崇王道。其次，杜威的理智是屬於科學性的，偏重理解方面的。反觀儒家的「仁」，畢竟是屬於心體的。在孔子的眼光中，杜威的理論，未免過於重知而不重情。而杜威也會批評孔子的思想過於重情而缺乏有效的方法。孔子仁政的理想，嚴格地來說，從沒有眞正實踐於中國歷史上。而杜威的民主理想，在美國究竟實現了多少，也是一大疑問。假如孔子和杜威都活到今天，他們一定都會對今天的政局感慨萬千，都會爲他們的理論不能實現而望洋興嘆。但他們如能活着，那麼我們今天「東西哲學和革命」的討論將更爲活潑而生色。說不定我們的討論會將變成兩大聖哲交換政見的場所從而建立更完美的政治理想吧！

註一 Wm. Theodore de Bary, Wing-tsit Chan, and Burton Watson, comps., Source of Chinese Tradition (NewYork: Columbia University Press, 1960), p. 850.

註二 Lucien Price, ed. Dialogues of Alfred North Whitehead (New York: The New American Library, 1956) p. 145.

註三 John Dewey, Experience and Nature (1929; reprinted., New York: Dover Publication, 1958), p. 412.

註四 John Dewey, The Influence of Darwin on Philosophy and Other Essays in Contemporary Thought (1910, reprinted ed., Bloomington, Ind: Indiana University Press, 1965), p. 1.

註五 Dewey, Experience and Nature, p. 41.

註六 Ibid., p. 275.

註七 John Dewey, Logic: The Theory of Inquiry (New York: Rinehart and Winston, 1938), p. 23.

註八 Ta Chuan, Part II, Chapter 10.

註九 Ta Chuan, Part I, Chapter 5.

註十 Ta Chuan, Part II, Chapter 1.

註十一 Ta Chuan, Part I, Chapter 5.

註十二 Ta Chuan, Part I, Chapter 2.

註十三 The I Ching or Book of Changes: The Richard Wilhelm Translation, translated into English by Cary F. Baynes, 3rd ed., (New York: Pantheon Books, 1967), p. 635.

註十四 Ibid.

註十五 Ibid., p. 636.

註十六 Ibid.

註十七 Fung Yu-lan. A History of Chinese Philosophy, trans. Derk Bodde, 2 Vols. (Princeton: Princeton University Press, 1952-1953), I: 31.

註十八 Antonio S., Cua, "The Concept of Paradigmatic Individuals in the Ethics of Confucius," Inquiry, 14, Nos. 1 and 2 (Summer, 1971), 41.

註十九 John Dewey, Liberalism and Social Action (1935, reprinted., New York: Capricorn Books, 1963), p. 78.

註二十 John Dewey, The Public and Its Problems (1927; reprinted., Denver: Alan Swallow, 1954), p. 40.

易經和杜威的因果論

作者按語：本人留美十六年，首次返國講學。發現臺灣學術界（尤其是哲學界）對美國哲學偏見極深，對杜威哲學毫不了解而妄加批評者，比比皆是。此種誤解及偏見造成之原因極多，主要是由於前輩留美學者對美國哲學了解之膚淺，未能將美國哲學（尤其是杜威哲學）之精髓介紹給國人，以致美國哲學爲中國文化衞道之士所鄙視。其實美國哲學，尤其是杜威氏的哲學，和我國儒家思想精神相通之處極多。近年來，比較哲學漸成一門學問，筆者曾兩度撰文比較杜威氏及易經思想。第一篇發表於東西哲學季刊（Philosophy East and West）一九七三年七月號，題爲『易經和杜威思想的革命觀』，已由吳怡敎授譯成中文，在「哲學與文化」六十五年十月『易學研究專號』發表。第二篇題爲『易經及杜威之因果論』，原發表於東西哲學季刊一九七五年一月號，「哲學與文化」編者曾請臺大哲學系同學羅秉祥君譯成中文，交付筆者校正。羅君英文極佳，譯文盡嚴謹之能事。惜此文之題材屬科學哲學範圍，許多用語均無中文之相等字句，加以筆者用英文寫作多年，此文之英文風格，距離中文式之英文（Chinese English）極遠。故羅君譯成之中文極爲艱澀，中國讀者讀來必感吃力。以此之故，筆者惟有按照英文原文之大意用中文重新寫成發表。羅君之中譯雖不能用，但若無羅君之中譯，相信筆者不會花這一項用中文重寫的功夫。這一番重寫（半翻譯半重寫）的功夫，前後費時十餘日，比重新寫一篇論文要難得多。筆者花這一番功夫，無非想喚起國內思想界對杜威哲學重新注意，重新評價。目的不在將所學炫耀於國人，而在拋磚引玉，並彌補前輩留學生對杜威氏哲學胡亂解說之罪過。

㈠引　言

本文的主旨乃是要把杜威哲學中的因果觀和易經思想所假定的（presupposed）的因果觀作一比較。至於把杜威和易經作比較研究是否在比較哲學上爲正當的路子，我在『易經和杜威思想的革命觀』一文已加解釋，這裏毋須贅述。本文第一個步驟便是要闡釋杜威氏的因果論，並將其學說和西方傳統的因果觀略爲比較一下。其次便是要說明易經所蘊含的因果觀，特別是它的實踐性質。再其次便是要檢討『自由和決定論』一形上學問題，如何在杜威哲學及易經思想獲得解答。最後要討論的，便是易經和杜威思想的差異點。兩者的相同點雖然非常顯著，但差異點也不可忽略。

(二)杜威科學思想中的因果論

西方哲學傳統裏的因果論，立基於對『必然性』(necessity) 的信仰。遠在近代科學萌芽之前，這種本能性的信仰便已表現於希臘悲劇裏『命運』一觀念中。在『科學與現代世界』一書中，懷德海正確地指出，希臘悲劇的命運觀念正是後來科學中因果論的先驅者。他說：

> 希臘悲劇中的『命運』後來演變成近代思想中的『自然秩序』觀念。在悲劇裏英雄人物的叱咤風雲和窮途末路象徵着命運的安排。人們對命運安排的興趣在現代思想仍然存在，而且表現於科學『決定性實驗』(crucial experiment) 中。……這種鐵面無私的無可避免性或必然性瀰漫在整個科學界的思想裏。物理學中的自然律其實就是命運安排的一種形式。(註一)

然而，這種因果論中對『必然性』的信念在十七世紀遭遇到凌厲的挑戰。這個第一位對因果論挑戰的是英國經驗派哲學家休謨(David Hume)。根據休謨的說法，我們所相信的『因』與『果』之間的『必然連繫性』(necessary connection)，在經驗界是找不着客觀根據的。我們在經驗界所觀察的，只不過是常常發生在一起的兩件事物(因和果)。但我們却想像這兩事物之間有一個『必然』的聯繫。換句話說，這種對『必然性』的信仰，實在基於本能的和慣性的期待心理，是吾人思想上主觀的產物。奇怪的是，縱管休謨對傳統因果論作强有力的檢討，西方人在這一方面的思惟方式毫不動搖。科學和哲學中人仍然在傳統的因果觀裏優哉悠哉來探討自然的世界。

一般來說，一套新的學理都是承前啓後的。但二十世紀的西洋哲學竟向西方的傳統作革命性的挑戰。邏輯實證論向形上學的否定，語言分析學對傳統哲學的攻擊，以及存在主義對理性主義的反動，都足以象徵着當代西方思想的革命精神。美國的實踐主義（pragmatism）當然也不例外。其中天才橫溢的先驅者丕爾士（Charles Peirce），高倡對『必然性』一觀念加以檢討。(註二)根據丕氏的看法，在科學裏，一個自然律的成立，多多少少有人爲選擇及約定俗成的成分。事實上，我們可以觀察得到，許多事象是不按照自然律的。換句話說，在自然界中，偶然的機會常有發生。丕氏的因果論，特別是他早期的見解，仍未算是實踐哲學因果論的創立。這只不過是對傳統的一種挑戰而已。後來，實踐哲學的完成者杜威氏，綜合丕氏、詹姆士及彌一氏（George Mead），創立龐大的實踐哲學體系。實踐哲學的因果論，也在他手裏完成。

在杜氏的實踐哲學系統裏，『必然性』變成了一個邏輯上的觀念。我們要知道，杜氏的邏輯理論系統是與別人不同的。在他的理論體系裏，邏輯是脫離傳統本體論的束縛而獨立的。這一來，『因果』觀念只是邏輯範疇（或觀念）而不是本體論的範疇。(註三)但有一點我們要注意的，杜威氏所說的邏輯絕不是完全脫離經驗獨立的純形式的符號運算。根據杜氏的說法，邏輯是解決問題的歷程，探究方法的原理。(註四)我們在探究問題的時候，要看問題的領域、境況及境況中各事態的相互關係。此外，我們還要認識邏輯的工具性和運作性。我們對於因果一觀念，也要從這幾方面去了解。

邏輯是解決問題的歷程，而「因果」是一個邏輯上的觀念。所以若沒有一個問題存在，「因果」觀念是毫無意義的。事件的本身沒有固定的身分，那一個是「因」，那一個是「果」。（註五）所謂「因」或「果」都是我們給事件的稱謂而已。在通常因果觀念裏，「前件」（antecedent）和「後件」（consequent）截然分開。吾人稱前件爲「因」，後件爲「果」。但根據杜威氏的看法，所謂「前件」和「後件」，絕不是兩個截然不同的事件，而是一事件的兩面。因果觀念在邏輯上的功用，並不是把兩個不同事件連接起來，而是建立一事件的整體性或無間性。（註六）換句話說，「因」和「果」的關係都是內在的、有機性的結合。舉一個死亡案件來作例子。我們首先問：是謀殺呢？自殺呢？還是什麼意外？經過一番實地調查和觀察，調查員的報告書可以作如下的假設：死亡原因乃由於子彈穿過心臟所致。根據吾人日常的因果論，子彈穿心是因，那人的死亡是果。但根據杜威的看法，事情祇有一件，就是那人的死亡。子彈穿心並不是另一事件，而是該人死亡一事件其中的一事素而已。我們若將「因」和「果」看作一事之兩面，那所謂「必然性的連接」（necessary connection），簡直毫無意義了。「因」和「果」既然是一歷程的兩階段，根本用不著「必然性的連接」來解釋。但若有其中一階段不爲吾人所知的時候（例如死亡的原因），吾人便因此而困惑，問題便因此而產生。邏輯的目的，便是要理惑。要理惑便要求得吾人所不知的。這一來，因果論在邏輯上的功能便是指導我們如何去探究，從而實現解決問題的目的。

上文所述的充分顯露因果觀念的「工具性」(instrumental nature)。在杜威氏的哲學體系裏，「觀念」或「理念」並非吾人瞑想或分析的對象，而是行動的南針。所謂「行動」，不是隨緣生起漫無計劃的活動，而是積心處慮的行爲。因果律的形式是if-then-(若…則…)的命題形式。這卽是說，『若吾人作如是如是，則有如何如何的現象產生。』(註七)在科學的領域裏，因果律可以作未來的預測。但我們要知道，預言家的預測不需要什麼操作或行動，科學上的預測便不同了。杜氏在這一方面曾解釋得很明白。他認爲一個科學上的預測，一定要能被證實。怎樣才能算被證實呢？首先，所必須做的做過了。而操作做過之後，所產生的結果，要和原來預測的結果相符合。(註八)這一來，在他的邏輯體系當中，杜氏特別强調手段和目的間的關係。他把手段大別爲二。其一爲實質的或內容的(material means)，其一爲程序的或方式的(procedural means)。(註九)在探討的過程中，吾人觀察所得的事實或資料便是實質的。至於方式的或程序的，則得自吾人以往研討成果所產生的理論或觀念。因果的觀念正是我們探討問題和解決問題的一種方式或程序。這方式或程序能引導我們作有效的行動、實驗或操作。換句話說，在杜氏科學方法論中，因果的關係變成了「手段」和「目的」間的關係。「因」和「果」之間互相緊湊而成爲有機的整體，「手段」和「目的」之間的關係亦復如是。這是杜威科學哲學中的一個很大的特色。

上文只是給杜威氏因果論作了一個籠統和不完全的介紹。對杜氏因果論作詳盡的介紹要牽涉到他的邏輯理論的全部，特別是他的命題理論部份（Theory of propositions）。不過，上述的敍述也可以勉强應付我們比較研究的需要吧。

㈢易經中的因果觀

把易經因果觀拿來和西洋因果論作比較的，本文作者不算是第一人。心理分析大師榮格（Carl Jung）曾有下列的一段話：

> 我們的（指西方的）科學立基於因果論上，而我們都認爲因果原理是萬古不易的眞理。……然而，在易經一書所表現的中國思想，似乎專着眼于事物的機會率（chance）。我們認爲是偶然性的（即無關宏旨的），中國人却極爲關心。而我們所崇拜的因果論，他們似乎不屑一顧。……易經思想觀察宇宙的方式實在和我們用因果律去觀察宇宙的方式是大相逕庭的。古代的中國人認爲他們所觀察的事象只不過是偶發的事件，而不是因果的必然。（註十）

榮格氏上面的話確有嶄新而富提示性的創見。不過，就筆者個人看來，把易經的因果觀用「偶發性」來解釋，實爲偏頗而引人誤解之論。易經的因果論有許多重要的特性（下文自有解釋），不是可以用「偶發性」一觀念可以概括的。而且，「偶發性」一觀念，很容易令人聯想到「漫無秩序」或甚至「一片混亂」的情境。

易經一書的最基本信仰是整個宇宙井然有序。這個宇宙的秩序觀可能和西方傳統思想中的宇宙秩序大不相同。西方宇宙觀的最顯著的特性是對「必然性」的信仰。此種必然性的信仰曾分別表現於希臘悲劇及牛頓物理學中。可是中國的宇宙觀便不同，中國人一向認爲宇宙是一個有機的整體。方東美先生對中國的宇宙觀曾有很精闢的解釋：『從我們的立場來看，宇宙不單祇是物理作用及反作用的機械場所，而且是大化生命流行的瑰麗的境界。這種哲學可稱爲『機體主義』的宇宙論。』（註十一）遠在半世紀前，西方易學者衞禮賢氏（Richard Wilhelm）已深深體會到這一點。在他對大傳的疏解裏，有下面幾句話：『從西方的觀點來看，連續順序的變化受因果律機械地支配着。但易學却認爲是連綿不斷的創生，是有機性的演化歷程。』（註十二）這一點和杜威氏在邏輯一書所說的不謀而合。根據杜氏的看法，『因』和『果』不是兩椿截然不同的事件，而是構成一事件之兩要素而已。那人的死亡和槍彈進入他的體內根本不能截然分開。事實上，兩者是一事的兩面，由於分析的結果，我們纔稱「槍彈進入人身」爲「因」，「那人的死亡」爲「果」。要是我們眞的相信二者爲截然不同的事實，其一爲「因」，其一爲「果」，我們便犯上懷德海所說的『具體誤置的謬誤』（fallacy of misplaced concreteness）。（註十三）

易經一書所提示的因果論還有一點重要的特徵，這是針對個別情境的（situational）差異及知識的工具性（nsitrumentality）。這一特性都在六十四卦中充分地表現出來。大傳告訴我

們：『聖人設卦觀象，繫辭焉而明吉凶。』（註十四）

至於聖人是誰，既無關本文之宏旨，亦無從作確實之考據。我們這裏有幾個問題：「卦」究竟是什麼？它們是否祇是符號圖式，還是另有寓意？它們的構造究竟有何方法根據？『卦辭』究竟是什麼？其用意究竟何在？也許我們最重要的問題是：在這些「卦」和「辭」的後面，究竟有一套什麼『因果論』？所謂『卦』，是一種符號圖式，象徵我們人生可能遭遇到的種種情境。這些卦和吾人的實際人生有兩重關係：『發生的』（genetic）和『功能的』（functional）。就「發生」方面說，所有的卦都是由吾人實際人生經驗抽象出來的產兒。並非徒有形式而無意義的符號。就「功能」方面說，吾人可以利用每一卦，作爲生活或行動的指針。至於各卦構造的方法，是依據剛才所述的『發生的』和『功能的』原理，用通觀描述式的方法（descriptive generalization）來構成。卦辭便是對每一卦所啓示的意義作詮釋。大傳告訴我們，『君子所樂而玩者，爻之辭也。』（註十五）不過，我們要知道，我們的先聖對爻辭樂而玩，並非源於好奇心理（wonder），而是出自對世事的關懷（care or concern）。（註十六）因此，我們可以說，卦辭的功能，是對吾人行動的指示。這就是說，如果我們怎樣怎樣做，則有什麼什麼結果產生。這些『如果…則…』的命題正是我們所說的因果命題。這種命題規範着『手段』和『目的』的關係以供我們行動的指針。由此看來，易學中的因果論是實踐主義的（pragmatic），特別着重知識的效用性和知識對吾人生活行爲的重要性。所有的卦辭都是給吾人解決問題或困境的一種提示。這一來，實踐主義的因果論和易經的因果觀簡直不謀而合。此外，兩者還有一顯著的共同點，是它們對意志自由問題的看法。這一問題在哲學史上非常複雜，非三言兩語可能盡，不得不留在下一節來討論。

四易經和杜威哲學中之『意志自由』觀

『意志自由論』和『決定論』之爭太複雜了。其複雜的原因有二：第一，『自由』和『決定』兩辭含義分歧多端。而『自由』一辭更是一般人一心嚮往的口號，不易作冷靜的分析。第二，這兩學說的爭論論題可以從不少角度去看。當一個哲學家界定這問題的時候，這問題的界說往往含有該哲學家的偏見。

筆者現在姑且嘗試給這問題一個最簡單的解釋。先從『決定論』說起。決定論者的主張可以說是：在宇宙中任何發生的事件都有其原因。這卽是說，任何發生的事物都由前因決定。如果我們接受這個說法，認爲任何發生的事件都有其因，那麼，我們不能不承認我們的所作所爲也有其前因。換句話說，我們便要接受行爲派心理學所主張的行爲決定論。可是，我們對我們人生經驗很難作一個妥善的交待。經驗告訴我們，人生中許多道路都是我們選擇的。像職業的選擇、配偶的選擇、以至在飯館對菜式的選擇，在在足以證明我們有自由選擇的餘地。而且，在道德的領域裏，要是我們不肯定意志自由的存在，我們便無從對『責任』予以適當的解釋。然而，我們若肯定了意志自由，便不容許『任何發生事件必有其因』一命題成立了。因此，『意志自由論』和『決定論』的對立便成了哲學上的難題。

奇怪得很，這一思想上的難題從沒有在中國思想史中出現。除了現代曾接受西方思想訓練的學者外，中國哲學家似乎對這個問題一概少理。這一奇特的現象很值得比較哲學學者們的注意。從比較文化或比較哲學的研究中，我們很容易發覺，在一文化傳統中的重要問題往往在另一文化傳統中是不成問題的。擧個例來說，用本體論證 (ontological argument) 證明神的存在，是西方哲學中一個大問題，但中國哲學家對此却不聞不問。因爲在中國的文化裏，從來沒有希伯來人的「全知」「全能」的神的觀念。不過，話要說回來，『意志自由論』和『決定論』之間的問題，我們不能像對『本體論證』一樣，輕輕地解釋過去。因爲中國人和西方人住在同一的世界，同受山川雲水、大自然的環繞。而且他們同享有對人生作種種『選擇』的經驗。因此，我們對這問題不能像對『本體論證』的態度一樣。既然如此，我們對『中國哲學漠視這問題』的現象，應作什麼解釋呢？據筆者個人意見，雖然中國人和西方人居住於同一宇宙當中，但他們的宇宙觀却各異其趣。他們對人和宇宙間關係的解釋，亦各自不同。

在他的巨著『歷程與實在』出版不久，懷德海在芝加哥大學發表了兩篇講辭，用較平易的方式來表達他的宇宙觀。第一篇題曰『無生命的宇宙』，第二篇則爲『有生命的宇宙』。(註十七)懷氏所講，不是比較哲學。但奇怪得很，他所講演的題目，正是西方傳統的宇宙觀和中國傳統宇宙觀的對比。他第一篇演詞講的是決定論的宇宙觀，把宇宙當作一副大的機器，由機械律操縱着一堆無生命的實體。這種宇宙觀簡直和中國傳統的思想格格不入。第二篇演詞是他自己的思想，和易學有異曲同工之妙。易經中的宇宙觀是把宇宙看作一個有機的整體和不斷創生的歷程。在這不斷創生的世界中，一切存在的生命都息息相關，向『日新又日新』的途程邁進。

至於人和宇宙間的關係，中國思想和西方傳統思想也成强烈對比。在傳統的西方思想裏，人和宇宙是神的產兒。神的地位高於一切，而神、人和自然，三者完全分立。但在易經中所表現的中國思想，『天』、『地』、『人』三者構成一和諧的整體。『人』是宇宙中的『共同創造者』(co-creator)。衞禮賢氏對這一點也領會到了。他說：『每一卦的六爻，是根據天、地、人三者來設計的。』(註十八) 這便是說，我們若要了解每一卦的精義，我們一定要對該卦的『天時』、『地利』、『人和』有所認識。這麼一來，我們很容易解決『意志自由』和『決定論』紛爭的問題。我們若取決定論的立場，我們可以說，人可以參與『決定』自己的所作所爲，甚至於將來的命運。我們若取意志自由的立場，我們可以說，人享有『自由』(但不是無限制的) 來選擇自己的道路，來創造自己的環境。從這種解說的方式，我們便可以了解，爲什麼中國傳統哲學裏沒有『意志自由』和『決定論』之爭了。

那麼，美國大哲杜威氏對這問題的看法又如何呢？懷德海氏有一次很幽默地說：『你若要了解孔子，你必須先讀杜威。反過來說，你若要了解杜威，你先要讀孔子。』(註十九)『生命原理」是易經哲學的骨幹，也是杜威哲學的支柱。杜氏哲學中最主要的觀念是『生長』（growth）、『發展』（development）和『創生』。在『經驗與自然』一書裏，杜氏把一切的存在分爲三個層次：『純物的』（physical）、『心物的』（psychophysical）和『心的』（註二十）根據這個學說，高層的存在是從低層的存在創化而來，而創化的過程爲連綿無間的生命歷程。高層的存在創生之後，它會對低層的存在調整、指導，而令其更新。每一個存在的層次都有其構成分子之間的交感作用（interaction）的方式。機械決定論的錯誤，便是把高層的交感作用盡量用低層的來解說。這是約簡主義（reductionism）的謬論。而主張意志自由的哲學者便犯上相反的毛病，構想一個超越範疇或先驗的理念來解釋。總之，從杜威的觀點來看，雙方都各有所蔽而以偏概全，因而導致吾人對宇宙的實在無從獲得正解。（註二十一）

在杜氏的哲學體系裏，『自由』實立基於個體的『生長』。『生長』一觀念是廣義的，它包括『學習』、『適應環境』及『性格改造』等等要素。我們絕不能說一塊石頭有自由，因爲它不會適應新環境和改造自己的性格。一頭貓或狗似乎比石頭活得多，但它們對環境的適應和它們本身習慣的改變都是被動的成分多，主動改造自己的成分少。人類則不然，我們可以利用智慧來改造我們自己，戒除舊習和培養新的行爲方式。我們通常所說的『自願』的行爲便含有自由的意味，因爲一個個體自願的行爲能有意地改造自己。根據杜氏的主張，每一個體都有潛在的自由，但各人自由的實現要看其生長歷程如何。他對這一點曾作如下的解釋：

自由的『潛在』是與生俱來的。這是說吾人每個人都有生長的可能和生命方向的自覺。但自由的『實在』是在後天發展過程中獲得，而非與生俱來的。自由實在之獲得實賴於吾人自己對發展的自覺，以及吾人對一切可能性之保持開放態度，從而實現自我創造的歷程。(註二十二)

吾人須知，杜氏雖然提倡自由論，但不是一筆抹殺決定論的價值。根據他的學說，縱然我們承認了決定論，也不一定就否定了自由的存在。當我們能洞悉宇宙間因果關係的決定性而充分利用此決定性的時候，這便是我們有自由的證明了。舉例來說，我們知道喝酒（因）會醉（果），抽煙（因）會引致肺癌（果）的時候，我們便可以利用這因果的知識來給我們行動作有意義的選擇。我們若能做到這一點，我們便獲得自由了。由此可知，自由論和決定論並無抵觸之處。二者層次不同，前人混淆二者之層次而導致不必要之爭論。杜氏的解釋和易經的精神正不謀而合，易經每一個卦，指導我們『趨吉避凶』，就是教我們如何利用「因果」的知識，來作我們行動的南針。所謂『知者不惑』，『不惑』便是自由的開端了。

(五)結　論

總括上文，筆者強調杜威因果論和易經因果觀的兩點相似之處。二者對因果的解釋，均着重其『有機性』，『個別情境性』和『知識工具性』。二者均能對決定論及自由論之爭作調和及折衷。不過，我們不可不知，杜威哲學和易經思想也有不同的地方。易經的形上學是科學思想的前驅者（prescientific exploration），而杜氏哲學却是科學成立後的批判者（postscientific critique）。科學的前驅者往往和宗教、神話混淆不分，而科學的批判者往往是實證的，訴之於經驗的。其次，杜氏認爲因果是純邏輯（方法論上的）的觀念，可以不依存本體論而成立。但易經的因果觀是不能和形上學脫離的。再其次，杜氏認爲因果律純是工具性的，而易經却帶有道德的意味，我們學易的最終目的是『窮理、盡性以致於命。』（註二十三）這一來，易經倒還像西方傳統中的柏拉圖、亞里斯多德及聖奧古斯丁等輩的哲學，和杜氏的實踐主義倒有點距離了。

註一　Alfred North Whitehead, Science and the Modern World (1925; reprinted., New York: The Free Press, 1967), pp. 10-11.

註二　"The Doctrine of Necessity Examined," The Monist 2 (April, 1892): 321-337; reprinted in Collected Papers of Charles Peirce, ed Charles Hartshorne and Paul Weiss (Cambridge: Harvard University Press, 1931-1935), 6. 35-65.

註三　John Dewey, Logic: The Theory of Inquiry (New York: Holt, Rinehart and Winston, 1938), pp. 459, 462.

註四　Ibid., Chapters I and Ⅵ.

註五　Ibid., p. 459.

註六 Ibid., p. 445.

註七 Ibid., p. 456.

註八 Ibid.

註九 Ibid., p. 136.

註十 Cary F. Baynes, trans., The I Ching or Book of Changes: The Richard Wilhelm Translation, 3 ed., Bollingen Series, no. 19 (New York: Pantheon Books, 1967), pp. xxii-xxiii.

註十一 Thomé H. Fang, The Chinese View of Life (Hong Kong: The Union Press, 1957), p. 50.

註十二 Baynes, The I Ching, p. 285.

註十三 Whitehead, Science and the Modern World, pp. 51, 58.

註十四 Baynes, The I Ching, p. 287.

註十五 Ibid., p. 289.

註十六 請讀者參閱筆者之『兩種不同的心態：CONCERN 和 WONDER』見本書附錄。

註十七 Alfred North Whitehead, Modes of Thought (New York: The Macmillan Company, 1938), Lectures 7 and 8.

註十八 Baynes, The I Ching, p. 289.

註十九 Lucian Price, ed., Dialogues of Alfred North Whitehead (New York: The New American Library, 1956), p. 145.

註二十 John Dewey, Experience and Nature (1929; reprinted., New York: Dover Publication, 1958), Chap. 7 provides a thorough discussion.

註二一 Ibid., p. 26.

註二二 John Dewey, Theory of the Moral Life (New York: Holt, Rinehart and Winston, 1960), p. 172.

註二三 Baynes, The I Ching, p. 262.

從美國哲學看易經的宇宙觀

(一)導　言

我不是易學專家，但是在國外爲了替中國哲學撑場面，也寫過兩篇論易的文章，而且都譯成中文在「哲學與文化」發表過。(註一) 我少時學易經根本沒有哲學的覺識，只是受先慈曾太夫人的鼓勵。先慈是中醫師，很希望我也能兼習中醫，但她認爲要習中醫非先搞通易經不可，這是我最初學易的動機。肄習大學的時候，曾把乾坤文言及繫辭傳讀到成誦，但距離哲學性的理解還很遠。轉習哲學之後，讀方東美、劉百閔、唐君毅、牟宗三諸前輩論易之作，才開始注意易經哲學的價值。再讀西方時賢如衞理賢父子的著作。(註二) 然後才體會到易經哲學的時代意義及其在世界文化的地位。

易經的宇宙觀，是一種生命的哲學，把宇宙看作有機的整體，生生不已，和西方近代的機械唯物論恰成一種強烈的對比。這一點，前輩和時賢都已闡述得很透澈。我自己以前發表那兩篇論易的文章亦已提及。本文不願作舊調的重彈，而是要換一個新的角度來看易經的宇宙觀。這一個新的觀點來自美國哲學。

美國哲學界是世界哲學的大鎔爐，什麼現象學、存在主義、德國唯心論、希伯來傳統的神學，印度和中國的哲學，在美國都有一席的地位。(註三) 其中實踐主義 (Pragmatism) 却是產自美國本土的思想。實踐主義的先驅者爲丕爾氏 (Pierce) 詹姆士 (James) 及彌一氏 (Mead) ，集大成者是杜威氏。許多人以爲杜威氏歿後，實踐主義便告冰消瓦解。其實，以「知行合一」爲其精神的實踐主義，至今仍然強有力地支配着美國思想界。杜氏歿後，實踐主義出現了兩個大家，其中一個是魯一士 (C. I. Lewis) ，(國內學者有以「魯一士」作 Royce 之譯名，誤！Royce 作「羅益世」，則音較近。) 另一個是貝柏氏 (Stephen Pepper) 。前者綜合康德、分析學派、實踐主義，及當代嶄新的科學理論，獨創一家新知識論，後者檢討西方形上學的整個傳統，獨創探討形上學的新方法，成一家之言。

本文要借重的，是貝柏氏檢討形上學的新方法。貝氏著作極豐，但其檢討形上學的新方法見於他的名著 World Hypotheses: Prolegomena to Systematic Philosophy and a Complete Survey of Metaphysics。(註四) 筆者準備先介紹貝氏的方法，然後再用貝氏的方法來探討易經形上學的精神。

(二)貝氏的新方法

形上學是西方哲學的大主流，這是人所共知的事實。但在近三百年來，形上學在西方世界也慘遭「清算」、「鬪爭」、和「批判」。在近代西洋哲學史上第一個凌厲地向形上學挑戰的是休謨(David Hume)，痛斥形上學沒有經驗上的根據。康德(Immanuel Kant)雖然調和了傳統的獨斷論和休謨的懷疑論，但在他的哲學體系裏，形上學不能在純理上建立，只退居於實踐理性的領域中。這一來，形上學既未能恢復已失的領土，惟有苟安於半壁河山的局面。康德之後，德國唯心論哲學家黑格爾(Hegel)、謝林(Schelling)、斐希特(Fichte)、及叔本華(Schopenhauer)等，重振旗鼓，恢復河山。尤以黑格爾氏之形上學系統，璨然而凌駕一切，爲西方哲學史上前無古人之偉作。可惜「物極必反」、「否極泰來」，到了二十世紀，黑格爾氏之形上大帝國終告冰消瓦解。

促成形上學大帝國崩潰的外力，有邏輯實證論(Logical Positivism)及語言分析學派。語言派哲學家(像萊几博 Gilbert Ryle)用語言分析的方法來批判形上學概念的虛妄。邏輯實證論者繼承了休謨的懷疑精神和科學家的實證態度，創造一套新的「意義的理論」(Theory of Meaning)(註五)，向形上學窮追猛打。傳統的形上學捱不住實證論的迎頭痛擊，命如懸絲，危在且夕。

然而，二十世紀的西方哲學，人才輩出，大師林立。不少衞道之士力挽狂瀾，給形上學一種新的方向和新的生命。像後康德派的高齡活（Collingwood），實踐主義的詹姆士和杜威，無門大師懷海德（Whitehead），以及存在主義，現象學的大家們，都抱着「爲往聖繼絕學」的熱忱來重建岌岌可危的形上學。貝柏氏的 World Hypotheses 便是重建形上學中的一本精心偉大的傑作。

貝氏書中最新穎的見解，是所謂 Root-Metaphor Theory 。這一理論貫通全書，非筆者三言兩語可以賅括。這裏只作一個非常簡單的介紹。讀者們對貝氏學說有興趣的，請讀貝氏原書。貝氏英文平易清晰而暢達，比杜威氏或懷海德氏的著作要易讀得多了。

根據貝氏的說法，每一個宇宙觀（貝氏名之爲 World Hypothesis）的背後，都隱藏着一個 root-metaphor 。（筆者姑譯之爲「根喩」。）這是什麼意思呢？當一個哲學家（或普通人）想去了解整個宇宙的時候，不得不用以簡馭繁的辦法。因爲「吾生也有涯，而知也無涯，以有涯隨無涯，殆已。」要用以簡馭繁的辦法，首先要從吾人普通經驗界找出一種端緒（clue）來，因爲這個緣故，哲學家往往從經驗界選取一種熟識的事實作爲了解整個宇宙之鑰。這個作爲了解宇宙之鑰的經驗或事實，便是貝氏所說的 root-metaphor 。（註六）哲學家選取了他的「根喩」之後，一定用盡心力來對被選用的事實或經驗作精密的分析，分析結果所成立的範疇，便是作爲他解釋宇宙整體的藍圖了。

舉些例子來解釋吧。機械宇宙論的「根喻」就是一部機器。由於機器不只一種，機械宇宙論也有不同的種種方式。(註七)理念主義(Formism)宇宙論的「根喻」是「相似」(Similarity)。(此處貝氏指柏拉圖之理型說)(註八)、機體宇宙論(Organicism 特指黑格爾學說)的「根喻」就是一有生命的有機體(Organism)。(註九)至於貝氏自己宇宙論(他名之爲 Contextualism)的「根喻」是「歷史事素」(historical event)。(註十)(按歷史不一定指過去，蓋將來亦有將來之歷史也。)這裏最容易了解的例子是機械論。機械論的「根喻」是機器，機器本是我們日常生活中熟見的東西。它可能是起重機，可能是馬達，可能是一根槓桿，可能是瓦特的蒸氣機，也可能是三國時諸葛亮的木牛流馬。總之，機械論者選取了機器作爲了解整個宇宙之鑰。宇宙就像一部大的機器。根據這種宇宙觀，宇宙的特性和一部機器的特性一樣。在一部機器運行的時候，有作用力便有反作用力。作用力愈大反作用力也就愈大。機器是沒有生命的，不會生長的。從這個觀點來看宇宙，宇宙也沒有生命，也不會生長。

貝氏最大的貢獻，是把形上學從「空中樓閣」或「海市蜃樓」的世界帶同來現實界。「根喻」一定要根源於事實或經驗。而建築在「根喻」上的宇宙觀是否正確要看它是否能正確地解釋吾人現實界一般的事實或經驗。換句話說，形上學不再是「先驗」或「超越」的產兒，而是脚踏實地對宇宙人生實相作綜合的解釋。這種形上學理論，和英哲懷海德、美哲杜威氏的見解不謀而合。正代表着二十世紀西方形上學的一般趨勢。

㈢從貝柏氏的學說看易經的宇宙觀

根據貝柏氏的形上學方法論，我們對易經的宇宙觀有什麼新的看法呢？我們是否能够找得着易經宇宙觀背後的 root-metaphor 呢？若是可能的話，易經宇宙觀的 root-metaphor 究竟是什麼呢？

友人孫智燊君在六七年前在美國南伊州大學哲研所寫博士論文時，即試用貝柏氏 root-metaphor 的學說來解釋易經的宇宙哲學。（註十一）根據孫君的解釋，易經宇宙論的 root-metaphor 是男女交媾（sexual intercourse）。筆者認爲這個解釋雖然有顯著的論據——陰陽交感，但未能解釋易學宇宙論的全部精神。男女交媾確係吾人經驗中「司空見慣」之事，但中國文化絕不會視交媾本身爲自足的行爲。換句話說，「爲交媾而交媾」的觀念不會在中國思想中有什麼地位，而且，「交媾」一觀念只能解釋乾坤二卦（或陰陽）的交感行爲，其他方面似乎完全沒有交代。因爲這個緣故，筆者當另尋新解。

根據筆者的看法，易經宇宙觀的 root-metaphor 就是「家庭」（family）。乾坤兩卦是父母的象徵，其餘六卦便是三子三女。我們不妨把「家庭」加以分析，看看分析所得的範疇是不是和易學的架構相吻合。

第一，一個家庭必有其家長，家長就是父母。父親和母親在家庭所擔任的角色不同。父爲男性，剛健好動，宜於營謀生計，擔當保護妻子兒女的責任。母爲女性，溫柔恬靜，宜居家撫育兒女。

第二，男女相配，爲家庭成立之始。男女兩性交感然後才生有子女，有了子女，家庭才算完成。由「交感」而「生育」實爲家庭的一個最大特色。

第三，由於男女兩性交感而生兒育女，一代一代的繼續下去，便有「孳生」和「繁衍」的現象，由是生生不已，遞宗接代而傳之於無窮。

第四，家庭人口衆多，人與人之間的相處，難免發生衝突。衝突劇烈的時候，會令到家庭自我毀滅。因此，一個理想的家庭是充滿和諧氣氛的。所謂「家和萬事興」，便是這個道理。這、來，「和諧」（英文通常稱 Harmony）便是一個家庭的理想，也是每一個家庭分子不約而同所應當追求的最高價值。

以上所述的㈠父母爲一家之主，㈡兩性交感而生育，㈢子孫的孳生繁衍，以及㈣和諧的理想，是一個家庭的主要屬性。從貝柏氏的學說來看，易經的作者們，在自覺和不自覺之間，把家庭的組織、結構、屬性和理想，投射到整個宇宙上去，創造了一個「宇宙一家親」的自然哲學。

在家庭裏，父母爲一家之主。在易學的體系裏，乾、坤兩卦象徵着萬物的本原，「乾知大始，坤作成物。」（註十二）這兩者儼然是整個宇宙之主。乾爲純陽，坤爲純陰。乾爲剛實，强健，好動。坤爲虛靈，柔順，主靜。誰也不能否認這是男女兩性的對比。然而，男女兩性絕不會各自分立而互不交通的。所以易繫辭說：「天地絪縕，萬物化醇，男女構精，萬物化生。」（註十三）在家庭裏，由於兩性的交感而繁衍子孫。同理，在宇宙中，由於陰陽交感而生萬物。家庭中的基本成員是父母子女。易經的八卦代表着宇宙大家庭的基本成員。除了乾坤爲宇宙大家庭的父母之外，震爲長子，坎爲中子，艮爲少子，巽爲長女，離爲中女，兌爲少女。一家八口，是爲宇宙家庭的最原始狀態。它們代表着天（乾）、地（坤）、山（艮）、澤（兌）、雷（震）、風（巽）、水（坎）、火（離）。家庭的基本成員雖然不多，但由於相互交感而繼續孳生繁衍，後世兒孫可以瓜瓞綿綿。同理，宇宙大家庭之基本分子雖然只有八個，（以八卦爲代表）但「道生一、一生二、二生三、三生萬物。」（註十四）八卦相乘，化爲六十四卦，取象喻理，代表著生生不息的宇宙萬物。然而，宇宙萬物的生生不息，絕非偶然的倖致，而是基於宇宙間的一個基本原理。這個基本原理，就是「致中和」之道，中庸告訴我們：「致中和，萬物育焉。」爲什麼致中和才會萬物育呢？設想宇宙萬物之間，只有衝突、鬪爭、和仇恨，它們還能够和平共處嗎？要是它們不能和平共處，還可以孳生繁衍生生不息嗎？「天地之大德曰生」，確是無可否認的事實，但這事實的背後，却有基本的原理支持着，這個基本的原理就是「和」（英文Harmony）。

從貝柏氏的觀點論易，可以窺見易經宇宙觀的人文精神。易經的宇宙觀實在是家庭觀的引申和擴展，易經的作者們把家庭觀投射到宇宙去，把宇宙看作一個大家庭一樣。中華民族是家庭觀念最濃厚的民族，把宇宙看作一個大家庭，實在是我們民族思想一個很自然的趨勢。

四結論——作者未必如此，讀者何必不如此？

筆者在未動筆寫本文之前，曾將本文大意向中國文化學院哲學研究所碩士班同學講述一遍，那時，引起了吳蓮慶同學的質疑。吳君認爲，伏羲畫八卦的時候，可能根本尚在原始生活的時代。那時根本沒有所謂「家庭」，伏羲那裏會用八卦來把家庭意識客觀化到整個宇宙去呢？吳君的質疑，是很有理由根據的。不過，他的問題，首先肯定了傳統的說法：八卦爲伏羲所畫。其次，再肯定伏羲的時候還沒有家庭生活。筆者認爲這兩項肯定，都未能確定成立。什麼「有巢氏」、「燧人氏」、「神農氏」、「伏羲氏」等，可能根本沒有其人，而他們的事蹟，可能是當時整個部落或民族的「共業」。伏羲畫八卦，也可以作如是觀。易經的宇宙觀，是後起的產物，而對八卦作有意義的註釋，相信也是後起的。（後於畫八卦者而言。）易經宇宙觀成立的時候（或繫辭寫作完成的時候），相信已有很根深蔕固的家庭制度了。

再其次，易經思想家用家庭結構和特性來解釋宇宙，可能是有意無意之間的潛意識活動。這可能是自覺，也可能是不自覺的行爲。正如有些機械論者不自覺地把宇宙當作一部機器一樣，我們用貝柏氏的觀點來解釋易經宇宙觀，充其量只是一個合理的臆惻，是一個既不能證實亦不能否定的假設。哲學的任務在解說，而不在於證明。因爲能證明（或否定）的只屬於實驗科學的領域，而哲學的探討是在科學之外的。哲學假設的成立，最主要是言之有理。經驗的論據往往是間接的而不是直接的。本文主旨的論據是中國人家庭觀念濃厚（間接支持 family as root-metaphor的），而不是有什麼文獻記載伏羲氏畫八卦時以家庭作模式（直接證據）。訓詁學和校勘學需要直接論據，但這不是哲學所需。哲學的任務之一，是把事物和經驗的意義展露出來（disclosure of significance）。本文的嘗試，便是要使哲學盡這一點小小的任務。

筆者雖然研習和執教美國哲學有年，但不是貝柏氏哲學的專家。友人李杜博士，嘗精研貝氏之學。（註十五）撰有論貝氏學說之博士論文，對貝氏 root-metaphor 學說一定比筆者懂得多。在另一方面，在台灣學術界的易學專家比比皆是。筆者本文意在拋磚引玉，希望國內易學專家們及李杜先生，不吝賜教爲幸。

註一　見本書(八)、(九)兩文。

註二　The I Ching or Book of Changes, The Richard Wilhelm Translation, rendered into English by Cary F. Baynes, 3d. ed., Bollingen Series, no, 19 (New York: Pantheon Books, 1967)。Hellmut Wilhelm, CHANGE: Eight Lectures on the I Ching. (New York: Harper & Row, Publishers, 1960)。

註三 一所美國大學中的哲學系，各方面的哲學都聘專家擔任課程。有些國內學者以爲美國哲學界只注重分析哲學而忽略其他方面，這印象完全錯了。

註四 Stephen Pepper, World Hypotheses: Prolegomena to Systematic Philosophy and a Complete Survey of Metaphysics (Berkeley University of California Press, 1942)。

註五 這一派的代表性論著有 A. J. Ayer 的 Language, Truth, and Logic 一書，顯淺易解。

註六 Pepper, World Hypotheses, P. 91。

註七 Ibid., Chapter IX。

註八 Ibid., P. 151。

註九 Ibid., P. 280。

註十 Ibid., P. 232。

註十一 George C. H. Sun, Whitehead and Chinese Metaphysics (Southern Illinois University Doctoral Dissertation, 1971)。

註十二 易繫辭上傳，第一章。

註十三 易繫辭下傳第五章。

註十四 道德經，第四十二章

註十五　按李杜先生爲美國南伊州大學博士，嘗隨貝柏氏高足韓六一氏（Lewis E. Hahn）研究貝氏學說。李先生嘗爲華岡文化學院哲學系主任。現任中文大學新亞書院哲學系講師。

從比較哲學的觀點看佛教的基本精神

(一)導　言

奇怪得很，筆者在出國前雖然在佛教的原典裏下過一番功夫，但對佛教教義的欣賞和其價值的體會却要在出國許多年後才慢慢滋長起來。我對佛教精神的體會實在得力於比較哲學的研究。我在美國近年來講宗教哲學一課，雖然以希伯來的宗教傳統作主要的題材，但在教學的過程中使我對佛教有反省思考的機會。由於講授這一門課，使我更能體會宗教在人類文化的價值。

我在出國前所讀的有關佛教的書，像梁啓超、湯用彤、黃懺華、景昌極、熊十力、歐陽竟無、釋太虛、梁漱溟諸人的作品，都不過是歷史的敍述和教義或名相的詮釋，實在不足以滿足我的精神的要求。我的精神要求是世界性的，肄業中學的時候便立志要做一個世界性的學者，從事東西文化交流的工作。上述諸人的作品，雖然代表深厚的功力或清新的見解，但都缺乏博大的、世界性的眼光，既未能用比較文化的角度來看佛教，也很少能給佛教賦予時代的意義及價值。出國留學以來，得着不少機會和西方學者接觸，也讀過不少他們有關佛教的論著，使我對佛教的時代意義和文化價值都有很多新的體會。他們在功力方面，可能還不及湯用彤、歐陽竟無諸人，但他們以嶄新的角度，世界文化的立場，和現代社會的眼光去看佛教，依佛教獲得時代的意義和價值的生命。這一點，大可以補我國學者們研究的不足。

一般而言，佛教具有下列四種基本精神：㈠實踐主義的精神；㈡自我創造的精神；㈢衆生一體的精神；和㈣人人皆有佛性的精神。所謂實踐主義，是英文的 pragmatism 。國人對這種哲學的了解極膚淺，以爲 pragmatic 是重功利、重實效的意思。其實這字的語源是「行動」的意思，實踐主義哲學的精神，是主張以行動來解決問題。佛陀對人生的生、老、病、死等問題，探討其根源，對症下藥，用釜底抽薪的辦法來處理。佛教和希伯來宗教最大的不同點，便是相信每個人的人生是個自我創造的歷程。所謂「業」（Karma）便是我們的生命歷程的整體，各人的業是各人自己創造的。至於求解脫 (liberation) 之道，也是憑藉自力而不靠他力。我國儒家哲學嚴人禽之辨，但在佛教的教義裏，「一切有情，衆生平等。」就本體論的說法，衆生在法身（梵文 Dharmakaya ，指宇宙存在之整體。「法身」二字譯名爲不妥）形成一體。惟其如此，佛教便有「人人皆可成佛」的說法。從原始佛教的教義來說，「佛」不是什麼神，也不是佛教徒崇拜和供奉的偶像，「佛」是「覺者」的意思。當然，論智慧的高下，有「先知先覺」，「後知後覺」，和「不知不覺」的分別。但在理論上，人人都有覺的種子，所以人人都可成佛。

以上所說的，都是佛教義理顯而易見的基本精神。一般比較宗教學的學者都很容易覺察出來。所以本文只作提要鈎玄式的說明，不作詳細討論。本文着眼討論的題目有二：其一爲佛教的無我論在世界哲學中之地位，其一爲禪宗的語言觀對現代語言哲學的貢獻。

(二)佛教之無我論在世界哲學中之地位

西方社會的一個最大特色便是個人主義的流行，西方宗教最終的目的是個人靈魂的得救，西方法律的設制是爲了保障個人的自由和權利。表面看來，個人主義只是西方文化的社會現象，其實這種基本信仰有很深厚的形上學作基礎，這個形上學的基礎便是自我的肯定。

在古希臘哲學時期，西方人便對個人靈魂不朽加以肯定。柏拉圖更不厭其繁地創制不少論證來支持他們的基本信仰，在中世紀經院哲學的時期，其中一個最重大的哲學問題便是證明神的存在，但個人靈魂的存在已被視爲當然的事實而不要求證明了。近代西洋哲學之父笛卡兒的名言是：「我思，故我在。」這一來，自我的肯定獲得理性的支持，不再是潛意識中視爲當然的事實。可是，由於顯意識化和理性化的結果，這一項根深蒂固的信仰終於受到挑戰。英國哲學家休模從吾人經驗資料分析，始終認爲自我存在是無法用經驗及理性證明的。不過，對自我存在的肯定，在西方的思想方式裏已經根深蒂固。他們對休模的挑戰簡直不予理睬。在二十世紀流行的存在主義，自我的存在更認眞地大膽地被肯定了。

其中一段挿曲便是詹姆士一九〇四年所發表的論文：Does Consciousness Exist? 詹姆士這裏所說的Consciouscss是指self的內容而言。他從經驗的現象作一番分析之後，肯定Consciousness 的存在。但存在的形式，不是一種實體，而是一種現象或功能。詹姆士的學說，調和了西方傳統對自我的看法及休模對傳統的挑戰。無怪懷海德在科學與現代世界一書中稱讚詹姆士的學說爲劃時代的貢獻了。（註一）

奇怪的是，在印度哲學的傳統，像詹姆士這一類的學說，在兩千多年前便出現了。這就是佛敎「無我」的學說，佛敎在印度，旣非正統的宗敎，也非正統的哲學，而是婆羅門敎的叛徒。根據婆羅門敎的敎義，「我」是常住的，永恆的，和梵天合一的。佛敎的興起，首先否定了梵天，然後否定「我」的常住性。有些人以爲佛敎的敎義否定所有形式的「自我」，這是錯誤的看法。試問，要是完全沒有任何一種自我的話，那麼，誰在輪廻中造業？到了覺悟的境界，誰在覺道？誰證得菩提？佛敎有一句名言是：「我不入地獄，誰入地獄？」由此可知，佛敎的「無我」觀，只是否定某一種自我的學說而已。

根據佛敎的說法，所謂「我」，是五蘊湊合而生的一種心理現象，這和休模用心態現象來分析有點相似。但休模只能把傳統自我觀否定，但不能解釋我們爲什麼會有自我的意識。佛敎在這一方面比休模精密得多。根據唯識宗的說法，我們之所以有自我意識，完全是由於第七識末那識的作祟。末那識是「根本執我之識」，是我執的根源。問題是，假如沒有「我」的話，末那識又那裏有執着的對象呢？原來末那識所執着的「我」，只不過是第八識——阿賴耶識——的影象而已。那麼，阿賴耶識是什麼呢？根據傳統佛典的解釋，阿賴耶爲「含藏種子之識」。用西洋哲學名辭來解釋，阿賴耶代表着宇宙的 total network of potentials and their realization。是宇宙恆轉如瀑流，種子變現行，現行生種子的一個大化流行的歷程。這一個歷程，不是專屬於你的，也不是專屬於我的或他的。這原是一種「共業」或公有的東西。可是，末那識不察，誤把公物作私有，於是「我執」（執着我的存在）便因此而生，衆生便不斷的沉淪了。

佛敎的「無我」觀，和休模的立說有很大不同的旨趣。休模的學說，純是概念上的把戲，是屬於知識的。但佛敎的「無我」論，根源於救人救世的宗敎的動機，目的在破「我執」而脫苦海。佛敎的學說也和詹姆士的不同，詹姆士的只限於心理現象描述下所產的結論。佛敎的理論是有其形上學根據的。像末那識、阿賴耶識、業、輪廻等觀念，都是形上學的設定來解釋宇宙人生現象的。無怪懷海德稱佛敎爲人類歷史上最麗大的應用形上學系統了。（註二）

從我們上面簡單的敍述，我們不妨作以下的一個價值判斷：佛敎的無我論在二十世紀的哲學占很重要的地位。它對「我」的分析和「我執」現象的描述給西方哲學提示頗多精深而嶄新的見解。在東西哲學的融會裏，佛敎「無我」論可以和現象論、實踐主義、及精神分析學合流。而在道德修養方面，更可以矯正西方人（尤其是美國人）個人主義的流弊，就筆者個人觀察，在西方世界從事東方哲學研究的學者們，都能體會到這些價值了。我們家有寶藏的，該對這寶藏如何珍惜啊！

(三)禪宗的語言觀對現代語言哲學的貢獻

許多人對禪宗的了解，囿於「不立文字」的說法，以爲禪宗屛除了一切語言文字，默默無言的「以心傳心」。其實，禪宗流傳下來的經典和語錄，似乎都要比其他的宗派爲多。那不是教義上的自相矛盾嗎？不！這不是一個眞正的矛盾。在我國的文化傳統裏，思想往往透過文學的方式來表現。文學和科學不同，用辭往往不是直陳的，有時用提示的方式，有時用襯托的暗示，有時作故意的誇大。什麼「道可道，非常道」，或「知者不言，言者不知」，都不免有故意誇張的成份。禪宗的「不立文字」，也應作如是觀。

一個比較適當的解釋似乎是，禪宗大師們深深了解日常語言的限度，所以他們在傳授佛法的時候，除了應用普通語言去陳述義理之外，盡量利用非語言的表達方式，像點頭、默然無語、顧而之他，甚至拳打棒喝，扭着徒弟的鼻子等辦法。但從語錄上的記載，運用這種非語言的表達方式的，畢竟是屬於少數。一般來說，禪師們大都靠語言文字來啓廸後學，或表達他們所體會的境界。不過，他們在語言的運用上，也許和一般人的不同。原因是他們有和一般人不同的語言哲學。

禪宗的語言哲學和我國先哲的宇宙觀及藝術精神有很密切的關係。我們的先哲相信宇宙是一個有生命的大化流行的整體，易繫辭的名言像「天地之大德曰生」及「生生之謂易」都可以作爲支持這種宇宙觀的論據，我國的藝術精神，其實也是承受這種宇宙觀發展而成。南齊謝赫有名的論藝術的六法（六項基本原理的意思）的第一法便叫做「氣韻生動」。可見藝術家的基本精神便是用形象的媒介來表現生命，禪宗的語言哲學，便是建築在這種生命的宇宙觀和藝術精神上。

在五燈會元裏，記載着禪宗大師洞山兩句論語言的話：

語中有語，名爲死句。語中無語，名爲活句。

在這兩句話裏，價值的取捨非常明顯。「死句」和「活句」對比之下，我相信沒有人會喜歡「死句」的。尤其是在中國宇宙觀和藝術精神影響之下的禪宗，對兩種語言的取捨，不用說是選擇活語言的一途了。那麼，什麼是「活句」，什麼是「死句」呢？洞山大師論「死句」「活句」這兩句話應當作什麼解釋呢？首先讓我們討論「死句」的意義。在「語中有語」一句子中，第一個「語」字的用法和第二個「語」字的用法不同，第一個「語」字指語文的符號 (linguistic symbols)，第二個「語」字指語文符號的意義內容 (meaning content)。「語中有語」便是說一個句子（或一個語文符號的集合體）有固定的意義內容的意思。那麼，爲什麼洞山禪師說有固定意義內容的句子便是死句呢？因爲有固定意義內容的句子，明晰而確定，只容許一個解釋，既不會刺激我們的想像力去發掘其中的奧秘，也不會留下一些「言外之音」的種子在我們的心田發芽生長，所以洞山禪師稱這種句子爲「死句」。那麼，「活句」便不同了。「活句」是語中無語的。所謂「語中無語」，便是句子中沒有明晰確定顯而易見的意思，其中的義蘊，要讀者（或聽者）有特殊的慧根或超人的想像力才能體會出來。但當讀者能體會出來的時候，他可能恍然大悟，而句中的義蘊，可能進入他的心田，發芽生根，終身受用不盡。

由此看來，禪宗的語言哲學，和現代西方哲學邏輯實證論一派所提倡的語言哲學剛剛相反。根據這個學派的說法，有意義（特指 cognitive meaning）的命題只有兩種，一種是數理的命題，像「三加三等於六」及「等量加等量，其和仍相等」之類。另一種是經驗命題，像「玫瑰花有刺」、及「日出於東」之類，可以用經驗來證實或否定的。不屬於這兩種命題的句子，在吾人認知方面可謂全無意義（cognitively meaningless）。像「毋不敬」、「毋殺戮」、「樂哉魚乎」、「大哉孔子」、「臨財毋苟得、臨難毋倖免」，以至「本來無一物、何處惹塵埃」之類，從邏輯實證論的立場來看，都是不能給吾人知識的句子，所以毫無意義。很顯然地，邏輯實證論認爲在認知上有意義的句子，洞山禪師視爲「死句」。反之，洞山禪師認爲是「活句」的句子，邏輯實證論者認爲毫無意義。從比較文化的角度來看，邏輯實證論的後面是西方科學機械論，而禪宗的背後却是我國生機洋溢的藝術精神。禪宗大師們所視爲是「活句」的，實在是文學家或藝術家（廣義的藝術含文學）所應用語言的方式。從文化哲學的立場來觀察，禪宗的語言哲學正代表中國文化精神的特色。

四結　語

佛教是一個歷史悠久而宗派衆多的宗教，要談它的基本精神實在非常困難。有時屬於某宗派的特色不一定見於其他各宗。但「無我論」的精神可謂通貫整個佛教的傳統，爲佛教最特色的精神。中國古代聖哲間中也有點點滴滴的無我論，像孔子的「毋必、毋意、毋固、毋我」，和老子的「人之大患，在我有身」，但不足以構成什麼理論體系或傳統精神。佛教的無我論，實在建立於很精密的現象方法學（特指唯識宗）和深邃的形上學（特指空觀）之上，在世界文化是獨樹一幟的。

至於禪宗的語言哲學，代表我國文化精神的特色，多於代表佛教的基本精神。一般來說，中國文化是藝術的文化。（註三）禪宗實在是中國藝術精神和佛教結合的產兒。日人鈴木大拙認爲中國藝術受禪宗影響，這是倒果爲因的膚淺的看法。筆者認爲中國的藝術影響了禪宗，而禪宗的傳遞方式（modes of communication）正是中國藝術精神的表現。禪宗的語言哲學，是代表中國文化的語言哲學。筆者特別寄望於我國哲學界專攻語言哲學的學者們，要是我們能使禪宗的語言哲學精密化、系統化，我們可以在世界語言哲學界獨樹一幟，彌補西洋文化的不足。這一方面對中國文化的貢獻和中國哲學未來的創造，都是富有深遠的意義的。

以上所述，只限於筆者對佛敎精神體會所得的點點滴滴的意見，談不上什麼有系統的學術討論，還希望方家們多多指敎。

註一 Alfred North Whitehead, Science and the Modern World (New York: The Freepress, 1967 paperback edition), P. 143

註二 Alfred North Whitehead, Religion in the Making (New York & Cleveland. The World Publishing Company, 1960 paperback edition), P. 50.

註三 請參閱筆者之『從「心理距離說」談到對中國文化的認識』一文，見本文集第二篇。

從「比較文化」及「科學哲學」看中醫的基本精神

(一)前　言

最近臺省中醫特考，據報五十一人考試作弊當場查獲，引起了教育界和文化界的全面性注意。許多教育界的同寅和大學的同學們請我就這事件發表感想。這個事件實在不容易評論，因爲牽涉的範圍太廣了。考試制度問題，高等教育問題，守法精神問題，以至個人挺而走險的心理，都和這事件有關係。但我不願作這種討論和分析，因爲這些問題都和中醫本身的價值沒有直接的關係。我現在要討論的，是中醫本身的價值問題。它本身是反科學？還是另外一個科學系統呢？在今日復興國粹聲中，提倡中醫是不是有宏揚中華文化的意義呢？換句話說，中醫究竟是中國文化的糟粕呢？還是精華呢？我們若要提倡中醫，是不是要反對西醫呢？反過來說，我們若信賴西方的醫學，是否一定要反對中醫呢？

我現在的出發點是文化哲學。在本文裏，我首先對中西文化作一簡單的比較，藉以顯露中國文化的特性。再進一步略爲介紹西方的科學哲學。然後從中國文化精神及科學哲學的觀點來觀察中醫的特質。最後討論中醫是否應該廢棄？還是應該發揚？我們若要發揚中醫的話，應該採取甚麼途徑和方法？

我在這裏首先要聲明，我既非中醫師也非西醫師，但我的家庭和親友圈子裏產生不少中西醫師。而我的先母却是西醫的產婦科，執業多年後再進廣州光漢中醫學院，畢業後獲得檢定中醫師資格。我在家中少時便耳濡目染，常常聽到她評論中西醫的短長。其後，自己也看過一些中西醫書，自信能把握一點基本原理。中學畢業的時候曾一度考慮投考醫學院，但因爲廣泛的興趣和東西文化交流的遠景，終於把懸壺濟世的念頭打消了。

(二)中西文化的根本差異

西方文化有三大支柱：科學、法律、和宗教。我們的文化有兩大基石，一爲道德，一爲藝術。這並不是說西方人沒有道德和藝術，或我們的文化缺少了科學、法律、和宗教。這不過是文化精神的重點問題。西方文化是有道德的，但他們的道德却植基於宗教，而以法律爲鞏固道德的手段。中國人常常說的「法者禁於已然之後」是不能適用於西方法律的，因爲根據他們的法律觀念與實際，法律一樣有「防患未然」的功能。西方文化中的藝術不能算不發達，但傳統的藝術染上極濃厚的宗教色彩，晚近的藝術却流於科學化。中國文化不是沒有科學，但科學的發明極類似藝術的創作。中國文化不是沒有法律，但法律在中國文化居次要的地位，是補德治的不足。中國人的理想是一個德治社會，而不是法治社會。而中國人的法律以刑名爲主，和西方法律具有普遍理性而超越的迥然大異。中國文化也不是沒有宗教，但中國文化的宗教思想本身不是目的，而是達到道德實踐的一種手段。

作爲人類經驗的產品，道德和藝術比科學、法律、和宗教來得具體。道德在人類的經驗中往往表現於具體的典型人物。臥冰求鯉的王祥，安貧樂道的顏子，不食周粟的伯夷叔齊，「鞠躬盡瘁、死而後已」的諸葛武侯，以至正氣凛然、從容就義的文天祥和史可法，都是我們民族道德的楷模。這些活生生的人格，都比「毋殺人」、「毋姦淫」等宗教律令來得具體，當然也比「殺人者死、傷人及盜者抵罪」的法令形式要活潑動人多了。藝術（廣義的藝術含文學）是藉有形有聲或有色的具體意象（concrete image）來表達意義，和科學以抽象符號表事物通性的有顯著的區別。H_2O 代表的只是水的通義，是河水、井水、或雨水，科學家一概少理。但文學家筆下的水，却是有個別意義的。像「風蕭蕭兮易水寒，壯士一去兮不復還」，「桃花潭水深千尺，不及汪倫送我情」，以及「君不見黃河之水天上來，東流到海不復回」等句中的「水」，顯然不只H_2O所含的抽象義。科學和藝術還有一點顯著的分別，這一點分別表現於學習的方式中。一個研究科學的學生，不論做實驗或計算測量的成果，一定要按照指定的程序和規律進行(following rules and procedures)，但一個習藝術的學生，主要是向典型人物和作品模擬(imitation of models)。這一來，我們可以下一判斷，中國人的倫理精神是藝術的。我們讀學、庸、論、孟，從頭到尾，找不到一條像摩西十誡般的律令，但對典型人物的列擧和稱頌，幾乎處處可以找到。從堯、舜、禹、湯、文、武，以至伯夷、叔齊、柳下惠、孔子等等，都是我們學習的對象。我們的學習方式，最主要是模仿。擧烹飪爲例吧。儘管中國出版界產生了不少食譜，中國人學習烹飪的途徑還是向大師傅模仿。但西方人（尤其是美國人）的學習方式注重按照程序和遵守規律，向人模仿尚在其次。前幾年我在美的住宅大裝修，我在前後院裝上自動灌漑草坪的水管和電燈，並沒有「拜師」或看別人的示範，從頭到尾都遵循着書中所制定的程序和規律，逐步完成這一項「巨大」的工程。但這種遵循規律和程序的方法，極不適宜習藝術的。試問，音樂、繪畫、和書法，可以不憑模仿而學習成功嗎？

科學和藝術在方法上還有一項很重要的區別。科學方法以分析爲主，藝術方法却重直覺。科學家當然也運用直覺來從事科學活動，但遠不及藝術家對直覺的需要。直覺的活動是「心領神會」，「直接觀照」而不憑藉理性的。（當然直覺得來的經驗或知識可用分析方法處理。）根據二十世紀法國大哲人柏格森的說法，分析法只適宜研究無生命的物體，要洞察生命的本體，非用直覺不可。我們中國人的認知方式以直覺爲主，而我們對宇宙人生的看法亦以生命爲觀照的對象。透過了直覺的「移情作用」(Empathy)，藝術家所見的宇宙萬物都充滿生命。憑着機械的分析方法，科學家對有生命的機體也往往當作無生命的物質來分析。藝術家和科學家宇宙觀的不同，正反映着中西文化基本精神的差異。本文的主旨不在比較中西文化，所以我在這裏對中西文化差異的分析，非常簡略不全。但可以勉强應付本文的需要。讀者對比較文化有興趣的，請參考拙著「從『心理距離說』談到對中國文化的認識」，「『情』與中國文化」，及「中國倫理之基本精神」三文，那裏有比較系統化的解釋。

三「科學哲學」的職能及其晚近趨勢

我在過去一學年擔任臺大哲學系客座，講授兩門課，一門是「比較哲學」，另一門是「科學哲學」(philosophy of science)。比較哲學是比較文化的一部份，我已有另文介紹這一門的學問和方法，在這裏不再贅述。在這裏我要特別加以介紹的，是「科學哲學」一門學問的性質及其功能。我國人向西方文化學習科學知識和技能，已有半個世紀以上的歷史。每年到歐美留學攻讀理工醫及其他科技的，都占一個很可觀的數目。這足以證明國人對西方科學的重視。可是我們忽視了西方科學發展過程背後的原動力——哲學，尤其是科學哲學。我們實在對哲學太不重視了。有人以爲哲學是癡人說夢的囈語，有人以爲哲學是占卜星相的術數。一般來說，許多人都以爲哲學是反科學的。他們簡直不曉得哲學和科學在西洋文化是脣齒相依的。西方科學若沒有哲學的推動，絕不可能有今天的成就。這一點，不是本文要討論的。現在讓我談談科學哲學的職能吧。

科學哲學的第一任務，是對科學方法作檢討或批判。演繹法是否能給我們新知識呢？歸納論證的可靠性有沒有限度呢？若是有的話，限度在那裏呢？科學上的假設（hypothesis）當具備些什麼條件？科學實驗究竟證明些什麼？這些方法上的問題，都列入科學哲學的討論範圍。第二項的任務是對科學基本概念的分析。什麼是「自然律」？什麼是「因果關係」？「時間」、「空間」、「運動」等科學概念，究竟含義爲何？「電子」，「光子」等名詞所指稱的是否實有其物呢？還是它們只不過是用以解釋物理現象而假設的詞彙呢？凡此種種，科學家不去深究的問題，都被哲學家接收到哲學研究的範圍裏來。科學哲學的第三項任務，是探討科學知識的最後根據。康德「純理批判」的前半部，便是對傳統幾何學、算學、和牛頓物理學的最後根據作檢討。二十世紀美國的魯一士（C. I. Lewis），集康德，實踐主義，及分析哲學諸派的大成，對新數學及現代物理學的最後根據作批判，而成「『心』與宇宙秩序」一書。（原名 Mind and the World Order，爲二十世紀西洋哲學最重要典籍之一。）科學哲學的第四任務是檢討科學在人類文化中的功能和地位。懷海德的「科學與近代世界」及布朗諾斯基（Brownoski）的「科學與人類價值」(Science and Human Values) 都從事這一方面的探究。懷氏更進一步研討科學和宗教的衝突問題，以及科學知識和美感經驗的溝通，而創立一套新的形而上學。

早年從事科學研究而頗有成就，晚年改習哲學而在「科學哲學」有極大貢獻的，前期有懷海德，後期有頗蘭義（Michael Polanyi）。（當然也有其他的，現只列擧二人作代表而已。）懷氏學說，已由前輩學者介紹到中國來，在這裏不必贅述。頗蘭義的貢獻，國人知道的不多。而頗氏學說正代表着科學哲學在歐美的晚近趨勢，所以筆者不得不在這裏介紹一下。頗氏學說發揮得最有系統而詳盡的，當推Personal Knowledge一書，其次爲Tacit Dimension。但他另寫了一本小書名Science Faith and Society（筆者在臺大用爲敎本之一，已由先知出版社翻版），把自己的學術立場簡單提要述說一遍，爲研習頗氏學說的最好入門書。根據頗氏在此書的解說，科學活動不純是客觀的，許多時也有主觀選擇的成分。所謂科學上的假設，充其量不過是一個合理的猜測而已。在我們的經驗中，對同一事物的解釋絕對不止一種方式。吾人不能堅信科學的解釋一定比他種解釋爲優。當我們要決定（不自覺的）接受科學解釋或他種解釋的時候，我們沒有客觀標準來作這個決定，惟有訴之於主觀性的價值選擇。這種主觀性的價值選擇，植基於個人的社會和文化背景。從另一方面來看，科學家之所以能對某定理或某學說不約而同地肯定而無歧見，不是由於科學的客觀性，乃是由於科學家們有共同的基本信念，而這種共同的基本信念却來自共同的文化傳統。所以同一科學文化傳統的科學家們對一事物的看法可能很一致。但別一個科學文化傳統的科學家們所持的意見可能大不相同。由此可知，科學本身，實在植基於一種共同信仰。這裏「信仰」一辭，並不專指宗教信仰，而是指基本的價值選擇。頗氏這種見解，大抵可以給主張「科學中國化」的支持者很大的信心，而那些一向認爲科學是「放諸四海而皆準」的眞理的人們，或許會因讀頗氏之書而從獨斷的迷夢中醒過來。

㈣從「比較文化」及「科學哲學」看中醫的基本精神

從文化哲學的角度去看中醫，中醫應當是一種藝術，而不是一種科學。倘若我們要把中醫稱爲科學的話，它該是藝術意味極濃的科學。上文已經說過，科學重分析，藝術主直覺。在中醫的診斷過程中，望、聞、問、切，都以直覺爲主。說到按脈方面，一位中醫師若沒有很敏銳的直覺，是沒法分辨數十種脈膊跳動方式的。一位懂得按脈的中醫師，按脈時凝神貫注，把自己的生命投注入病人的生命裏來洞察病人的病情。假如柏格森對直覺的解說是對的話，中醫的直覺法對洞察病人的生命應當比西醫的測量法及分析法來得有效。可惜的是，科學的程序，一般人都可以按步就班來遵循，而藝術的境界，只有少數天才者才能到達！

其次，中國醫學經典中所用的語文表達方式，都是藝術（此處「藝術」二字指文學）意味極濃的。不少專門名詞都是用具體意象作譬喻。譬如垂死病人的脈膊，有所謂「屋漏」和「雀啄」的。倘若讀者全未見過麻雀啄食，也從未嘗過屋頂漏水的滋味，對這兩個比喻可能摸不着頭腦。至於藥方，許多都用韻文寫成。試看所謂「補中益氣湯」，詞曰：

補中參草朮歸陳，
耆得升柴用更神。
勞倦內傷功獨擅，
陽虛外感亦堪珍。

由此看來，讀中醫典籍，欣賞文學的意味甚濃，求取科學知識的旨趣因而不易顯露出來。而且，由於中醫典籍富有文學意味，讀者一定要用「體會法」或「直覺法」。可是兩者都是似法而非法，或是無路可循之路。天分高的，可以不假註釋而心領神會；天分低的，可能下一輩子苦功而一竅不通。

從科學哲學的觀點來看，中醫和西醫還有一點基本差異。這一點基本差異，實淵源於中西宇宙觀的不同。西方的宇宙觀，除了和科學發生不了什麼關係的理想主義和神學傳統之外，思想的主流，在二十世紀以前，都離不開機械唯物論。從機械唯物論的觀點去看，生物也不過是一堆物質的組合體罷了。生命究竟是什麼？唯物論者沒有興趣深究。在唯物論環境下產生的西方醫學，也把人當作一堆物質的組合單位。所以當人體有病的時候，西醫師也往往用機械的方式來處理。一九六一年的暑假，我在美國費城醫院住了一段時期，看見不少肢體殘缺的病人。我問他們為什麼醫生要把他們的肢體截去，十居其九都是因為腿上長了毒瘡。我還親眼看見一個膝蓋上長了「人面瘡」的病人，進院的時候已痛苦得呻吟呼號。醫生們給他止痛的方法是將他的腿放在一個箱子裏，從上面倒進冰塊，好像把肉類冷藏一樣。但當冰塊融化掉的時候，病人的痛楚呻吟依然如故。最後這位病人被送到外科醫生的「操作室」去，轉瞬間這病人的腿便和他永遠分離了。這個例子雖然有點極端，但總可以算是具代表性的。縱管中醫在技術上還未發展到可以和西醫並駕齊驅的科學系統，中醫對毒瘡的處理，完全有自己一套的辦法，而且非常奏效。中醫的最後根據是中國古代的宇宙論。我國宇宙論的特色，是以整個宇宙爲有生命的大化流行的歷程，而人體就是一個小宇宙，是一個有機的整體。人體之所以發生毛病，完全由於機體失掉平衡所致。醫治的辦法，主要是恢復機體的平衡。醫治毒瘡的辦法，主要是內服清涼散毒的藥物，輔之以外敷藥物，局部的患處自然慢慢痊癒。習西醫的對中醫極難獲得欣賞與同情，除了意氣之爭之外，主要是因爲中醫所根據的生命宇宙觀和藝術精神不是一個機械唯物論者所容易了解的。上文已經說過，科學家們對一件事物看法的「一致性」，完全由於他們有共同的文化傳統。若從另一文化系統的科學立場去看，可能有完全不同的看法。但就目前的世界科學現狀來觀察，現在獨佔勢力的科學，是西方文化的產物。因爲別的文化傳統沒有產生有勢力的科學與之對抗的緣故，科學家們的基本立場因此獲得完全一致。但在醫學上却產生一個例外，就是我們傳統的「中醫」。由於中西文化的基本差異，中西醫的基本立場也不相同。但在西方世界的醫學界，許多醫學學者都注意到中國醫學的價值，認爲可以補他們傳統的不足。而他們近年來醫學的方向已漸由機械唯物論走向「生命」和「機體」的道路。近十年來，我國針炙術揚名於世，美國和歐洲醫學界都在虛心地研究中醫了。可是在我國適得其反。筆者返抵國門，最感失望的一件事是在臺灣一般知識界和西醫界都看不起中醫，可能因爲中醫界濫芋充數的庸醫太多，以致失去一般大衆的信心吧！

不過，話又得說回來。我們若因中醫界多庸醫便不尊重中醫，那就等於因爲德行不檢的基督徒數目多便認爲基督教一無是處。這種態度是以氣用事的和非理性的。我們絕不能因爲有「狗肉和尚」便認爲佛教不是好東西，也不能因爲幾個神甫還了俗便認爲天主教一無可取。我們要分辨必然性和偶然性，我們要弄清楚何者爲糟粕，何者爲精華，然後我們才能推動我們的科學和文化。

(五)結論：我們當怎樣發揚中國醫學

上文已經在字裏行間肯定了中醫在我國文化上的地位和價值。中醫不是反科學（指西方科學），而是另成一科學系統。不過，中醫的理論系統尚未精密化，在臨牀方面，方法尚欠準繩，只有「天才」者才能把握其中的奧秘。但我們絕不能因此認爲它是我們文化的糟粕而主張把它廢棄。反之，我們應努力發揚中醫，正如我們要發揚中國文學、藝術，和孔孟學說一樣。我們現在的問題，只是一個方法問題：要發揚中國醫學，我們應該採取什麼途徑和步驟呢？我的答案是「發展中醫教育」和「中醫科學化」。

我國文化實在包含着不少有價值的內容，可惜在過去教育不得其法，以致許多獨特的學問和技術不得傳下來。我國的教育方法，在過去都注重「祖傳」、「秘傳」、和「眞傳」。這一來，許多民間特技都不公開。既不公開，便沒有機會接受批評來改進。一旦承傳的人自暴自棄或遭不測，這些「祖方」或「秘方」遂不得其傳。這實在是國家文化的重大損失！目前中國醫學看來在我國高等教育的制度已有一席地位。但由於社會知識分子對中醫仍然沒有一正確的觀念，加以西醫界囿於西方科學傳統，對中醫難獲得同情的了解，中醫教育仍然陷於半癱瘓的狀態。

根據筆者個人意見，中醫是我們中華文化的一個很獨特的產兒，它極需要特別的照顧。它是一種科學，但不屬於西方科學的傳統，從西方科學的角度去了解中醫是極其困難的。先慈曾太夫人慧芳女士常常說下面的一段話：「西醫的着眼點是可實驗的，認識的對象是有跡可見，有形可象的，是屬於實體性的。而中醫的着眼點是不能用實驗證明的，其認識的對象無跡可尋，是屬於功能性的。像「寒」、「熱」、「濕」、「燥」、「肝火」、「元氣」等，極難透過西醫來解釋。」根據科學哲學的原理，對經驗界的同一事物（例如人體）可以建立不只一個理論架構(theoretical model) 來解釋。當兩個理論架構來自不同文化傳統的時候，我們不能把其中一個架構完全用另一架構來解釋，或簡化爲另一個架構的一部份。所以，就筆者研究科學哲學所得，我們將中醫科學化是可以，但絕不能將中醫完全西醫化。中醫科學化應當從中醫的本身做起，西醫只能供方法上的參考而已。

中醫的科學化，一定要請哲學家協助。（正如西方科學需要西方哲學一樣。）首先要將中醫後面那一套陰陽五行的學說明朗化和系統化。再進一步便是將中醫重要典籍重新解說，不一定要用西醫的學理來穿鑿解釋，但要用吾人經驗事實作引證。其次便是要用語意學、邏輯學來給傳統的中醫名詞下新的界說。像「氣」、「火」、「元陽」之類的名詞，以往習中醫的都只靠直覺的意會，把它們關在「道可道，非常道」的大門內，以至中國醫學一無進展。最後要聘請懂得西方科學哲學而又有深厚中國文化基礎的學者，和中醫學的教授們或學員們携手合作。再以「道並行而不相悖」的態度，向西醫的方法和技術借鏡，藉以建立中醫自己一套的科學系統。

以上所陳，爲筆者本年返國講授比較文化及科學哲學的一點小心得，不敢說有什麼貢獻，只是一種提議。希望擔負發展科學研究重任的「國科會」，正視本人的提議，獎勵中醫科學化的研究，那麼本人不負返臺當客座此行了。

論治哲學的門戶和方法

——兼論中國哲學界唐、牟、方三大師

(一)導言

我少時喜歡看武俠小說，很羨慕那些爲得武功眞傳而千里拜師的人。似乎「拜師」和「從遊」是我們傳統社會裏最主要的教育方法。民國成立以後，雖然已經採取西方的學校制度，但「拜師」和「從遊」依然是一般受教育的人所樂意採用的門徑。猶記得我在香港念中學的時候，家父還嫌中學的國文師資不够，另安排到學海書樓兪叔文先生那裏拜門。兪老先生是前清的擧人，以講授古文出名。初次拜見，便問曾經「從遊」過那一位老師。一時我不曉得怎麼回答。學校的國文老師多的是，教過我的也有好幾個，但我不知道我有沒有「從遊」過他們。我們讀前人的傳記時，常有「從遊某某先生之門」的字樣。中國人一向貴「學有師承」，而「師」的地位僅列在

「天地君親」之後。可見尊師重道向來是我國社會極爲推崇的美德。

不過，由於過份的尊師，往往形成門戶之見。武俠小說裏少林派和武當派的鬪爭不必說了。在學術的領域裏，「門戶之見」簡直成了一種流行症候。二十多年前，我從香港返國肄業師範大學時，師大國文系便成了樹立門戶者的樂園。那時，有一位號稱得自某派聲韻學眞傳的教授，上課中肆意評擊派系以外的學者，我本來選了他的課，第一節課，他給我的印象就是「目空一切」。我還記得他駡別人說：「那些自命懂得文字學的，其實只懂得寫幾個鐘鼎文掛在牆上。那些自命懂得聲韻學的，其實只懂得幾個萬國音標符號。」據說後來這位「大師」要學生帶元寶香燭到他家叩頭拜師，他才授與幾條「眞傳」的聲韻學條例。而拜過門的，大都洋洋得意，看不起任何人，大有天下學術盡在我掌握中之氣度。

我這一篇不是嚴肅性的學術文章，但有特別的用心。我雖然鑽過許多門的學問，——教育學、心理學、語言學、文學和哲學——但在哲學的園地裏從事開拓已十六七年，所以本文不得不只就哲學來討論。前半論述今日中國哲學界的三大門戶，後半介紹治哲學的一些方法。行文的方式是夾敍夾議，多多少少帶點主觀性。有時略述自己爲學的領會，有時敍述一己教學的心得。散慢之處，希望讀者們原諒。

(二)論當今中國哲學界的門戶

在今日中國哲學界的局面，看來是非常貧乏。但在貧乏的哲學界當中，有三位學貫中西的大師作「中流砥柱」。這三位大師在國際的哲學界雖然沒有什麼影響，但以他們的才智、功力和在中西哲學的造詣，都足以和世界第一流的哲學學者並駕齊驅。這三位哲學大師的名字，是中國哲學界人所共知的唐君毅、牟宗三及方東美三位先生。筆者對這三位大師的著作大都有所涉獵，有些更精讀過，而且一度爲唐門的學生。此外，筆者許多朋友都是出自三位大師門下的。所以筆者不揣冒昧，假本文評論三門的學術造詣及其作風。本文的主旨，並非標奇立異，而在開創學術評議之風及指導後學之效。立論方面，或有偏差。尚希三位大師及中國哲學界同仁不吝賜正。

第一門：唐門

頌曰：『唐門博大圓融，無路可循。』

我在香港就讀中學的時候，便開始讀唐先生的文章。其中哲學散文像『論讀書的難與易』及『死生之說與幽明之際』，對我有雷霆萬鈞的感通力量。後來便開始看唐先生成本的書像『心物與人生』之類，看不懂也要看。中學畢業的時候，爲了仰慕唐先生而投考新亞書院（那時在九龍深水埗桂林街校舍）。可是上唐先生第一堂課便大爲失望。因我是廣東人，從未學過國語。唐先生在課堂上所講的，從頭到尾聽不到兩三句。於是我不打算在新亞讀下去。隔了一年，便以港澳僑生資格考進了臺灣師範大學，接受四年國語訓練之後，再度投考新亞研究所。

這一次不同了，唐先生在課堂上的講演，我幾乎全部聽懂。除平日聽講外，我買了許多部唐先生寫的書，其中『中國文化之精神價值』一書，我精讀了三遍。可是，我對研究哲學的興趣，不像中學畢業時那樣濃。因肄業師大四年，追隨文字學大師高鴻縉先生的門下，把我的學術興趣幾乎全部導向文字訓詁一途上去。我雖然仍守着義理、考據、辭章三者不可偏廢的原則，哲學之對我，祗不過是一種修心養性的法門而已。

唐師的博大圓融，在今日的中國學者中相信很難找得一個能跟他相比。他除了哲學之外，歷史、文學、社會、政治、教育，都懂透了，而且有自己的見解。他在『中國文化精神價值』一書竟討論到建築園藝等通俗性的文化 。最近他在香港明報發表的『論孔子誅少正卯說的形成』一文，取材廣博，考證精審。假如他不用眞名發表，可能讀者們會以爲出自一位歷史系大教授的手筆呢！

唐師的文章，號稱難讀。筆者數年前曾將『中國文化之精神價值』其中一章，翻成英文，在國外發表(註一)。在艱苦的翻譯過程中，體會到唐著難懂的原因，實和他本人的圓融作風有很大的關係。當唐師討論一哲學問題時，往往羅列各家對該問題的看法，然後再提出自己的主張。各家的學說在唐氏體系中都有適當地位。唐氏哲學最大特點是其廣博的融攝性，別人的學說，縱管他不同意，亦不輕易妄斷爲非。而別人學說的長處，唐氏都能一一欣賞體會。筆者在美國曾一度開海德格 (Martin Heidegger) 的哲學。在開這一課之前，除將海氏的『存有與時間』重頭精讀一遍外，並搜羅討論海氏哲學的論著。中國學人寫關於海氏學說的不多，而其中以最忠實的態度及最傳神的方式來敍述海氏巨著『存有與時間』的要旨的，只有唐師一篇論文（註二）。唐師從未在西方國家留學，但他對西洋哲學的廣博知識及眞切的了解，許多曾出國留學研讀西方哲學的學者都不能和他比。原因是他本身的思想是「圓融無礙」的類型，只要他下功夫，幾乎任何一派哲學他都可以了解，而且能很中肯地復述出來。可是，由於他尊重他人的學說，他自己的立場便不能直截了當地表現出來。這便構成唐氏著作難讀的一個主要原因。

從筆者個人讀唐氏著作及從遊唐氏的個人經驗。唐氏不大像一個天才型的哲學家，而是一個苦學成功者。早年的著作，多是苦思出來的產品。中年的著作，文化意識强而內容豐富，充分表現學有所得和「爲往聖繼絕學」的熱忱。近年紹述中國傳統哲學，更是功力過於才分的表現。根據唐氏本人的自述，他爲學實在走了許多寃枉路。所以民國四十九年八月筆者出國前到唐氏家辭行的時候，唐氏叮嚀囑咐筆者不要走他的路子，應該走牟宗三先生的途徑：先在邏輯及認識論下一番死功夫，然後才從事形上學的鑽研，最後才回復到人生哲學的領域來。由此看來，唐氏對自己學術的「無路可循」，似乎已有自知之明。而教他的學生不要走他的舊路，實在是一種「光風霽月」「大公無私」精神的表現。

第二門：牟門

頌曰：『牟門清新險峻，高不可攀。』

我出國研習哲學，自始至終把唐師臨別贈言奉爲治學要訣。首先在邏輯及認識論下苦功。先後在研究所修過五門高等邏輯，認識論及其他相關課程，然後鑽研形上學，曾一度專治懷海德，並曾講授懷氏哲學多次。近年來漸漸走回人生哲學之途。一九七二年（民國六十一年）八月返港，應邀到新亞書院講演（註三）。在座的聽衆有唐門師兄唐端正。端正兄聽講後告訴筆者，說我的哲學學風完全不像牟，反而與唐君毅師之作風近。端正兄爲人爲學都有極敏銳的觀察力和鑑賞力，所以我聞言深信而不疑。但心中起了一陣迷惑，我十幾年來遵照唐師的臨別贈言，一直都走牟先生的舊路，今日回到唐門新亞書院交卷的時候，大師兄的評鑑，似乎眞有點令我心灰意冷。當日牟先生也在聽衆當中，是我的老前輩，而且是唐師所敬重的。我絕不能開口問他：『牟先生，我走你的舊路，現在我的學問和你比怎麼樣？』我實在難以啓口。縱使我大着膽子問，他也很難作客觀的評鑑。所以我惟有從別的途徑去探索。那一年九月回美後，便和我在美國哲學界要好的同仁討論這問題。他們都認爲，哲學除了社會文化背景及所遵循的途徑外，是個人的才情氣質的產物。我慢慢的體會到，牟先生才情高亢，他的門人後輩極難隨其後。因爲他的學風（包括治學方法及態度）是險途而非坦途，有如蜀道之劍閣，峥嶸奇偉，峻峭難攀。

牟氏早歲在數理邏輯下大苦功，顯然有意選擇峻峭難攀的險途。當時中國學生要學數理邏輯，絕沒有今日出洋留學的那麼容易。今日習邏輯有好的教本，在歐美大學更有良好的師資。牟氏當日手上的課本，是羅素懷海德手創山林的 Principia Mathematica。當日牟氏研讀這一本邏輯鉅著時，沒有名師指點，而是自己一個個命題抄寫、演算。當時金岳霖先生和張申府先生雖以邏輯名，但對這套東西懂得不透澈。牟氏後來邏輯的成就，就筆者個人觀察，實過於其師（筆者就讀師範大學時曾將牟著『理則學』研讀一遍）。可是牟氏的興趣，不在邏輯演算的本身，而在體認知性的主體。羅懷以後的哲學，對知性的主體似乎不大注意。（筆者按：美國近年Michael Polanyi 對知性主體之研究極深刻，較康德之『超越邏輯我』更進一步。牟氏若今日爲青年學生，可能會在Polanyi下大苦功也。）適逢康德『純理批判』一書，予牟氏機會敲開認識主體之門。牟氏欣然而喜，遂於康德哲學下大苦功。一般習哲學的人研讀康德，先習歐陸理性主義及英倫經驗主義，弄清楚兩派爭論之所在，然後才引進康德之大門。若從這一條路入手，康德哲學實在是康莊大路。但牟氏不從前門進入，却自後門闖進去。那麼，坦途亦變成險途了。從數理邏輯而轉入康德的超越邏輯我的建立，從筆者個人看來，捨牟氏之外，恐怕不可能有第二個人了。

從牟氏自述學思的經過，影響他一生爲學及思想最大的是熊十力先生。從熊先生的學術和人格裏他才體會到生命和價值的意義。沒有熊先生的啓發，牟氏可能一輩子治邏輯及認識論而不會折返儒家的道路。這大轉變，就像聖保羅的歸於基督。保羅後來成爲教會的殉難者。牟氏也成爲現代儒家思想的一大支柱。這種走曲折險阻而成功的路，在現代中國的思想界，似乎未有第二個例子。

筆者民國四十四年到師範大學，開始在牟先生的班上聽講。其時他開諸子、中國哲學史及理則學。可惜那時筆者對哲學全無基礎，加以聽不懂牟氏的山東國語，聽了一個短時期便終止了。

但仍盡將牟氏的書買來讀。『理則學』是牟氏在師大講授邏輯的教本，我曾從頭到尾探討一遍。『認識心的批判』一書，因爲我沒有哲學基礎，只有矇矇矓矓的看一遍，根本得不着要領。至於牟氏第二期的三本巨著，我最喜歡的是『歷史哲學』，尤其是從哲學認識論來說明中西文化之異同，牟氏有很獨到的見解。可是，牟氏不但見解獨到，所用的詞彙也獨創一格。他太喜歡造新詞了。什麼『綜和盡氣』『分析盡理』等等，令讀者讀來有頭暈目眩之感。他的文筆比唐氏來得清暢，但唐氏極少自造新詞。筆者好幾次有意把牟氏著作一部份翻成英文，都因爲他自造的詞彙難翻譯而罷手。唐氏文筆雖不及牟氏清新流暢，但總算可以英譯。

牟氏和唐氏還有一點很大的不同。唐氏對以前的哲學家，採取兼收並蓄的態度。牟氏則擇一二喜愛者而篤從之。近代西洋的偉大哲學家，絕不止康德一人，但牟氏因爲得力於康德而深信康德以後無人能過之，這都是偏頗之論，這種論調絕不會出自博大圓融而謹愼立論的唐氏。但唐氏往往謹愼立論，所以其演講和文章都不及牟氏的精彩和引人入勝。換句話說，牟氏立論，較唐氏主觀。唐氏敍述海德格的學說，都盡量將海氏哲學原意申說，極少評論或加一己之見。牟氏則不然，在其近著『智的直覺與中國哲學』一書，對海德格哲學作評述時，筆者很難從牟氏的筆下認出海氏哲學的本來面目。大抵一個才情高亢而好武斷的哲學家往往不容易明確而客觀的去述說另一個哲學家的哲學，英哲羅素的『西方哲學史』便是一個顯明的例子，杜威述說康德時也常常含混不清，亞里斯多德因才性與柏拉圖不同而將乃師學說曲解。牟氏是哲學家型，不是學者型，而他判斷的大膽、才氣的豪邁、持論的堅執，他的門人和後學是絕不能跟得上的。

第三門：方門

頌曰：『方門羚羊掛角，無跡可尋。』

我念中學的時候，便買了方著『科學哲學與人生』。那時我距離哲學之門還很遠，沒辦法理解這本書的基本觀念和架構。但覺得文筆通暢，總可以作爲寫說理文的楷模。在三位大師當中，方先生文筆最好，是絕對沒有疑問的。我就讀師範大學時，方先生在臺大教哲學，已是聲名遠播了。我想去旁聽，但問道無門。而且我那時正專心治文字訓詁，哲學給我的吸引力實在不大。

一九六四年的秋天，我正在南伊州大學攻讀博士。一天，南伊大研究所來了一位新的中國同學，是方門高足劉述先君。劉君一見到我們，便描述方先生怎樣在夏威夷大學東西哲學會議和西方學者舌戰，替中國哲學爭光。其後筆者從劉君口中獲悉不少有關方門的學術梗概。另一位方門弟子到南伊大的是才氣縱橫而口才滔滔不絕的孫智燊君。筆者第一次和孫君相敍便作竟夕談，從孫君口中獲悉更多有關方老先生的爲學旨趣、功力、作風及造詣。同時，另一位方門弟子陳一川君亦到美國，告筆者謂方老先生曾讀筆者文章，甚爲讚賞云云。我從一九六〇年赴美深造，最初一兩年還間中寫一兩篇文字寄返『新天地』雜誌發表，此後都是用英文寫作交付國際學術性的刋物登載。國內圖書館所備的國際刋物爲數不多，而方老竟能讀到筆者在外發表的英文論文，可見其功力之勤及對哲學現勢的關心。嚴格來說，在三位哲學大師當中，從西洋哲學的觀點來看，只有方氏一人趕上二十世紀。牟氏停留在康德的時代（但他大膽地否定康德以後哲學的價值），唐氏雖然懂二十世紀西洋哲學，但他的思維方式仍受黑格爾的精神支配着，只有方氏能從二十世紀西洋哲學的命脈找出路。他融滙貫通了中國傳統的形上學（以「易」爲主的宇宙論）及現代西哲柏格森、懷海德諸家學說，用文學的神思、生命的情調，千錘百鍊的生花妙筆表達出來。

方氏的 Chiness View of life（註四），是英語界最好的中國哲學通論，這本書的名字實在太謙遜了。通常我們用『名過其實』來批評人事，這本書却是『實過其名』。名義上是本人生哲學的書，事實上却包羅形上學、知識論及價值論。筆者在美講授中國哲學的時候，把這書規定爲必讀的參考書。稍具現代哲學基礎的美國學生，都能從方書把握中國哲學的生命所在。半世紀以前，梁漱溟氏早已觀察到現代西方哲學會走中國哲學的路子，筆者留美十六年，除研讀西哲史外，專治當代西方哲學，深佩梁氏識見。從筆者個人看來，我們若要融滙中西哲學，或透過西方哲學的方法來發揚中國哲學，一定先要在現代西方哲學下大功夫。但二十世紀的西方哲學遠比十九世紀以前的繁複而紛歧，我們一定要有謙遜心及耐心才行。我們絕不能因爲自己不懂現代西方哲學便說今日的西方沒有哲學，這種武斷的態度是爲學的大敵。方老早年留學美國，在西洋哲學下大功夫，因此他雖然穩穩地站在中國哲學的立場，但他對西方哲學的成見極少，他學力不達的（例如美國實踐主義Pragmatism），大都存疑不論，他功力所及的（例如柏拉圖懷海德等），都能發揮得淋漓盡致。這種爲學精神，顯然是後學的楷模。無怪方門弟子都有『雖不能至，心嚮往之』

的崇敬態度。

方門弟子對方氏的敬佩，與他的教學方式和文章體裁也有很大的關係。方氏的教學，能疾能徐，能剛健，能婉約，有時如天馬行空，有時如花叢蝶舞。宇宙人生的話題，順手拈來，毫不費力。他的寫作方式，也是變化多端。俊逸而剛健的文言，清新而流暢的白話，典雅而雄渾的英文，方氏一一都能寫得出來。從語文表達力的觀點來看，方氏該是三人之冠。他的表達方式，自然流露而無斧鑿痕。所表達的理念和意境，正如嚴滄浪所云，如水中月，如鏡中花，羚羊掛角，無跡可尋。

方氏的作品不多。唐牟兩氏的作品是一道道的大菜，方氏的作品却是精美的小點心。『哲學三慧』一書，其篇幅不及『心體與性體』或『中國哲學原論』的十分之一，但其中一文却含藏着一套湛深雋永的文化哲學。這一套文化哲學，不是來自推理的架構，而是直接體會的結晶品。體會的對象，是三種文化（希臘、近代西方及中國）的生命情調。三種文化中的宇宙觀和人生觀，在方氏的生花妙筆之下，披上一層晶瑩可愛、玲瓏湊泊而充滿情調的輕紗。無怪得謝幼偉先生嘗謂方先生乃今日中國哲學界的藝術家。方氏論中國文化，特別注重中國文化中的藝術精神，和唐牟特別注重道德理想的有所不同。唐牟的道德理想源於宋明儒學，只是少數人的文化，因爲能夠體會『仁心』『天心』的人究竟不多。但藝術的生命情調遍及於整個民族，每一個中國人生來便具有藝術的細胞（註五）。方氏所論的中國文化，是全民族的精神，而不是限於少數熟讀孔孟二程的人纔得享有的。

最感美中不足的便是，方氏的作品實在太少了。到現在爲止，從出版的著作來看，方氏還沒有完成自己一套的思想體系，這可能由於他『述而不作』的緣故。但從已出版的著作來看，方氏的行文和卓思都是絕世之才，絕不可能沒有自己一套的思想體系。據說方氏近年來埋頭於英文著述，已寫成長達八百餘頁的稿本。當年 Chinese Veiw of Life 一書，未在歐美出版，實爲憾事。倘這一次英文本的中國哲學在美國出版，中國哲學可以在西方有出頭的機會了。但據筆者所知，美國出版界目前經濟窘迫，許多有名的出版商倒閉了，方書能否在美出版，頗難逆料。筆者願就寫本文的機會，呼籲方門弟子及朋友們鼎力支持方著的在美出版（若自費出版便較容易找出版商）。如能成功，中國哲學可以在西方放一異彩了。

綜觀唐、牟、方三位哲學大師的學風及其造詣，可謂各有千秋，無分軒輊。若用當代西方哲人來比擬，唐的圓融處像杜威，牟的險峻處像羅素，方的通靈處像懷海德。三位西方哲人之後，似乎還未有後起的俊秀可以追得及。我國的哲學界更可憐，唐、牟、方的門人，能善祧其師的，簡直找不到一人。但這也難怪，一個是『無路可循』，一個是『高不可攀』，一個是『無跡可尋』，門人和後學徒歎觀止而已。正是：

一片白雲橫谷口，

幾多歸鳥盡迷巢！（五燈會元）

有佛祖的偶像在，衆生不得成佛。有『大師』的偶像在，門人和後學想做『小師』恐怕也不容易。然而佛祖的偶像若廢除，衆生更感無所依靠。大師的偶像若廢除，後學更無所適從了。不過，我們信佛，要智信，不要迷信。我們要效法三位大師，是要效法他們求學的認眞態度，對文化的熱忱，和鍥而不捨的苦幹精神，而不是摭取大師們片言隻字來跟門外的人（或同門中人）爭長競短。門戶之見永遠是學術進步的障礙物。親列於某大師之門並不一定是榮譽的證章，可能有些門外人對你老師的學問比你還更了解。而且，最優秀的老師往往也有最愚劣的學生。因此，筆者想借這一機會和三門的師兄弟姊妹們共同勉勵警惕——我們千萬不要借我們大師的招牌去和別人爭長競短，或借用我們大師的學說妄自尊大來批評別人。我們或許以爲是尊師重道，其實這只會侮辱師門和造成門戶之見而已。我們今日做學問功夫，最好是不講門戶。講門戶只有把我們帶到學術的窮巷，惟有講求方法才能促使學術發揚光大，而垂諸久遠。

（三）論鑽研哲學應循的方法

筆者在爲學的過程中，很早便對方法的重要性有所開悟。遠在一九五四年的秋季，筆者從新亞書院退出來（已見上文）轉到廣僑書院（後合併於聯合書院）。那時大一國文的教師竟是一位專研唯識佛學的學者——羅時憲先生。羅先生上第一堂課便明義開宗的聲明，他注重方法的訓練，而不注重材料的傳授。他還設了一個很有趣的譬喻：比方有一個小孩子，常常問他媽媽索取一兩毛錢買零食，一下子用完了，再回來說：『媽，給我一毛錢。』多次會被媽媽拒絕，假如這小孩子取得媽媽的鑰匙自己去拿錢，就可以財源不竭了。金錢是材料，鑰匙是方法。懂得方法，材料的獲取自然不成問題了。羅先生的譬喻，給作者極深刻的印象。後來筆者到臺灣師範大學升學，特別注重每一位老師治學的方法。畢業後，返港進新亞研究所，得遇謝幼偉先生。謝先生對方法的提倡，也是不遺餘力。他常常慨歎中國哲學的傳統，只有武斷式的直覺，不容易和西方哲學分庭抗禮。他認爲要發揚光大中國的傳統哲學，必先建立一套方法，這一方面不得不借助於西方哲學。筆者受了羅、謝二師在方法論上的勉勵，加以出國前唐師的臨別贈言，到了美國之後特別注重方法之學。筆者拿到博士學位後，在伊利諾州及加州教書，都曾開『哲學方法』這門課。這一次回國講學擔任臺大客座，適逢謝師辭世，文化學院請筆者代謝師所遺『哲學方法』一課，筆者欣然同意。惟懷念謝師當日對自己之賞識及啓發，不禁黯然神傷。

現在筆者就國內有志研讀哲學者——尤其是大學部哲學系同學——的需要，介紹一些入門的方法。先談如何鑽研西方哲學，再論如何研究中國哲學的典籍。再進一步討論如何寫作一篇像樣的哲學論文。

研讀西方哲學，一定要深入了解西方哲人的思惟方式及他們所提出的問題。這一方面，一定要從研讀西洋哲學史入手。筆者在美教西洋哲學史，教材方面，從柏拉圖到當代哲學，完全用原典。哲學史的教本，僅屬參考而已。但中國人研究西哲，因爲文化背景及思惟方式的不同，很難從原典入手，所以一本好的西洋哲學史是必須的。德國學者文德爾班（Windelband）及兪伯維（Üeberweg）所著的哲學史，是學術上的名著，不是爲初學的人寫的；法人韋伯氏（Weber）的哲學史，顯淺易解，但這是多年前的作品，對當代哲學，幾付闕如。其他歐洲學者寫的哲學史也不少，據筆者個人意見，對初學者最好的西方哲學史有兩部。其中一部是Frederic Copleston洋洋大觀九大册的英文本哲學史。文筆清晰流暢，敍述條理分明，（作者本人雖然是天主教的神甫，但極少把個人教會立場作爲評述他人的理論根據）從上古一直到康德，都寫得非常中肯，但從十九世紀的哲學開始，便顯露出作者在某方面功力有所不逮。二十世紀的哲學，實非Copleston所長，我們不得不另請教於高明了。

另一本對初學極有幫助的是Frank Thilly 所著的哲學史。Thilly 是韋伯氏哲學史的英譯者，文筆清晰明確，極少用晦澀的字語。此書已有中譯本，但可讀性遠不及英文原著，有志研習西洋哲學的，最好直接讀英文本。Thilly 歿後，近數十年來的哲學大勢，由Ledger Wood 補足。通常這書的作者，是以Thilly and Wood 見稱。從一個在美講授西哲史的教授來看，此書似嫌簡略，須藉Copleston 的大部頭著作來補充。最理想的學習途徑便是：先讀此書一遍，然後讀Copleston哲學史，然後再回來讀這書。筆者留學的初期便循着這途徑，收效相當顯著。

不過，哲學的原典千萬不可忽略。大抵第二遍讀哲學史的時候，便應該選擇最重要的原典精讀。縱使時間不够，也該精讀柏拉圖、亞里斯多德及康德三人的著作。時間若許可，十七世紀的理性主義和經驗主義也要包括進去。讀原典要比讀哲學史教本難得多，但若不在原典下功夫，永遠不能作深入的了解。一個美國大學哲學系的畢業生，當他拿到學士學位的時候，大抵已精讀過十餘本哲學原典了。（不讀不行，因爲教授們出試題，往往從原典找問題。）柏拉圖的著作，至少熟讀 Republic, Sophist, Parmenides, Theatetus, Philebus, Phaedo 諸篇。亞里斯多德的著作，至少熟讀『形上學』及『倫理學』兩部。至於康德的著作，最好精讀其三大批判。時間不敷或功力不逮，最少也要讀『未來形上學指引』及『道德形上學』兩小書。Copleston 的哲學史，對柏、亞、康三哲都有較詳細的解說，可以作爲讀原典的幫助。

在哲學史下過一番功夫後，便該進一步鑽研二十世紀的西方哲學了。當代西方哲學，派別紛紜，好像我國春秋戰國時諸子百家爭鳴一樣。學力不逮的，終生無法窺其全貌。一般研究當代西哲的，往往只能鑽研一家一派，惟筆者業師美國聖路易城華盛頓大學講座教授李維氏（Albert William Levi）（註六），精研歐美當代各大派哲學，融滙貫通，寫成 Philosophy and the Modern World 一書，紹述各派源流，秉春秋之筆以評論，成一家之言，爲獲一九六〇年全美學術獎之最佳著作。惟李氏文學素養極深，用字典雅，詞藻精美絕倫，英文程度不够的，實在不易看得懂。此書雖爲名著，而且確爲研習當代西哲必讀之書，但仍未足以包括當代西方哲學之全部。我們還要下列幾本書補足：㈠Luther Binkley著的Conflict of Ideals: Changing Values of Western Society（先知出版社已翻印）。㈡ Morton White 編著的The Age of

Analysis (A Mentor Book)。㈢Abraham Kaplan著的 The New World of Philosophy (University of California Press)和 E. A. Burtt 著的 In Search of Philosophic Understanding (New York: The New American Library)。這四本都是顯淺易懂的有關當代西方哲學的參考書。不過，這些書雖不錯，但絕不能代替哲學家的原著。二十世紀哲學中原典浩如煙海，但下列各本實爲最低限度必讀之書：

穆爾 G. E. Moore：Principia Ethica

羅素 B. Russell：Inquiry into Meaning and Truth

Our Knowledge of the External World

Mysticism and Logic

維根什坦 L. Wittgenstein：Philosophical Investigation

艾亞 A. J. Ayer：Language, Truth, and Logic

萊几博 Gilbert Ryle：Concept of Mind

史脫羅遜 P. F. Strawson：Individuals

詹姆士 William James：Pragmatism

杜威 John Dewey：Experience and Nature

Logic: Theory of Inquiry

Art as Experience

Human Nature and Conduct

Theory of Moral Life

Theory of Valuation

A Common Faith

The Public and Its Problems

柏格森 Henri Bergson：Introduction to Metaphysics

Creative Evolution

Two sources of Morality and Religion

懷海德 A. N. Whitehead：Science and the Modern World

Process and Reality

Adventure of Ideas

Religion in the Making

沙特 Jean-Paul Sartre：Being and Nothingness

海德格 Martin Heidegger：Being and Time

Existence and Being

What is Metaphysics

以上所列，均爲筆者當研究生時讀過的要籍，還有許多讀過的像 Mind and the World

Order (C. I. Lewis著) 和World Hypotheses (Stephen Pepper著) ，以及學報上的重要論文，因篇幅有限，不能一一列擧出來了。

研究西方哲學，除了探究哲學史和精讀最主要的原典之外，一定要注意方法上的訓練，這一方面當從邏輯入手。我這裏所說的邏輯是廣義的，不只限於形式邏輯的訓練。初學者首先要學通傳統邏輯，再其次便是現代的符號邏輯，再進一步便要學習概念的分析(Conceptual Analysis)。傳統邏輯及符號邏輯在今日大學的哲學系裏都有專門課程，但沒有一門課專門教導如何分析概念。但美國出版界有一本很好的哲學概論教本，是John Hospers的Introduction to philosophic Analysis，對概念分析特別注重，而且此書顯淺流暢，可以無師自通。其次，筆者加大同事Ian McGreal 著有 Analysing Philosophical Arguments，是哲學方法訓練的一本重要參考書，治哲學者應人手一本。至於Muti-value Logic及Deontic Logic，爲晚近西方邏輯的新發展，有志哲學深造的也應涉獵一番。

治哲學的初步訓練，最好便是學習如何用自己的語言將哲學家原著的大旨複述出來，力求清晰明確。(可以用一本好的哲學史作爲模範) 再其次便是將哲學家的論證重新改組安排，然後加以評斷。(McGreal 之書可作藍本) 初學哲學者之大忌，便是對哲學家的著作還未了解便摭拾他人的言論妄加批評。在國內大學講授西洋哲學的老師，最好不要對自己不熟悉的哲學妄加評斷，以免貽誤後學。做學生的，也不要因老師存疑不論或自認不懂便譏之爲才疏學淺。許多不誠實、喜武斷、善誇張的老師，往往是由學生的態度和需求造成的。中國學生獨立性不強，倚賴老師的意見作爲治學根據，因此，堅持己見，誇大武斷的老師往往受學生歡迎。反之，存疑不論或自認不懂的老師，往往不能滿足學生心理上的需求。美國學生較富獨立性，對老師們的武斷及誇大，比較難於接受。而且，他們的心態屬科學型（講求方法、程序和證據），老師的意見若沒有根據，不管老師是如何權威的學者，他們也不會接受。

現在該談談研究中國哲學的方法和途徑了。有些人以爲哲學是西洋文化的產品，中國根本沒有哲學。關於這一點，筆者已在一國際哲學季刊予以駁論（註七）。我們絕不能因爲中國沒有美式的漢堡餠或意大利通心粉便認爲中國文化中沒有食物。同理，我們不能因爲中國沒有西方式的哲學系統便說中國沒有哲學。在治中國哲學之前，我們首先要肯定中國哲學的存在。

治中國哲學的首要條件是要通文字學。中國哲學的源流在先秦，先秦的典籍距離現在年代久遠，一個沒有文字學基礎的人，研讀起來會很費力。我這裏說的文字學是廣義的，包括字形、字音、字義三部分的研究。這三部門各有一本要籍：『說文』、『廣韻』和『爾雅』，其中以『說文』爲最基本。但這三本書不是可以無師自通的，而且三部要籍的本身也包含不少錯誤經後人加以修訂。讀哲學的同學實不容易駕御文字學中卷帙浩繁的考證材料，爲求捷徑，應該到國文系或中國語文系選修『文字學』（狹義的）、『聲韻學』及『訓詁學』三門課。筆者當年肄業師範大學時，除了這三門基本課外，還選修了『甲骨文』、『鐘鼎文』等有關的課程。我們在文字訓詁下了一番功夫之後，最好還修幾門『詩經』、『尚書』、『諸子選讀』這一類國文系開的課程，藉以獲得研讀經典的基本訓練。要是我們沒有這種基本訓練，原典看不懂便惟有看註解，註解看不懂惟有買一本『××白話句解』，白話句解既不傳神，而在文字解釋方面往往有錯誤。『取法乎上，僅得乎中，取法乎中，僅得乎下。』我們若取法乎下，僅得些什麼就不問可知了。

其次，治中國哲學先要對中國的文化傳統有一個概括性的了解。為求捷徑，最好到歷史系修些中國文化史、社會史及一些斷代史的課程。治中國哲學和西方哲學不同，中國哲學多為我古代聖賢關懷世道人心文化社會的產物，和西方哲學為哲人翱翔宇宙探討時、空、實體的有所不同。研究西方形上學及知識論，可以不必博通西方社會文化。但研究中國哲學，一定要懂社會、文化和時代背景。因為中國哲學是依附人文為其基礎，和西哲依附自然及人類基本認識作基礎不同。一個國家的人文基礎寓於其全部的歷史文化當中，所以研究中國哲學的人首先要懂中國歷史。若不懂歷史背景，徒然研讀哲學原典不一定能把握中國哲學的精神和命脈。

現在該談到應該讀些什麼原典了。一個大學裏的哲學系學生，不可能盡讀所有的原典。在中國哲學的園地裏，不易找一本可靠的哲學史作為津梁。一個完善的哲學系，都應該有『先秦諸子』、『魏晉玄學』、『隋唐佛學』、『宋明儒學』、『周易』、『禪宗』等等課程。在一個不大完善的哲學系，惟有靠中國哲學史老師的指導。從筆者個人的立場來看，先秦諸子是中國哲學的基石，初習哲學者應該把先秦儒、道、墨、法四家搞通，若沒有足够的時間，至少要通儒、道兩家，最好的辦法便是把這兩家的要籍熟讀，讀至能隨口背誦為止。這種傳統的古老方法，大抵許多人以為落伍或行不通。筆者雖然留學美國多年，但認為這是最穩紮穩打的治學方法。筆者三四歲時便熟讀論語，到了中學，更兼熟讀孟子及中庸。其後肄業師範大學，四書是必修科，為了應付考試，非讀至背誦如流不可。肄業大學期間，更將老子、莊子（內篇）、易傳精讀。後來，到了美國，專治西方哲學，但中國哲學方面，因為熟讀了不少原典，永遠不會忘掉。其後，在美國大學開中國哲學課時，沒有原典作參考來校正英譯本的錯誤，但不要緊，主要的材料都已印在腦子裏了。後來研究比較哲學，中國方面的材料從腦際源源供應，順手拈來，不甚費力，既免東翻西閱之勞，更可隨時作反省思考。所以筆者特別要在這裏對目前研習哲學的同學給以最忠誠的勸告：在大學畢業之前便該把大學、中庸、論語、孟子、易傳、老子、莊子（部分），讀至背誦如流。這些功夫絕不會白費，其成果可以一生受用不盡。

有些學者認為研讀中國哲學之前，應在西洋哲學下一番功夫。但筆者却持相反意見。倘若一個學生在中國哲學沒有基礎的話，這條路子是很危險的。因為受過西洋哲學訓練之後才開始研讀中國哲學，很容易有格格不相入的感覺，而且很容易導致胡亂運用西方概念來解釋或批評中國思想。許多留學生都犯這個毛病。他們出國前國學沒有根基，未能把握中國思想和文化的精神。一旦學了西方文化回來，那時已帶了有色眼鏡，在他們眼中所看的中國文化已經不是中國文化本來的面目了。用西洋哲學方法來研究中國哲學，要在兩方面都很有基礎才行，而且治學者要有超人的睿智和圓融的態度。

四 論哲學論文寫作的方法

中國人向來不大講究文章寫作的方法。所謂『文無定法，神而明之。』杜工部說：『讀書破萬卷，下筆如有神。』俗語有所謂：『熟讀唐詩三百首，不會吟詩也會吟。』然而，今日的大學生，有誰在畢業之前『讀書破萬卷』？又有誰能把唐詩三百首全部記誦在心頭？前人治學爲文的唯一方法，便是摹擬前人作品。這種方法本身無可厚非，但作爲現代學術園地的墾荒者，我們不能倚賴『摹擬法』作爲唯一的方法。而且，在摹擬別人的時候，也要自覺地、反省地去摹擬，所以我們不得不講究『方法論』（METHODOLOGY）。

熊十力先生在『佛家名相通釋』的導言中已提出了治哲學的基本方法：『學佛書，有四要：分析與綜合，踏實與凌空。』踏實和凌空是兩種不同的思辨方式。踏實是根據事實來證驗，凌空是超越感性世界來作概念的思惟和意境的領會。這裏要談的是作文的方法，不是思惟的方式。『分析』和『綜合』則不然，既是思辨的方式，也是爲文的方法。我們討論寫哲學論文的方法，應該從這裏談起。

『綜合』一辭，有將分歧博雜的資料滙合起來的意義。在臺灣的日用語裏，有所謂『綜合診所』、『綜合市場』，以至於『綜合燴飯』等等，都不外納衆多於一的意義。但作爲寫哲學論文的方法，綜合絕不是『拉雜成章』的意思。這一個方法最首要的，便是作者用以駕御材料的基本概念。若沒有基本觀念把材料（或思想）統一起來，這只能叫做『雜碎』法，而不是綜合法。筆者在一九六八年多在國際哲學季刊發表的『從東方的立場去看當代西方哲學』（註八），用的便是這種方法。筆者用The Search for Clarity and Certainty一觀念來解釋全部西洋哲學，引起熱烈的討論和反應。讚賞者謂爲發前人所未發，文氣有「橫掃千軍」之概；但批評者（皆爲分析哲學派者）謂操之過簡而流於武斷。綜合法的特性是以簡馭繁，操之過簡往往難於避免，但作爲駕馭材料的基本觀念，往往爲作者長時期體會所得的結晶品，所以或能發前人所未發。最近筆者在『哲學與文化』元月份發表的WONDER與CONCERN一文，也是用這個方法，用兩個基本觀念來解釋人類文化的分歧多端，從而解釋中西文化的差異所在。多年前牟宗三先生在『歷史哲學』中用「綜和盡氣」及「分析盡理」來解釋中西文化的不同，也是用這種方法；老前輩史學大師錢穆先生和唐師君毅也愛用此法。用此法的先決條件是作者在該門學問的通識很够，若通識不够便很容易犯以偏蓋全的毛病。初習哲學的人，最好避免這個方法。

分析法是初習哲學者最宜學習的方法。這是西洋哲學的看家本領。柏拉圖便是西洋哲學史上第一個創立分析法的哲學家。他的辯證法（dialectics）應稱爲「分析辨證法」，和黑格爾的玄學辯證法不同。柏拉圖對概念分析的本領，實在不弱於今日任何一位分析派的哲學家。其徒亞里斯多德，更把各種分析系統化成邏輯大系統。中世紀哲學雖然爲宗教所支配，但分析的精神絕不弱於希臘時代。近世哲學自笛卡兒以降，分析法更獲得進一步的發展。二十世紀的分析哲學，是西洋分析精神之巓峯，大體來說，可分邏輯分析及語言分析兩大派。邏輯分析發軔於羅素而大成於康納（Rudolph Carnap），創邏輯實證論派，曾一度在英美哲學界風靡一時，在科學哲學有相當貢獻；語言分析發軔於穆爾（G. E. Moore），大成於維根什坦（Wittgenstein）及其門人。以筆者的眼光來看，語言分析派遠較邏輯分析派的貢獻爲大。在我國前輩學人當中，懂得用分析法的似乎只有陳大齊先生一人，但他的分析法來自基本邏輯訓練，不是來自現代分析學派。筆者最近在『鵝湖月刊』發表的『「克己復禮」辯』（註九），借用當代分析派大師萊几博（Gilbert Ryle）的語言分析法來闡露向來一般對『復禮』二字解釋的謬誤，然後再以我國文字訓詁的方法來求得正解。大抵分析法之最大貢獻是在『破』一方面，至於『立』的功夫，往往要靠別的方法；有時分析法也能兼具『破』和『立』兩重功夫。筆者一九六九年在美國New Scholasticism 發表論柏拉圖知識論一文（註十），便是用分析法獲得具體結論的。我這一次返國當客座，和許多朋友談到當代哲學的時候，他們總是對分析哲學有點懼怕心理，談虎而色變。其實分析哲學不是魔鬼，而是一種爲學工具，若能用之得當，是可以收效無窮的。希望哲學系的同學們對這一方面自己下一點功夫，要是找不到適當的老師和當代西方分析派作家的著作，可以先讀讀陳大齊先生的『名理論叢』及『孔子學說論集』，作爲對分析法的初步學習；英文程度較好的同學，可以讀John Hospers的Introduction to Philosophic Analysis。

現在，該談到批評的方法了。首先我要說明的便是：『批評』（criticism）和『攻擊』（attack）不同。我記得十多年前在密蘇里州立大學講授懷海德哲學時，一個學生寫了一篇論文，題目是『我對懷海德哲學的批評』（My Criticism of Whitehead's philosophy），內容却全部是complaint（抱怨或情緒上之不滿）方式的攻擊，『懷氏文字難澀，表達技術拙劣。』『眞想不到第一流的哲學家會寫出很多不通的句子來。』等浮辭充滿全篇論文，我保持學術謹嚴的態度，縱管這學生的文筆如何漂亮，我給他一個D，（D在美國大學部是介乎及格和不及格之間的成績。如學生得一個D，要從其他科目拿得一個B或A來彌補。英文叫有條件的及格——conditional pass）並在他的論文後面批註兩三頁長的解釋，說明『批評』不是他想像的那麼容易。一般來說，批評的方法，分內在批評和外在批評兩種。內在批評的方法，主要在指出被批評學說中的內在矛盾；外在批評的方法，主要在指出被批評學說中有和事實不符或有所行不通的地方。這兩種批評方式應該是每一個習哲學的人所熟悉的。在晚近西洋哲學界，批評方法比前進步，於是發展了一套新的批評方法，英文叫做Exposition of presupposition（此字無適當中文，恕不譯出）。這種方式不作表面式的批評，而是針對被批評學說的後面的presupposition。筆者在一九六九全美教育學會年會宣讀的論文 TWO ACADEMIC DOGMAS IN AMERICAN HIGHER EDUCATION，就是採用這種方法。此文要批評的，是美國一般大學對教授資格檢定的政策：博士學位作爲教大學的必須資格，不斷出版研究成果作爲續聘的條件。題材是美國高等教育界人士所熟悉的，但筆者批評的，是這些高等教育政策哲學上的根據。在此文中，筆者把這些教育政策背後的EPISTEMOLOGICAL PRESUPPOSITIONS盡量揭露出來，在教育學會年會宣讀時，反應已很熱烈，其後在EDUCATIONAL THEORY季刊發表(註十一)，更獲不少學術中人的支持與反應。波士頓大學教育哲學教授那斯博士來函稱此文爲彼歷年讀該學報所見的最佳文章。其實，筆者自認爲並沒有了不起，因這文的EXPOSITION OF PRESUPPOSITION的方法，是從懷海德那裏學來的。懷氏在『科學與現代世界』中第三章，便用這方法來批評牛頓物理學。杜威氏也常常喜用此法，分析派學者像英人Strawson也善用此法。不過，用此法的人要有敏銳的觀察力和深沉的思考，不然的話，很容易弄錯了presupposition，便犯上attacking straw man的謬誤。這種謬誤在學術界甚爲普遍，批評者往往爲了易於打倒對方，不惜把對方的學說有意曲解，然後就曲解後的學說加以評論。初學寫哲學論文的，宜處處提防，不要犯上這毛病。另一方面，當我們聽到老師隨便批評別人的學說時，要留意觀察他所批評的，是不是Straw man。

以上所介紹的，是三種在西方哲學界寫哲學論文最普通而有效的方法。其他的方法還多得很，像比較法也是常用的，筆者比較哲學的文章都用此法(註十二)。此外還有懷海德的Descriptive Generalization，筆者『「情」與中國文化』一文便是用此法寫成。現在爲了本文篇幅的限制，留待他日有機會時再詳細討論吧。

㈤餘　論

本文寫作的大旨，是在排除門戶之見和提倡方法的訓練，使一般初習哲學的人，以方法的意識來代替門戶意識。門戶的意識是治學的障礙，方法的意識才能促使學術進步。在哲學的園地裏，門戶之見實在比其他學術的園地（例如文字訓詁）少得多了，上述三位大師都沒有門戶之見，唐師鼓勵筆者向牟先生學習便是例子，方老先生更不講門戶，他是學無師承而成功的學者。（不是說他沒有老師，而是不專跟一個老師學。）但就筆者個人的體驗和觀察，三大師的門人門戶意識非常濃厚，尤以未曾出過國的門人爲甚。（因爲出國接觸西方大師之後，門戶意識慢慢會減除。）因此，筆者不揣冒昧，寫成這篇文章，目的在移轉學風，而不在自我標榜。筆者留臺當客座只有數月的光景，希望能就這有限的時光，對中國學術界作一點微薄的貢獻。

孟子有言，人人皆可以爲堯舜。根據佛家的說法，人人皆可成佛。筆者大膽地加一句：『人人皆可成大師。』我們今日的學習環境和機會，實在比三大師當年求學的環境好得多了。牟先生當年沒有錢買書而抄書，沒有名師指引而在數學原理一書中一頁一頁的向前奮鬪。三位大師之所以成爲大師，乃由於他們對文化的熱愛，以及『富貴不淫、貧賤不移、威武不屈』的精神。我們不必走他們的路子，但他們的精神，我們不得不一心嚮往。

我們自己想做大師，便不能效法大師，因爲『取法乎上，僅得乎中』而已。但若能效法他們的精神、參滙中西時哲共同研究的成果和方法、鍥而不捨地鑽研中西哲學的原典，或有一天你和我都可以成爲大師。今日的學術界和往日不同，要發揚中國文化，滙合中西思想，絕非一二人的力量可以做得到。我們要羣策羣力，共赴事功，務求有志者皆能成大師而後已！切勿妄自菲薄，我們都要有成爲大師的志願。最後，錄清人絕句一首和諸位研習哲學者共勉：

李杜詩篇萬口傳，至今已覺不新鮮。

江山代有人才出，各領風騷數十年。

註一 四年前筆者與好幾位在海外執教哲學的朋友，從唐師著作中選錄較有代表性的，合力翻成英文，在Chinese Studies in Philosophy 發表。筆者擔任翻譯的，是『中國文化精神價值』中的「中國先哲之宇宙觀」，爲選錄各文中最難的一篇。此文英譯見該刊物第五卷，第一期，第四頁至第四十七頁。

註二 見唐著『哲學概論』附錄。

註三 講題爲『從「心理距離說」談到對中國文化的認識』，見本文集第二篇。

註四 此書原由香港友聯社出版，現已由台北先知出版社翻印。

註五 在這一方面筆者對中國文化的體會所得，和方氏的相當接近。讀者可參閱『從「心理距離說」談到對中國文化的認識』一文。其中對中國文化的藝術性作有系統性的解說。

註六 李維氏爲筆者在美所「從遊」的最博雅之學者，酷愛古希臘及德國文化，通希臘、拉丁、德、法等語文，精研康德及康德以後之西洋哲學，著作等身。此外，李氏對東方文化亦有所認識，論語、老子之德文英文譯本，均精讀過。其所著Philosophy, Literature, and the Imagination 一書，取材廣博，竟及於我國美學學者朱光潛氏之博士論文『悲劇心理學』，並對朱氏之創見，稱道不已。李氏之學，可謂博通東西，但從不以懂東方文化自居也。

註七 見作者所著"The Paradoxical Situation of Western Philosophy and the Search for Chinese Wisdom," INQUIRY, Vol. 14 (1971), 1-18。

註八 "Contempory Western Philosophy from an Eastern Viewpoint," INTERNATIONAL PHILOSOPHICAL QUARTERLY, Vol.VIII, No.4(December, 1968),491-497

註九 本文集第十五篇。

註十 "A Note on the Third Section of the Divided Line," NEW SCHOLASTICISM, 1969.

註十一 "Two Academic Dogmas in American Higher Education," EDUCATIONAL THEORY, Vol.20, No3(Summer, 1970), 284-291.

註十二 在筆者發表的比較哲學的論文當中，比較法用得最顯明的爲下列兩文：

(1)"Philosophy and Revolution: Confucianism and Pragmatism," PHILOSOPHY EAST AND WEST, Vol.23, No.3(July, 1973), 323-332.

(2)"Causality: Confucianism and Pragmatism." PHILOSOPHY EAST AND WEST, Vol.25, No.1 (January,1975), 13-22. 此二文之中譯爲本文集之第八及第九兩篇。

續談門戶和方法

——敬答讀者王喆昇先生

拙作「論治哲學的門戶和方法」本來是一種試筆之作。本人未返抵國門講學之前，接到美國一學術性刊物的邀請信，請我撰寫一篇評述中國大陸以外地區中國哲學現勢的文章。我試用中文撰寫一次，作爲他日寫英文稿的準備。此外，我深感中國學術園地歷來門戶之見甚深，故藉此機會提倡用方法意識來代替門戶意識。刊登以來，讀者們反應的熱烈有點出乎意料之外。

王喆昇先生致編者函，對筆者獎譽有加，說道：「吳先生雖身爲唐門弟子，行文論評時却能率先擺脫門戶之見，盡力秉客觀立場，爲春秋之文，無怪乎他能深體『唐門博大圓融』之諦，即此一文已見作者離其師眞傳不遠矣！」（哲學與文化三十七期五一頁）王先生實在是一位知音的讀者。但筆者本文除了要擺脫門戶之見，還有些言外之音讀者不一定能察覺，就算能察覺也不一定能用語言表達出來。但這一點言外之音，已被台大同事劉孚坤教授覺察出來了。在我未讀王先生致編者函時，劉先生走來見我，示以一副對聯，並言明下聯爲讀拙文有感而作。劉先生聯云：

國事、家事、天下事，事事盡難從己意。

至人、善人、普通人，人人可得作吾師。

這實在是孔聖人「三人行必有我師焉」的遺訓。可惜儒學大師們往往沾沾自喜於自己的成就及維持他們在門人後學前的架子，很難虛心地向普通人（包括門人後學）學習了。筆者並不是崇洋媚外，但總覺得美國大學的教授們虛心些。美國的大師們（他們並沒有這個稱號）在研究所或大學本部授課的時候，總喜歡學生們提出問題或發表意見，從而增長他們的學識和智慧。中國的大師們往往高據講壇，口若懸河、滔滔不絕的發表他們一家之言，學生們乖乖的坐着聽講和記筆記，有問題和異議也不敢提出。既怕開罪了大師，又怕同學們以「好出風頭」見責。這一來，中國學術大師們的地位，就像論語所說的：「譬如北辰，居其所，而衆星拱之。」

那麼，在中國學術界眞的沒有虛心學習的大師嗎？有的。影響筆者治學態度最深的並不是美國的大學教授，而是已故文字學大師高鴻縉笏之先生。高先生在文字學上的成就，用不着筆者去介紹。但他的學風，「光風霽月」，「山高水長」，長留於筆者心坎之中。高先生治說文，標舉「宗許」，「明許」，「疑許」，「訂許」，「廣許」之說。上溯甲文金文，下集清代民國諸家，旁通五經諸子，凡有一得之見，高氏都拳拳服膺。故其學體大思精，若「百川之歸海」。最難得的是他對門人的鼓勵，不遺餘力。他的鼓勵方法，不是幾句空言，而是他向學生學習的精神。有一次，他的學生王淮（現爲中興大學教授）向他提出，老子中「繩繩兮不可名」即「玄玄兮不可名」。高氏賞識不已，立卽筆記起來。以後他的文字學講義（卽「中國字例」一書之稿本）再版時，都有王淮提出給老子這句的解釋，並註明「門生王淮發明」的字樣。一九五九年（民國四十八年）筆者從師範大學結業返港，考進了新亞研究所後，得列於錢、唐諸大師之門。然而高門山高水長之風，仍在筆者之生命發揮無比的影響力。有一天，筆者在龍鳳茶樓溫習高先生的文字學講義，對叚借一書的解說，忽有所悟。立刻寫信高師詳陳己見。一星期後便得高師來信，對筆者的新解，大爲讚賞。他信中說：「此解前人俱未注意，而吾棣思得之，余爲之歡忻無已。我自今始，卽用吾棣之說，並將於吾書註明爲吾棣之發明，以明吾師棣二人貢獻之不私也。」過了數年，高先生在南洋大學逝世。師大國文系同寅如汪中教授等，整理及繕正高氏遺稿出版，是爲「中國字例」下册。（按上册已在高師生前出版）出版後，高師母把一册寄給筆者。翻閱之下，高師果然採用了筆者之說，引用了筆者給他信中的句語，並加按語說：「余初猶未悟此解。及門人吳森結業返港來函謂……余賞其說之美而驚其才之敏足以起余也。立改前說而從之。」（見中國字例論叚借部份）眞想不到筆者偶思一得的意見，高師竟虛心地認眞地接受了。

筆者進入新亞研究所後，文字學方面再找不到一位像高先生那樣博大高雅而無私心的學者，曾函告高師，引爲憾事。高師來信勸筆者「隨唐君毅先生習中國思想，吳俊升先生習杜威哲學。」

（其時吳先生爲研究所所長，不開課。）他並不把筆者當作高氏文字學的衣缽傳人，據爲己有。他的大公無私、光風霽月的胸襟，和他的誨人不倦、獎掖後進的精神，影響了筆者一生的爲學方向和態度。筆者後來之能體會唐門「博大圓融」之眞諦，及在西洋留學能博取諸家哲學的精華，完全是高門所賜。但高門的門是「無門」，亦是百家之門。後來筆者在美教書常常對美國學生說一句話：「My best follower is the one who does not follow me。」其實可以說是高門的眞傳傳之於異域。

筆者去年和美國出版商Dickenson Publishing Company 計劃出版中國研究叢書的時候，特別擔承撰寫「中國語文」一書。本叢書的編輯總顧問是曾將康有爲「大同書」譯成英文的譚臣博士（Laurence Thompson）。他一開頭計劃這叢書的時候便和筆者接頭，請筆者推薦適合的作者，並示意筆者選擇「中國語文」和「中國哲學」其中之一。筆者在哲學的園地從事開發多年，若選取「中國哲學」來寫，自然駕輕就熟，成竹在胸。但筆者爲了報答師恩，並使高氏文字學得以流傳於西方世界，特別擔承「中國語文」一書。至於「中國哲學」一書，筆者特別薦學了牟門高足杜維明君擔任。

筆者許多哲學老師，像已故的謝幼偉先生和師範大學的張起鈞教授，都慫恿筆者放棄了文字訓詁來從事思想的功夫。只有博大圓融的唐師勸筆者不要放棄。唐師認爲文字訓詁的功夫實在有助於思想的研究。他的無私的態度，就像高師勸筆者習哲學一樣。筆者來台不久，聽說某人從不敢發表文章，因爲怕他自己的老師（據說是一位大師）駡他寫得不通。這種扼殺後學生機的大師，絕對不會是唐氏。在筆者前文（門戶方法那一篇）出版未久，筆者拿了一份抽印本到劍潭唐氏養病的寓所送給他。他看了題目，立即說：「這很難得，我對自己的了解，許多時還不及你們的清楚。希望從你的文章看到自己。」這就是虛心和博大的雅量、接受批評的民主精神。（撰寫這篇文時筆者還未再訪唐師，尚未知其反應。但相信絕對不會大駡筆者的。）

至於王喆昇先生對筆者論牟門的反應，認爲結語含混，似乎有補充解釋的必要。首先要解釋的是「哲學家」和「學者」（專指哲學學者）的區別。我所說的「哲學家」，是含有英文original thinker的意義，這是指有自己見解而不大依附別人主張的思想家。這一類的思想家，好發表自己的主張。就是當他敍述或論述別人學說的時候，也有自己的主張在裏面，而且很堅持自己的立場。學者（scholar）便不同，他往往沒有自己的主張。縱使有自己的主張，也不大明顯。他在學術上的任務和作風，專門是本教育的精神來紹述或介紹他人的學說。他遇到一個問題的時候，很少先拿出自己的主張，而是往往陳述別人對這個問題的看法。西方的所謂scholarship（中文「學者精神」），是在乎言之有據，出處詳明，評論中肯，自己的見解尚在其次。筆者對牟氏的了解，便是他是個有一家之言（而且其一家之言非常顯拔出來）而不依賴別人主張作主張的思想家。牟氏近著「現象與物自身」，本來是他在中文大學哲學系擔任認識論一課所講的。但他和普通的教授不同，普通的教授往往將認識論一門學問的基本問題介紹出來，並羅列各家對各問題的看法。學生修完一位普通教授所開的認識論的課後，往往得到這一門的基本知識和方法。但牟氏的教授法和普通教授不一樣，他不帶學生去環遊世界，只帶領學生去攀登泰山的絕頂或峨嵋的巔峯。換句話說，牟氏所開的課不是一門通論式的課，而是發表他自己一家學說的課。牟氏的著作亦然，他自家學說的表現慾極强，而爲他人作註脚的興趣極淡。後學和門人若不懂得牟氏的學風，很容易從泰山絕頂或峨嵋巔峯翻倒下來，粉身碎骨（當然也有些後學門人從未爬到頂峯的。）若門人後學已認淸楚這一點，加以從別的教授的課來打好一般哲學的基礎，上牟氏的課，或讀牟氏的書，都可以受用無窮。可以隨牟氏攀峻峭之峯，登臨其上，「前不見古人，後不見來者。」翺翔天際，出入雲霄，睥睨千古，獨樹一幟。

至於方門，王先生來信沒有什麼問題，只是呼籲重刋方氏舊文和翻譯方氏的全部講學著述。筆者對此，頗表贊同，但在這裏沒有什麼話要補充吧。

『論治哲學的門戶和方法』一文，還有一些言外之音，未知讀者們已覺察出來否？不少哲學界的同寅，沒有機會親列於大師的門下，和「名門」弟子相聚在一起的時候，往往產生相形見拙的自卑感。（此或許由於一些「名門」弟子的優越感造成。）更有些人因爲自己的老師學術地位較低而不敢在別人的面前提自己老師的名字。這種學生根本是要不得的，難道你的母親長得醜一點就不承認是你的娘嗎？趙雅博神甫和黃振華教授都曾一度是筆者的業師，難道趙黃兩人被人認可的學術地位未如唐、牟、方，筆者便不承認他是老師嗎？此外，筆者還有兩位業師（哲學界的）是對筆者影響很大的，一位是香港的羅時憲教授，一位是師範大學的張起鈞教授。他們學術著作的聲名未如唐、牟、方，但羅氏啓發筆者對方法重要性的覺醒（已見前文），張氏給筆者的思想賦予文化的使命感，筆者怎能不以弟子之敬禮對二人？筆者友人霍韜晦君，未入唐門時亦爲羅時憲先生的弟子，留學日本數年而返新亞書院執教。在未返新亞前有人評論他說：「霍韜晦只是羅時憲的學生，除了唯識懂些什麼？」這句話後來傳回霍君的耳裏，霍君處之泰然，從不以當羅時憲的學生爲恥。另外一個例子是吳怡君，他早年跟張起鈞教授一段時期。筆者親耳聽過有人評論他：「吳怡不過是張起鈞的學生罷了。」這種評論不知多少遍，大抵吳怡君本人也聽膩了。但他絕不以曾當張起鈞的學生爲恥。霍、吳二人之雅量誠可佩，批評霍、吳的亦太可鄙了。這些對霍、吳兩人的評論便是門戶之見。門戶之見不必一定要有鵝湖之會雙方大動唇劍舌槍的。大抵台灣和香港的學術界都慣了這一套的評論方式，聽起來不覺得有什麼不妥當。筆者從西方學術界回來，對於這些學術界的閒言特別敏感。中國學術界正如中國社會一樣，「誰人背後無人說？那個人前不說人？」其實在中國學術界許多閒言都充滿門戶之見，不過說者聽者都慣了而不覺得是門戶之見罷了。前文的寫作動機，實在是筆者極大的苦心，想扭轉學術界的風氣。可惜詞意含蓄，語焉不詳，讀者恐怕未盡明瞭作者的旨意。「不惜歌者苦，但傷知音稀。」王喆昇劉孚坤兩位先生的反應，的確是對筆者一點很大的安慰。筆者亦深深知道，移風易俗是吃力不討好的事。「天下有道，丘不與易也。」但願學術界中人齊來服膺劉孚坤先生的格言：至人、善人、普通人，人人可得作吾師。

王先生致編者函提到現代哲學基本書目部份，應增加胡賽爾、雅士培、馬賽爾、和馬利丹，筆者極表贊同。本來這幾位哲學家都在初稿中，後來覺得書目過於冗長，便把他們，連同詹姆士、桑泰耶拿、Lewis等，一起删掉。將來返美有暇編一個較完善的二十世紀西方哲學書目，以酬王先生的雅意。至於王先生呼籲翻譯Copleston的哲學史巨著以及Thilly哲學史的重譯，其意甚善。不過翻譯也是吃力不討好的事，「一名之立，旬日踟躕。」數年前翻譯唐先生的一小部份著作成英文，動員五個哲學博士，花兩年功夫才得付梓。翻譯的人才，可遇而不可求。那些創作能力强的學者，往往不肯犧牲時間和精力下這種吃力不討好的功夫。但若翻譯者才力不逮，翻成的文章簡直不能讀。聞「哲學與文化」編者傅佩榮先生正從事翻譯Copleston的巨著，希望我們多多給他支持和鼓勵。

最後，王先生信中謂「哲學論文的寫作方法」實爲哲學系學生所樂見，可惜失之過簡。王先生並問筆者能否另寫一文繼續討論。筆者在美國大學哲研所曾專開哲學方法一課，哲學論文寫作方法亦列入講授項目之一。但講授此法較用文章介紹此法容易。介紹寫作方法，一定不離實例分析。雜誌的篇幅有限，不容許將實例都刋登出來，所以未免失之過簡了。筆者希望留台當客座期間，給台灣的哲學界一點刺激和鼓舞。盼望不久的將來，台北四大哲學系當中，有教授嘗試開「哲學論文寫作方法」一課，便不負筆者提倡方法的衷心了。

「克己復禮」辯

㈠引　言

遠在五年前，有一天，一位加州省立大學哲學系的同事遞給我一期「時代雜誌」，示意叫我去看那篇報導大陸毛共「反孔」運動的文章。那時我的反應非常冷淡，因爲大陸一向的作風都是反傳統，毛共要淸算孔子，簡直是意中事，不必大驚小怪。其後兩年的夏天，我到香港主持加州大學的暑期硏究班，暇時到書店遊逛，發現親共的書局都陳列着不少「批孔」「批林」的小册子。「批林」不是我硏究的對象，我的注意力集中在「批孔」方面。毛共出版的小册子價錢特別平，我看見一本便買一本，買一本便看一本，然後才知道這一次毛共的「批孔」是非常有組織和有計劃的。我對政治素來沒與趣，但有時政治性的刋物也有材料可以作學術性的討論。毛共批孔運動中，最引起我注意的論題是對「克己復禮」的批判。毛共出版的小册子，像「批『克己復禮』文章選輯」，「再批『克己復禮』」，「狠批『克己復禮』」，「『克己復禮』就是復辟」等等，我都全看過。我的印象是，毛共對「克己復禮」的批判，千篇一律，官樣文章似的，無非是對於孔子學說作有意的曲解。一年以來想執筆辯正，又恐怕已有同行中人對這題目發表了對毛共答辯的文章。及至去年夏天，唐君毅先生送給我一册「評中共批孔揚秦問題」（台北新文化事業供應公司出版）。這一册子收集了港台學者、報界、聞人對毛共批孔揚秦所作的評論。我從頭到尾看一遍，雖然這册子不是遍羅所有批評毛共批孔的文章，但至少反映一般海外知識份子對毛共批孔的反應，作政治性的分析多，而作學術性的討論極少。回美後，搜查英文學術刊物中專論毛共反孔運動的文章，得我旅美政治學學者曹日新氏的「今日新文化革命中的孔子」（註一），及美國歷史學者高滿氏的「七三七四的中國反孔運動」（註二）。曹氏由政治着眼分析，高氏作歷史性的觀察。兩人的文章都沒有對「克己復禮」的解說作學術性的分析。我於是決定就此題目用中英文分別寫成兩篇文章。英文的文稿寫成後，於一九七五年五月加州大學柏克萊孔學研究班宣讀後在美發表，中文文稿寄台灣以就教於國內讀者。

㈡毛共對「克己復禮」的有意曲解

毛共對「克己復禮」的抨擊，顯然是爲了整肅林彪。根據毛共發表的文獻，從一九六九年十月到一九七〇年元旦三個月的期間，林彪和他的死黨數次互贈條幅，用「克己復禮」作爲格言而互相勉勵。至於林彪和他的死黨對「克己復禮」的了解程度如何，我們無從知道。但毛共有鑒於林彪利用論語中孔子的訓示來勉勵同黨，立刻對孔子學說作有系統性的抨擊。大凡對學術思想的批評，不出內在批評和外在批評兩種。內在批評的方法，主要在指出被批評學說中的內在的矛盾。外在批評的方法，是依據批評者的立場來立論，指出被批評學說行不通的地方。此外，還有一種批評方式，英文叫做Straw man technique。中文可以翻作「攻擊草人的技倆。」批評者爲了易於打倒對方，不惜把對方的學說有意曲解，然後就曲解後的學說來加以抨擊。這種批評方式，在西方哲學界裏被認爲是一種方法上的謬誤（methodological fallacy）。毛共對孔子的批評方式，正是屬於這一種。他們對「克己復禮」的解說，實在已經離開原意太遠。請看下面這一段話：

「克己復禮」是孔子復辟奴隸制的政治綱領。春秋戰國時期，是我國歷史上從奴隸制過渡到封建制的社會大變革時期。當時天下大亂，奴隸制的舊秩序——禮制處在全面崩潰之中，新興封建制度日益成長壯大。面對着這種形勢，爲了維護和復辟奴隸制，反對新興地主階級的革新，孔子提出了「克己復禮」的反動口號，所謂「克己」，就是要人們按照反映奴隸主階級根本利益的「周禮」，去克制自己的欲望，約束自己的行動。在當時主要是要新興的地主階級和奴隸無條件地忠於奴隸主，不要「犯上作亂」，不要造他們的反。「克己」的

目的是爲了「復禮」。所謂「復禮」，就是要恢復已經崩潰了的西周奴隸制的統治的秩序，即奴隸社會的上層建築。(註三)

我們假如把「復禮」兩字解作「恢復周禮」，已經犯了「增字解經」的毛病。「克己復禮」中的「禮」字，是指禮的通義，絕不是指什麼「夏禮」、「殷禮」、或「周禮」。毛共現在把這兩個字解說成「恢復已經崩潰了的西周奴隸制的統治的秩序」，簡直是穿鑿附會，離題萬丈。稍爲對中國歷史有些認識而又讀過論語的人都可以看得出這種解說不是孔子的原意。那麼，毛共爲什麼採取「掩耳盜鈴」「隻手遮天」的技倆？據筆者的推測，有下列兩項原因：㈠收整肅林彪及所謂「反革命」勢力之效。㈡符合馬克思的社會進化史觀。

根據毛共的解釋，林彪推行反革命的修正主義，企圖篡奪黨國的最高權力，藉以顚覆無產階級專政，從而復辟資本主義。而林彪在一九六九、七○年間捧出論語「克己復禮」的教條來和他的同黨互相勉勵，毛共不防有此一着，寒慄悠然而生。因爲毛共所捧的是馬克思，是外來的宗教主，和中國民情習俗傳統觀念格格不入。而林彪捧出來的孔子，是中國人兩千多年來的「獨一眞神」。相形見詘之下，毛共怎能不寒而慄？爲了整肅林彪餘黨勢力以及提防未來反革命分子再度利用孔子作精神力量的支柱，毛共便推行不擇手段的方式，把這中國人兩千年來的獨一眞神「全面毀容」，把孔子描寫成爲復辟的罪魔，人民的公敵，希望此後沒有人再捧他來和馬克思對抗。這一來，馬克思氏成爲中國大陸的「獨一眞神」，而毛酋可以「千世萬世而爲君」了。

那麼，爲什麼毛共要把「復禮」故意解作「恢復西周奴隸制的社會秩序」呢？原因是他們要把孔聖毀容，也要符合馬克思的「啓示」。根據馬克思的進化史觀，人類社會史可以分爲五個階段：㈠原始共產社會；㈡奴隸社會；㈢封建社會；㈣資本主義社會；㈤共產社會。根據這個硬崩崩的公式，毛共把中國歷史勉强代入：商以前是原始共產社會，商代和西周是奴隸社會，從東周到十九世紀中葉爲封建社會，從十九世紀中葉到清朝末年，或云半封建制，或云資本主義，或云半殖民地社會。這一來，把「復禮」解作「恢復西周奴隸制的社會」，其來有自。至於這一套社會進化史觀是否能應用於中國歷史，當然是問題重重。加州大學歷史學者黎芬遜（Joseph Levenson）及該校社會學者蘇滿（Franz Schurmann）在他們合著的中國上古史中曾指出，應用馬克思學說來解釋中國古代歷史簡直毫無事實根據，只是一種迷信和臆測而已。（註四）由此可見毛共的「獨一眞神」的教條，絕不是「放諸四海而皆準」而人人信奉的眞理。但作爲曲解史實來實現政治目的的手段，有時也收到預期的實效，所以我們也不應低估它的力量。

㈢徐復觀氏的批評

在「評中共批孔揚秦問題」一書所收集的各文章裏，筆者特別欣賞兩篇。第一篇是唐君毅先生的「孔子誅少正卯傳說之形成」（原載明報月刊第九十八期），第二篇是徐復觀先生的「不可否定人類的基本『認知』能力」（原載華僑日報——一九七四年二月二十六日）。唐氏的文章內容充實，層次分明，充分表現老學者的深沉功力。而徐氏的文章純眞而爽直，充分表現儒生抱打不平大聲疾呼的衞道精神。唐氏的論題和本文沒有什麼關係，惟徐氏文章對毛共解釋「克己復禮」的批評，是筆者主張的出發點，所以筆者先述徐氏的見解。

徐文上半從歷史及政治主張立論，不是和本文相關的。從第四段開始（徐文一共六段），徐氏突然轉換筆調說：「這裏不談林彪問題，而只談對古典的認知問題。」文勢急轉直下，成爲一段學術的討論。徐氏的論點，大概有二：第一點是駁斥毛共認爲孔子代表奴隸主權益的主張。第二點是對「禮」字含義的分析，從而駁斥毛共對「復禮」二字之曲解。

徐氏首先指出，孔子出身不是貴族。（論語：「吾少也賤。」）除了當過三個月魯國大夫以外，一直都是平民身分。假如根據共產主義階級決定意識的說法的話，孔子是決不會站在奴隸主的立場的。至於顏淵，「一簞食，一瓢飲，在陋巷。」簡直就是無產階級。假如要根據毛共的術語，魯君是奴隸主，顏淵當是奴隸主下的奴隸了。按照毛共的解釋，「克己復禮爲仁」意卽「克己復禮是恢復奴隸制的政治綱領」，也就是說「仁」是代表奴隸主的利益。可是論語一書出現了九十七個「仁」字，憑我們的基本認知能力，那一個「仁」字可以代表奴隸主的權益呢？

接着，徐氏指出論語中孔子所說的「禮」，有時是指政治制度，有時是指合理的生活方式。就社會秩序和政治制度來說禮的時候，孔子從沒有固執那一個朝代的「禮」爲標準政體，因爲孔子是集各時代之所長的。「行夏之時，乘殷之輅，服周之冕，樂則韶舞。」這些話都充份證明孔子對「禮」的不拘執，我們那裏可以硬說孔子要恢復周代奴隸制呢？而且，「克己復禮」的「禮」，根本不是社會秩序或政治制度的「禮」，而是指合理的生活方式。至於禮作爲「合理生活方式」，實行的原則是根據「事物之宜」。這個「禮」的含義，更和「奴隸制度」相距十萬八千里的遠。

以上所說，是徐氏評毛共對「克己復禮」歪曲解說的論證的要點。其他旁徵博引及詳細駁論，本文不重復引述。其實徐文所論，大抵讀過論語及了解中國歷史的人都懂得，並沒有什麼發明和創見。這一點，相信徐先生自己也承認。所以徐氏在最後一段說：「上面我所說的，我相信毛自己都懂。」從筆者的眼光來看，徐文的貢獻，不在於什麼學術的發明或對經書作什麼翻案或新解，而在於以誠摯的書生之言，清新的語調，合乎理則的文筆，揭開毛共有意曲解孔子學說的面幕。不知道毛共頭子們讀完徐先生的文章後，究竟有什麼感想？

(四)「復禮」兩字的語意問題和正確解釋

徐先生正確地指出，「克己復禮」中的「禮」字，不應該當作社會秩序，政治制度解釋。我們明白這一點，什麼「恢復西周之禮」或「恢復舊日奴隸社會的秩序」等等解釋，都可以視爲無中生有或穿鑿附會的產物。不過，話要說回來。「克己復禮」四個字並非如徐先生所說的那麼易懂的東西。筆者並不相信如徐先生所言，凡具有基本認識能力的人都不會解錯。筆者同意徐先生的說法，這裏的「禮」字是指「合理的生活方式」。但爲什麼孔子在囘答顏淵的時候偏偏要用「復」字？「復禮」究竟是什麼意思？一般來說，「復」是指「恢復」或「囘復」。孔子用「復」字，難道顏淵那時已和禮背道而馳而孔子勸他恢復舊日的合理方式嗎？假如孔子所說的不是專指顏淵一人，而是泛指所有的人，我們是否可以斷定，孔子在這裏批評一般人違禮（如季氏、三家等）而主張大家囘復到合理的生活方式去？但論語這一章的上文下理都沒有這個含義。而且顏淵問的是個人修身問題。翻成今日的語言說，他的問題大概是：「我們憑什麼可以培養仁的美德呢？」他不是專爲自己而發問，也不是特別爲那些違了禮的季氏之徒來發問，而是爲一個想修仁德的人來發問。這一個想修仁德的人不一定違了禮，也不一定本來是很守禮的人。所以，孔子的答案，不必就違了禮的人囘答。「克己復禮」是一個籠統的答案，並不是針對任何人囘答的。這一來，「復禮」的「復」字，實在給我們一個邏輯或語意的難題。（筆者按：廣義的邏輯包含語意。）由於「習而不察」的心理習慣的作祟，這個問題不是一般讀論語的人可以憑基本認識力發覺出來的。

現代西洋哲學界語言分析派大師萊几博（Gilbert Ryle）早年曾寫過一篇論邏輯範疇的文章（註五）。文中指出，許多字語的連合，在普通文法上不成問題，但却犯上混淆邏輯範疇的毛病。譬如Saturday is lying in bed一句話，並沒有違反英文文法的規則，但却犯了這個邏輯毛病，因爲lying in bed 的邏輯性質，是不適用於作 saturday 的謂詞的。再用我們的習用語舉個例子吧。譬如「戀愛」的「戀」字，能够和它配合的形容詞有許多，像「狂」戀，「熱」戀，「痴」戀，「初」戀，「單」戀，「難忘的」戀，等等。「狂」、「熱」、「痴」……等字語的邏輯性質都可以和「戀」字配合，所以沒有犯混淆邏輯範疇的毛病。但是，「黃」戀，「白」戀，「藍」戀，「三斤重」戀，「四寸長」戀等詞句，便通通犯上了邏輯範疇淆亂的毛病，因為「黃」、「白」、「藍」……等詞語，在邏輯上是不能和「戀」字配合的。（有意象徵性metaphor-ical的用法除外，但上文下理要顯露這種用法。）我們明白這個道理之後，可以回頭檢討「復」字和「禮」字的連合性。假如我們已經採取徐先生所指出的第二個解釋——「禮」是合理的生活方式，我們可以找出不少字語可以和「禮」配合。例如：「守」禮，「循」禮，「順」禮，「好」禮，「違」禮，「悖」禮……等等。至於「復禮」一詞，雖然不至於像「黃戀」、「白戀」的那樣成問題，但要這兩個字能獨立自足地通順（如「好禮」「違禮」）却很難。這辭的成立，必先假定（presuppose）「違禮」或離開了禮。但這必需的假定條件，在論語顏淵問仁章的上文下理都找不出來。這一來，我們如把「禮」解作「合理的生活方式」，「復禮」一詞的邏輯意義便很難確定。若要「復禮」二字在邏輯上通順，「禮」字很難解作「合理的生活方式」。似乎毛共的解釋才可以免除這個邏輯範疇混淆的毛病。因為「復」字若解作「恢復」或「回復」，「禮」字自然要解作社會秩序或政治制度才文從字順。毛共有意給孔子「全面毀容」確是事實，但對「克己復禮」的歪曲解說是順理成章做成的。那麼，我們究竟有沒有辦法來解決這經典上的邏輯或語意的問題呢？筆者在十二年前密蘇里大學講中國哲學時便開始探討這個問題，美國的大學生不像中國的大學生乖乖地坐着聽講的，他們很喜歡發問或批評。當我講到「克己復禮爲仁」的時候，其中便有學生質疑說："Returning to the rites" does not seem to make any sense。我於是迫得再三探究，尋求更好的解說。我一向認爲「禮」字解作「合理的生活方式」毫無疑問，於是向「復」字下功夫。恰巧論語學而篇第十三章有「復」字出現。「信近於義，言可復也。」朱子解釋說：「復，踐也。」我猛然醒覺，「克己復禮爲仁」的「復禮」，實即「踐禮」之義。說文謂「禮，履也。」「履」正是「實踐」的意思。但問題又來了。在「克己復禮」一章裏，朱子解釋說：「復，返也。」何以朱子解「言可復也」的「復」字爲「踐」，「克己復禮」的「復」字爲「返」？究竟那一個是「復」字的正解？究竟解「復」爲「踐」有什麼文字學上的根據？由於這些疑問，筆者便探求文字訓詁一類的書籍。許慎說文解字的解釋是：「復，往來也，从彳，复聲。」（註六）清代註說文的文字學者，像段玉裁、王筠、朱駿聲等，全都按照說文解釋「復」字爲「往來」的意思。羅振玉的殷虛文字解釋「復」字的甲文形象爲「示往而復來」之意。（註七）由此可知，文字訓詁的典籍對「復」字本義的解釋，沒有單單解作「返」的。「復」字解作「返」字看來是後世語意演變簡化的結果。註經家（例如朱子）偶然輕率大意，把後代流行的解釋當作本來的字義，便把讀經書的人攪糊塗了。

那麼，我們若遵從說文及上述其他文字學書的訓解，「復禮」兩字應該作什麼解釋呢？我們不妨將「往來」代入，「復禮」便是「往來於禮中」。「往來其中」便是重複練習的意思。這一來，「復禮」便是「習禮」。把「復」字解作「習」字，我們還可以找得一個旁證，說文中還有一個「𢓜」字，和「復」字原來是同義。徐鍇繫傳將「𢓜」解作「往來蹂踏」，由此可知「復」字「往來」之意甚明。而王筠說文句讀引玉篇解「𢓜」字說：「𢓜，習也。」(註八)「復」「𢓜」兩字既同義，而「𢓜」字可以解爲「習」，那麼「復」字可以解作「習」字，是一個很合理的結論。而且，朱子解「言可復也」的「復」字爲「踐」。而「習」和「踐」都有「實行」的意思。那麼，「復禮」便是「踐禮」，也就是「習禮」的意思。「復禮」兩字要是早獲得一個明確合理而人人接受的解釋，毛共根本沒有機會談什麼「恢復奴隸制」，而孔聖人不至於蒙這一樁文字獄之寃了。

(五)結倫：兩點感想

中國向來有句成語：「物先腐而後蟲生。」這句話的含義充份代表着筆者的第一點感想。這並不是說孔子學說裏有什麼毛病然後才假予毛共的攻擊。孔子學說究竟有什麼缺點不是本文所論的。筆者的感想只是，儒家的信徒們如果自己對經書的含義也沒有弄個清楚明白，很難對敵人（思想上的敵人）的有意曲解作有力的抗辯。擁護儒學的人假如本身對經書的義理沒有明確觀念，很難「尊孔」和「衛道」。韓愈當年反對佛教的精神正反映着儒生的天眞本色，可惜他的功力有限，在思想上不足以和佛家對抗。「衛道」當然是發自情意，但若沒有脚踏實地的求知精神和探討的方法來支持，是不會收很大效果的。筆者第二點的感想是，攪學術思想的人，千萬不要忽略尋章摘句的訓詁功夫。上一代做學問功夫的人，「義理」、「考據」、「辭章」三者並重。章太炎、王國維兩位國學大師都是這一類型。今天做學術思想功夫的人，似乎比較喜歡「吃軟飯」。讓訓詁家來解決他們章句字義的問題，他們只曉得坐享其成去作優哉悠哉的玄想。在今日的學術界裏，一個攪學術思想的學者，能寫成萬言考據文章像唐君毅先生的簡直是鳳毛麟角，原因是大多數人缺乏脚踏實地的訓練。筆者本文不敢標榜什麼貢獻，只不過謙遜地表現一些脚踏實地的功夫。攪中國思想的需要訓詁，正如攪西洋哲學需要邏輯分析一樣。訓詁和邏輯，同是脚踏實地的功夫。孔聖有云：「下學而上達。」今天在中國學術界攪儒家思想的學者們，有多少人能遵奉孔聖人這句遺訓呢？

註一 Ignatius J. H. Ts'ao, "Confucius in the Middle of the New Cultural Revolution Today," Studies in Soviet Thought, Vol 15, No. 1 (March,1975), 1-33.

註二 Merle Goldman, "China's Anti-Cofucian Campaign, 1973-74," The China Quarterly, No. 63(September, 1975), 435-462.

註三　批「克己復禮」文章選輯，香港三聯書店，一九七四年三月版。七——八頁。

註四　Joseph R. Levenson and Franz Schurmann, China: An Interpretative History From the Beginnings to the Fall of Han, Berkely: University of California Press, 1971 paperbound edition, pp. 14-15

註五　Gilbert Ryle, "Categories," Proceedings of the Aristotelian Society, Vol. XXXVIII (1937-1938), pp. 189-206.

註六　說文解字詁林，丁福保編，台灣商務版精裝第三冊，八一一頁。

註七　同上。

註八　同上，八一二頁

論中國哲學的出路問題

(一)問題的性質

我同國講學只有三幾個月的光景，台大哲學系的同學和同事們都三番四次問我對這個問題的看法。這是大家所關心的問題，也是今天中國文化的重要問題之一。我雖然曾對發問的人作過即席的答覆，但都只是零星片斷的意見。現在借『哲學與文化』的篇幅把我的零星片斷的意見整理一番，以就正於哲學和文化界的同寅和先進。

首先我們要對這問題給與明顯的界說。這究竟是一個事實問題還是一個價值的問題呢？若問的是事實問題，沒有一個人能準確地預測將來。縱使是易經的作者復生，充其量衹得蓋言的（probable）或設言的（hypothetical）結論。而這些結論對我們爲學的旨趣和文化努力的方向都不會起什麼作用。所以就我個人看來，這個問題應當是一個價值問題。這就是說，這個問題的答案應當是我們爲文化奮鬥的南針。要是獲得正確的答案，我們的奮鬥便不會徒然。

當筆者第一次聽到這問題的時候，不禁黯然神傷。『出路』這兩個字令筆者聯想到貨物的滯銷問題和畢業生的失業問題。『滯銷』暗示着貨物市場的不景氣，『失業』象徵着個人前途的黯淡。我們爲什麼要談中國哲學的『出路』問題呢？難道中國哲學目前是滯銷嗎？難道今日習中國哲學的遭遇到『失業』的問題嗎？在本文的論題裏，『出路』兩個字當然是象徵性（metaphorical）的用法。但究竟象徵什麼呢？筆者憑着基本的語言直覺，體會到『出路』這兩個字，暗示着『厄運』和『窘境』。我們的哲學傳統是一種文化生命，從先秦到宋明，生機蓬勃，一脈相承。但近百年來國勢日蹇，經不起西洋文化的侵凌，而傳統的思想也遭受譴責、清算和檢討。衞道之士雖然力挽狂瀾，但經過接二連三的挫折，中國哲學的生命始終一蹶不振。我們要討論的『中國哲學出路問題』其實就是中國哲學生命的延續問題。

中國哲學生命的延續，都在我們這一代習哲學的人的手裏。所以『中國哲學的出路』，不只是一個思辯的問題，而且是行動的問題；不只是行動的問題，而且是使命（mission）的問題。我們的使命，是要創造未來的中國哲學，那麼，我們的問題可以說是『未來的中國哲學應該如何創造』。

價值問題的答案，往往是紛歧多端的。邏輯實證論認爲價值判斷祇不過是感情用事，並沒有客觀的事實作基礎。但本文作者並不接受這種『仁者見仁，智者見智』的價值相對論。價值是一種理想，理想的建立不能離開對現實的了解。從現實的了解，因而產生理想，理想再回轉頭來指導現實，改良現實。換句話說，理想是現在和將來之間的橋樑。理想根據事實來建立，好比橋樑根據兩岸來建築一樣。有些河岸可以建築木橋或鐵索吊橋，但有些河岸非建造鋼骨水泥橋不可。由此可知價值或理想都有它的客觀性。我們要創造未來的中國哲學，一定要根據實際的情況和目前的處境。本文的目的在發表筆者思考及體會所得，意在拋磚引玉，還望哲學界的同寅對這個問題多多發表意見。以下各節便是筆者認為吾人創造未來中國哲學應循的途徑和應有的態度。

(二)不要期望「禮失而求諸野」

自從民國三十八年（一九四九）國府退守台灣以來，世界漢學中心（或中國文化研究中心）似乎已不在中國。一說在歐洲，一說在日本，一說在美國。歐洲的漢學家對中國語文和歷史都有相當貢獻，但在中國哲學的園地有建樹的（概論式的介紹不算），則未有所聞。日本和美國都有不少精研中國思想的學者。他們都有苦心孤詣的著作，他們都有在學術上承先啓後繼往開來的抱負。我們是否可以寄望於他們，把中國哲學的前途交托在他們手中呢？

日本一向對儒學非常重視，尤其是王陽明學曾一度影響明治維新運動。佛教的禪宗在日本影響更大，幾乎滲透日本文化的每一個角落。在今天飽歷艱難的中國，儒學一蹶不振，佛學奄奄一息。自然而然的那些爲文化操心之士，都會憧憬着和盼望着中國文化可以在日本人的手裏保存下去。但自筆者個人的眼光去看，倚賴日本人來保存我們的文化，倒不如讓我們的文化壽終正寢而得早日投胎再世。這句話有點近乎偏激，但不是沒有根據的。就筆者居留外邦的觀察，日本人在西方世界宣揚東方文化，完全爲了他們自己大出風頭。他們承襲了我們的文化，然後處處加上「日本」的字樣。筆者曾在三藩市日本區觀光多次，發現日本人的「僭越」本領極爲高强。書法分明是中國藝術，但他們偏要標上 Japanese Calligraphy 的字樣；圍棋本來是我們的，他們對西方人介紹圍棋，稱之爲Japanese Go Game；算盤分明是我們文化的特產，日本人在上行減少一粒珠子，便冠以 Japanese Abacus 的名稱。日本學者的僭越手段更爲高强。就思想研究的範圍來觀察，前有鈴木大拙，後有中村元，他們的作風同出一轍。禪宗是中土的地道產物，是中國藝術精神和大乘佛學融滙而成的結晶品。在鈴木的著作裏，對禪宗的中國文化根源輕輕抹過，似乎是日人直祧印度佛學眞傳。英國學者 Alan Watts看不過眼，在其所著「禪學之路」(The Way of Zen) 的序言裏，直斥鈴木之非。(註一) 中村元著有「東方人的思維方式」一書，(註二) 在西方學術界影響極大。此書共分四篇，分述印度、中國、西藏及日本人的思想方式與精神。中國人思想的優點(如愛好和平等)，在中國篇簡直看不到，因爲通通變爲日本人的優點而在日本篇出現了。中國篇所述的，都是中國人的迂腐、落伍和保守。根據中村元的說法，中國人沒有形上學的頭腦，中國文字中沒有一個字和英文的 change 相等，意即沒有「變易」的觀念。爲了改正中村元的錯誤，本文作者曾在一九七五年春在美國三藩市舉行的比較哲學年會，宣讀了一篇批評中村元氏的論文。其時中村元亦在聽衆當中，虛心接受批評，坦誠地承認錯誤。(註三)但不少西方學人已被他引入迷途了。由此看來，日本人對中國文化，都是站在他們的立場，爲了他們的利益來研究的。我們可以把我們的文化傳統交托在他們的手中嗎？

那麼，美國的漢學界又如何呢？美國大學林立，據說全國大學學院的數目在五千所以上。研究中國思想的美國學者，略有成就的實在不少。像芝加哥大學的顧立雅（H. G. Creel），賓州大學的卜德（Derk Bodde），和哥倫比亞大學副校長竇伯里（De Barry），都是有專門著作而且對中國文化有很深敬意的學者。一般較大的大學，都有中國文化課程的設立。好些較大規模的教育基金會，都有特別經費來幫助學人們對中國文化的研究。這樣看來，美國的學術環境可以作爲我國學術思想生命延續的溫牀，天之未喪斯文，禮失仍可以求諸野。但這種想法，筆者很不贊同。筆者反對的理由，不是爲了民族自尊心和獨立性這麼簡單，而是另有觀察。

美國立國，僅有二百年的歷史，沒有一套獨立的文化傳統，正因爲沒有獨立傳統，所以融攝性特別强。擧凡希臘、羅馬、英、法、德、中國、日本、印度、拉丁美洲，甚至於中東和非洲的文化，在美國學術界都有被認可的地位，中國文化在美國，不見得受「上賓」之禮。美國人對中國文化的愛好，正如他們對別的文化的愛好一樣。當我們聽到美國某某大學設立中國文化或語言課程的時候，我們不必「受寵若驚」，我們更不要「表錯情」。因爲美國學術界對待歐西傳統以外的文化，都是一視同仁的。他們大學增設中國文化或語言課程的時候，也許已經有拉丁美洲、中東、和非洲的課程了。而且，美國人對於外來文化的研究，源於好奇心理（Wonder），而不是發自尊敬或關懷（Concern）的意識。縱管他們如何「熱愛」中國文化，他們的學術界對中國文化是沒有 Commitment 的。

由於美國人的好奇心理較關懷意識强，中國文化對他們來說是知識的對象而不是價值的選擇。價值的觀念既然淡薄，他們便不容易辨別何者爲善，何者爲惡；何者爲有益世道人心，何者爲禍國殃民。縱管美國爲中華民國的友邦，美國學術界中人實不少以毛共政權爲正統。在哲學方面，他們竟捧毛澤東思想爲中國哲學的正統。(註四)試問我們可以把中國哲學的未來付托於頭腦單純、不分皂白的美國學者們的手中嗎？

(三)不要「諱疾忌醫」

我們要塑造未來的中國哲學，一定要補救傳統哲學的缺憾。我們若不把中國哲學拿來和西方哲學比照，是不容易找出缺點來的。可能有人以爲我們的哲學有其獨立的傳統，不必和西方哲學較量。這種想法簡直是閉門造車來作自我安慰。在今日的世界，任何一項人類活動，都講求「世界性」或「國際性」。我們要塑造未來的中國哲學，要是不講求改進以達到世界水準的話，無異把它的生命扼殺。當然，西方哲學也有不如我們的地方，我們亦可以利用我們的優點來補救他們的缺點。他們的哲學也要和我們的看齊才能達到世界水準。不過我們還是虛心一點爲妙。我們要虛心求敎，就不能「諱疾忌醫」。

我國哲學的傳統幾乎全部是道德實踐的學問，形上學往往成爲實踐哲學的註脚，而知識論幾付闕如。(註五)反觀西洋哲學的大主流，以形上學及知識論爲主，尤其是近代西方哲學，幾乎全是知識論的園地。宗敎哲學、倫理學、美學、歷史哲學、敎育哲學、科學哲學，甚至於形上學，都以知識論爲基礎。我們的哲學傳統，缺乏知識論作基礎是無可否認的事實。西洋哲學中的知識論是一種脚踏實地的訓練，是「下學而上達」的功夫。有些中國學者們認爲中國的先哲們也有知識論，而且他們知識的層次，比西方哲學的境界更高。這個說法並非毫無根據，因爲中國文化是藝術的形態，(註六)在藝術的歷程裏，天分高的大可以不必「下學」而「上達」。但這種論調在敎育上有很大的危險性，因爲這種說法足以鼓勵後學走捷徑而不肯接受脚踏實地的訓練。所以就筆者個人的看法，我們最好乾乾脆脆地承認我們哲學缺乏了知識論一大環(我們先哲只有認知的模式，極少有討論認知模式的學理)，要向西洋哲學多多學習。我們最好下過一番脚踏實地的功夫後，才和西哲爭長競短，計較意境的高低。

我們哲學傳統最大的缺點是缺乏方法的訓練，似乎最常用的方法便是謝幼偉先生所說的「武斷的直覺」。我國先賢聖哲的學說大都是有結論而無推論的作品，也許他們知其然而不知所以然，也許他們知其所以然而不能說出來。中國哲人的學說，往往是長時期對生活體驗的結晶品，他們的方法可以稱爲「體會法」，他們的結論往往和人生經驗有關，所以無須闡述或論證便獲得時人、門人或後學的傾心折服。我們的哲學傳統要是從沒有和西方哲學接觸的話，大抵還可以自滿自足而沒有提倡方法訓練的必要。但我們和西方哲學接觸以後，很容易便發覺我們哲學傳統在方法上不如他們。他們也有「直覺法」或「體會法」，但他們其他方法的花樣甚多，有辯證法、分析法、演繹法等林林總總。現代西方哲學中更有現象描述法，Axiomatic Method，Semiotic Method，Genetic-functional Method，以至Method of Exposing Presuppositions等等。在美國許多大學的哲學系裏，都設有專門課程來講授哲學方法。

談到「辯證法」，好些中國學者以爲中國哲學本來便有這種方法。他們有些認爲老子的辯證法比柏拉圖的更高明。筆者在出國前都相信這個說法，在師範大學跟張起鈞教授修「老子」一課時，以爲天下智慧盡在五千言中，曾一度將全本「道德經」讀到背誦如流。後來到華盛頓大學讀哲學研究所時，選修了一門名叫「西方哲學中的辯證法」(Dialectic Method in Western Philosophy），從柏拉圖到維根什坦的辯證法，一一鑽研。然後才領會到老子的辯證不能稱爲「方法」，只可以稱爲「態度」、「旨趣」(taste)或「洞見」(vision)。柏拉圖的辯證法，大抵有三種功能：㈠分析概念 (clarification of concepts)，㈡展露矛盾 (exposition of antinomies or absurdities)，從而達到㈢求取眞理 (search for truth)。(註七)柏氏的辯證法在其對話集中都能把這三種功能發揮得淋漓盡致。老子的「辯證」，根本沒有作概念的分析，也沒有把別人學說的矛盾展露出來。所謂「有無相生，難易相成……」，不過是以文學的方式來說明宇宙間存在或吾人觀念上的一種相反相成的性質而已。

我們要塑造未來的中國哲學，一定要借重西洋哲學來補救我們哲學傳統的弱點。我們要截長補短，一定先要承認我們有所短。假若把我們的短處隱藏起來或用自圓其說的方式來掩飾，我們中國哲學便永遠沒有出路的一天。

(四)衛道之士不要「故步自封」

衛道之士的出現，往往是外來文化輸入那個時候。當革新之士有所建議的時候，正是衛道之士「用武」的機會。唐朝韓愈對佛教文化輸入的反抗眞是拼了老命，他的「諫迎佛骨表」便是儒生衛道史的一篇重要文獻。他的衛道熱忱值得後人千秋萬世的景仰，但他反對佛教的態度和方法是不值得我們效法的。我們要衛道，不只要充分了解我們的道，而且要充分了解外來的「邪道」、「異端」或「外道」。不然的話，便會犯「故步自封」或「閉門造車」的錯誤，枉費了一番熱誠和工夫。

筆者最佩服的一位衛道之士，是當代哲學界老前輩梁漱溟先生。他衛道的熱忱不亞於當年的韓愈，但他的衛道方式比韓文公要高明得多了。正當革新之士高倡打倒孔家店的時候，梁先生獨排衆議，提倡孔子的學說。他在「東西文化及其哲學」的演講裏，將中國、印度和西洋三大思想傳統，闡述得痛快淋漓，給孔子學說一個新的解釋，呼籲全國的知識分子走返儒家的道路，最後更預言西方哲學會走上儒家的道路。梁氏的見解及學識，不是無懈可擊，但他融滙東西，建立了文化哲學一家之言後，才把衞道的旗幟豎起來，比較那些憑一時衝動，亂把「厚誣古人」或「侮蔑先聖」的帽子加在別人頭上的衞道者要高明得多了。筆者讀梁先生的大著後，印象甚深。旅美十餘年，提倡中國文化，都暗地裏採用梁先生的方法，非常收效。（當然筆者另有一文化哲學體系，和梁先生的不同。）衞道有如用兵，知己知彼，百戰百勝。倘若故步自封，必致一敗塗地。

許多時候，衞道之士的「故步自封」和革新之士的「崇洋媚外」的破壞力是旗鼓相當的。當年胡適之先生介紹乃師杜威氏的哲學來華，把杜氏博大圓通的系統簡化成幾項常識的信條，特別注意杜氏「工具主義」和「實效主義」。對杜氏哲學和中國傳統哲學共通的地方，和杜氏如何綜合近代西洋諸家而成一家之言的特點，隻字不提。這一來，引起了許多衞道之士的反感，對杜氏哲學羣起而攻之。蒙不白之寃的是杜威氏本人，但遭受損害的却是我國的社會和文化。杜氏哲學很多地方和儒家相通，他的形上學（武斷膚淺之士往往謂杜氏沒有形上學）和易經思想非常接近，而他的方法論實在可以補儒家學說的不足。可惜在革新之士和衞道之士的戰役中，杜氏本人和中國文化都成了犧牲品。假若當時衞道之士肯虛心地探討杜威學說的本身而不聽那些介紹人的胡說，今日中國哲學的局面可能改觀，也許共產黨不致竊據大陸。杜氏的方法論和社會哲學，實在是極有效的反共思想武器。筆者在美國大學批評馬列毛共，都運用杜氏的方法論和社會哲學，學生們大爲信服。倘若當年革新之士和衞道之士都肯虛心深入地硏究杜氏的學說，中國思想界一定受益不淺。

現在我們面臨第二次考驗了。我在台大講學只有幾個月的光景，便許多次被同學和師友們問及我對基督教和中國傳統文化能否溝通的意見。我對這問題的答案雖已成竹在胸，但有結論而無解釋的答案只有流於武斷，恐怕要專文來討論。我在這裏要說的，就是希望衞道之士不要重蹈覆轍，不要用意氣來爭長競短。根據筆者目前的觀察，衞道之士已經「劍拔弩張」，準備來一次「韓文公式」的思想戰。在他們的心目中，儒家思想和基督教思想是不能妥協的。儒家思想以人爲本，基督教却信仰無上權威的上帝。儒家主性善，基督教却認爲人生下來便有罪。在儒家的思想裏，人的地位特別崇高，而在基督教上帝的權威下，人顯得特別渺小。倘若基督教和儒學混合起來的話，孔子的地位一定低於耶穌，因爲耶穌是神，而孔子不過是人而已。由此看來，衞道之士的立場，持之有故，言之成理。不過，從筆者個人的觀察，（請讀者記住，筆者不是基督徒）衞道之士所見到的基督教只是基督教的皮相。這種對基督教的認識，是由一些傳教士和基督徒們的言行、加上對基督教聖經膚淺的了解而形成的。眞正的基督教，在兩千年的教會史和神學當中。二十世紀的基督教神學，早已脫離舊日的儀式、習俗和舊觀念的束縛。筆者在美留學，除專硏認識論及形上學之外，對宗教哲學亦曾下一番功夫，且幾度開過這一門課，深知現代基督教神學五花八門的新趨勢。我們要談基督教是否能和儒學會通，千萬不要「坐井觀天」。

最後，筆者還要奉勸衞道之士，在批評別人的時候，千萬不要用「厚誣古人」、「蓄意歪曲祖國文化」、「侮蔑先聖」、「顚覆傳統」等譴責方式的字句。運用這些字句，在邏輯上犯Ad Hominum的謬誤。而在實際上很容易淆亂視聽而阻塞賢路。許多怕潑婦罵街式筆戰的碩學之士，也許捱了一頓罵而不敢再將他們所學貢獻於世，蒙受損失的是我們中國學術界，那麼，衞道之士變成「反」道之士了。

(五)革新之士不要「崇洋媚外」

筆者回國僅僅三數個月的光景，深深覺得國人太崇洋媚外了。國貨遠不如洋貨，國內大學的學位遠不如美國大學學位那麼值錢，甚至有些貌美如花賢淑溫順的女孩子也天天夢想着嫁個外洋的金龜婿。我好幾次在臺北大飯店的餐廳出入的時候，侍應的都用英語或日語和我談，當我答以國語的時候，他們似乎不願意和我繼續談下去了。談到電影，一般受過高等教育的青年，都喜歡看西片而以看國片爲恥，當他們聽到我留美多年仍然喜歡看國片的時候，（其實筆者什麼片都看）感覺非常詫異。我告訴他們，我對西方文化懂得愈多，愈覺得中國文化可愛。

社會一般大衆的崇洋媚外，可引致民族自尊心喪盡；學術文化界的崇洋媚外，可以將未來的中國文化導入歧途。民國初年的學術革新派，在胡適之先生領導之下，想把西方學術思想一套一套的移植到中土來。除了胡先生提倡的實用主義（此譯名不妥，當譯爲「實踐主義」）外，有提倡羅素實在論的，有提倡尼采超人哲學的，有提倡柏格森生命哲學的。當然，馬克思的共產主義也引入中土，造成今日中國大陸全面赤化的浩刼。革新派的人士實在太熱心了。可惜他們對西方的學問懂得不透澈，而且對文化的本質欠缺瞭解。一個文化傳統是一個有機體，有機體最大的特徵便是有生命。杜威氏哲學中所强調的「連綿無間性」(continuity)便是生命的本質。革新之士將外來文化强行移植中土，無形中對中國文化加以斧鉞而斬伐之。中國文化生命的continuity一旦受到摧殘，任憑衞道之士大聲疾呼，欲「挽狂瀾於既倒」也無可挽回了。

初期的革新之士似乎比較笨些，他們想把西洋文化移花接木地輸入中土，歷史的發展已經證明了他們的失敗。晚近的革新之士似乎高明得多，他們不再用移花接木的手法來提倡西方文化。他們利用西方的觀點和方法來批評檢討中國文化，從而達到介紹西方文化進中土的目的。這種方式若行之得當，中國的學術文化界可以受惠不淺；若行之不當，對中國文化傳統是有害無益的。那麼，怎樣才行之得當呢？這個問題極難有簡單的答案。不過，據筆者個人的意見，要用西洋的方法和觀點檢討中國文化，一定要對中西文化都有深切的瞭解才行。

爲了方便讀者瞭解起見，筆者姑且舉一個實例。近來史學界及社會科學（包括政治學社會學）中的學者很喜歡把中國文化解作「崇尙權威的傳統」(註八)，其中引起的錯覺，便是西洋文化並不崇尙權威，從而導致我們中國要打倒權威的結論。作這種解說的學者，似乎對西方文化還未充分瞭解。他們第一點的錯誤是把「權威」(authority)和「極權」(totalitarianism)混爲一談。極權一定要打倒。我們反共，便是要反對極權主義。極權主義是一種專制，權威主義則不然。（希望讀者不要給「威」字嚇怕了，體會英文authority 的意思吧！）我們若把「權威」和「極權」分別清楚，這些學者們的第二點錯誤便很容易找出來。就筆者個人研究比較文化所得，西方文化也是「崇尚權威的傳統」，不過西方權威的方式和中國權威的方式有所差別而已。一般來說，中國文化中的權威比較具體些；西洋文化中的權威比較抽象，比較間接，更比較難於抗拒。中國文化中的權威是人，君皇、宰相、總統、長官、師長、父母……等，都是視而可識，察而可見的；西洋文化中的權威是宗教和法律，從摩西十誡到教會的命令，從希臘羅馬的法制到今天美國的民主制度，「權威」一向都和西方人同在。舉學術上的權威作例子吧。美國大學研究生是否獲得學位，要靠他們的論文導師和考試委員的權威來決定。三年前，加州州立大學一位女研究生名叫Francine Carpio的，跟筆者寫杜威政治思想的碩士論文，寫成後交筆者審核，筆者覺得她的論文斧鑿痕太多，而且並未完全了解杜氏的哲學，於是加批發回重寫。這位小姐沒有拜託，沒有求情，也沒有埋怨，乖乖地再花一年功夫來重寫。由此可知美國人一樣服從權威和尊重權威，不過他們的最高權威是抽象的法理而不是具體的人物罷了。我們的社會，一向不尊重抽象的權威——法制和理性，（其實二者爲一物，法制實爲理性的產物）倘若再把具體的權威（父母、長上……等等）廢除，社會秩序必致一片混亂而不可收拾了。

以上四項的意見，都用「不要」一消極的用語來提出作者對前輩及時人的批評。筆者的積極主張，本來可以從言外之意推斷，但爲了主張的明確和立論的清晰，筆者在下文用積極的字眼（「要」字）來申述個人的意見。

(六)要認識中國文化傳統

也許有些讀者看完了這個小標題就不想再讀這一段文章了。「要認識中國文化傳統」，簡直是陳腔濫調，這是一個中學生都會提出的主張。不過，暫時還是請讀者們忍耐一下，看完了這段文章再作批評。

寒假時筆者往香港渡歲，留港期內蒙香港中文大學各師兄弟們盛情招待。爲了回答他們的盛情，筆者在離港返臺前假京菜館鹿鳴春回敬一番。當酒菜部部長爲我擬定菜單的時候，我猛然發現有一款菜式叫作「蚧肉扒西蘭花」的，我於是立卽提出抗議，要更換這一款。我提出異議的理由，就是這一款菜式根本不屬於京菜的傳統。要是我對京菜的傳統認識不夠的話，這一款「蚧肉扒西蘭花」便可能魚目混珠地端到席上了。

我們若對中國文化傳統認識不够，做學問功夫的時候很容易走入迷途，在塑造未來中國哲學的時候很容易把中國哲學導入異端的途徑。道家的形上學本是一種自然的宇宙觀，在這種自然主義的哲學裏，「道」的觀念根本和希伯來傳統的「神」相距極遠，但不少著名的中西學者把「道」和「神」相比附。這都是對中國文化傳統認識不清楚，筆者已爲文一一辯正。（註九）

一九七一年一歐洲著名學術刊物名Inquiry的，在筆者協同策畫之下辦了一期中國哲學專號，由筆者執筆寫第一篇導論式的文章。(註十)在這一篇文章裏，筆者對一些比較哲學和比較文化的學者們通常犯的錯誤，一一列舉出來加以批判。其中一項謬誤，筆者稱之爲fallacy of misplaced hamburger。這怎麼說呢？筆者留學美國的初期，每年暑假都在一廣東菜館做工。來菜館用餐的美國客人，有的很懂得點菜，但有的對廣東菜式完全外行，一進門坐下來便叫一客漢堡（hamburger）。有一次我向一位客人解釋漢堡不是中國的產品。他說沒有什麼關係，反正他在別一家中國飯館喫過一次，味道比美國麥當奴（McDonald）漢堡更好吃，所以他要一個Chinese Hamburger云云。因爲做生意的原則是「顧客至上」，我也不好和他計較Chinese Hamburger一詞在邏輯上的謬誤。一個餐館顧客不認識清楚中國文化傳統是情有可原，但一個從事文化工作的學者犯上這個謬誤便不該饒恕了。印度的思想實在是以唯心論爲其主幹，但美國學者Dale Reipe（現任美國紐約州立大學教授）竟費多年工夫來寫印度唯物論史，無怪得Karl Potter把他評得一文不值了。我國思想的傳統，向來以人生哲學爲其骨幹。惠施、公孫龍等人的「白馬非馬」的論調，是一種名相探討與趣的表現，但和西洋邏輯及印度因明相比，還有一段很長的距離。想不到胡適之先生當年留學美國，不把北京塡鴨和廣東烤豬貢獻給西方世界，却從中國餐館的廚房裏製造了一個巨型的中國漢堡出來饗客。（按：胡先生博士論文是中國先秦名學）胡先生開了中國漢堡的傳統，以後中國留學生便容易拿學位了。他們大可以繼胡先生之後賣些中國

沙拉 (Chinese Salad) 中國熱狗 (Chinese Hot Dog)，甚至於中國白蘭地 (Chinese Brandy) 或中國威士忌 (Chinese Whisky) 了。

筆者並不是說胡先生及其他中西學人的Chinese Hamburger式的研究沒有價值。我們給予這種研究的價值，絕不能超過它們所應得的。這種研究的對象，畢竟是中國文化的旁支和末節。我們若給公孫龍子以「正統」或「大家」的地位，或故意誇張他在名學上的成就的話，便很容易喪失中國文化的本來面目了。

筆者曾撰文述說中國人（包括孔子在內）的法律觀念淡薄，引起了一些「衞道之士」的不滿，說筆者「侮蔑中國文化傳統」及「厚誣古人」。他們的論據便是孔子的正名學說，君君、臣臣、父父、子子的說法。這些論證，好比有人批評中國菜譜沒有漢堡的傳統，「衞道」的食家馬上回答：「我們也有啊！春風得意樓的叉燒包不就是相當於漢堡嗎？」漢堡是不是和叉燒包一樣，遍嘗中西餐點的人知道得很清楚。正名之說是否相當於現代的法律（我國現代的法律是模仿西方的）或古羅馬法的系統，學貫中西之士不言而喻，無須爭辯。我們當知道，我國傳統文化精神以道德意識和藝術精神作主幹，而西洋文化則以宗教、法律及科學作支柱，「法律觀念淡泊」實在不是一件可恥的事。從儒家的立場來看，道德淪亡的社會才得要用法律來維持。批評筆者「厚誣古人」「侮蔑中國文化」的敏感的衞道之士，自身對文化的道統也搞不清楚，談什麼「衞道」呢？請先讀讀梁漱溟先生的書吧！

我們要先正確地認識中國文化的傳統，才可以談什麼貫通中西來塑造將來的文化。我們認清楚自己的文化傳統，才不會犯「諱疾忌醫」或「崇洋媚外」的毛病。我們要談認識中國文化傳統易，要眞正做到這個地步難！

(七)分別糟粕和精華

要認識自家的傳統或外來的文化，最要緊的是分別糟粕和精華。衞道之士若不瞭解這點，他們所保衞的只是文化中的糟粕。當別人批評中國文化傳統中的糟粕時，他們也大動肝火的去動眞軍，甚至於無的放矢，愈辯愈糊塗了。革新之士介紹外來文化進中土的時候，若分不清外來文化中的糟粕和精華，很容易摭拾皮毛而沾沾自喜，結果只贏得衞道之士的詬罵，對我國文化的革新和改進到頭來有害無益。

根據筆者和國內人士接觸的觀察，我國人對美國文化的瞭解許多都是糟粕的認識。我們心目中的美國社會大抵是：「財富」、「功利」、「性的解放」、「嬉皮的流行」、「龐大的工商業」、「立國歷史短」、「文化根基淺薄」、「對金錢斤斤計較」，以及一些從報章及電影傳播而形成的印象。我們也有時注意到美國是以科學和民主立國的國家，但科學和民主的眞諦，懂得的人畢竟太少了。至於美國文化的博大圓通的融攝性，和美國人民力行苦幹的精神，實在是美國文化傳統的精華，我們都不容易體會出來。也許是我們民族自尊心强，一向認爲這兩種文化美德是我們所獨有而別人不能僭越的。可能由於這種自尊心理，我們認識美國文化時便只得其糟粕而不得其精華了。

五四運動是國人熟悉的一面文化里程碑。這個運動所引起的後果，不是本文要討論的。筆者要說明的是，五四運動中的猛將，陳獨秀和胡適之兩位先生，都犯上「誤把糟粕當精華」的毛病。陳氏當年批評儒學傳統，把什麼「婦女纏足」和「夫死不准改嫁」等等都算上孔門的賬，這難怪高呼打倒孔家店時，一般淺學之士都如影隨形地跟着他跑了。陳氏把中國社會中的糟粕，認做中國文化的精華，所以很容易便走上自壞長城之路。胡先生的「文學改良芻議」，批判傳統文學的時候，也是對準糟粕來攻擊。傳統文學的眞精神，似乎不屑一顧。（也許胡先生未把握得着）最遺憾的是，胡先生介紹乃師杜威氏哲學的時候，也是選取杜氏哲學中的糟粕介紹過來（例如重效果、實利、功用之類），以致中國學術界中人以爲杜氏之學盡在於斯。這一來，當有識之士向「杜氏哲學」批評的時候，「杜氏」不堪一擊。胡先生是不是中國文化的罪人，筆者不敢說。但若說胡先生是乃師杜威的罪人，筆者是絕不反對的。胡先生介紹杜威哲學到中國，正如海外華僑介紹「雜碎」及「炒麵」給美國人一樣。過去的美國人的口福太淺，不但吃不到滿漢筵席，連稍爲地道的菜式也無福份享受。中國的學術界遭受同一的命運，既沒有機會親嚐杜氏的佳肴，而對「胡家飯館」所賣的「杜氏雜碎」又無法辨別眞僞。這是杜威氏的不幸，還是中國文化的不幸呢？

西方人對中國文化的認識，往往也是糟粕和精華混淆不清。擧例來說，他們研究中國的宗敎思想，很少從儒家的尊天、敬祖、愼終追遠等觀念出發。由於好奇心的驅使，他們的興趣許多時候集中於拜石頭、拜榕樹，或求神問卜之類。我們中國人對西方宗敎——尤其是基督敎——的認識，也只是看表面，從傳敎士的表現或一些基督徒的行徑來作判斷的基礎，對近代基督敎思想的發展，旣懵然無知，亦不聞不問。信奉基督敎的可能是勢利的信仰，排斥基督敎的可能是盲目的排斥。這一來，由於糟粕和精華混淆不清，文化間的交流和滙通便遭受到嚴重的障礙。

那麼，糟粕和精華的分別究竟在那裏呢？在這一篇富於「使命感」的文章，我實在不願作冷冰冰的純理分析。亞里士多德曾嚴分essential characteristics和accidental characteristics，這是知性的區分。但筆者「精華」和「糟粕」的區分，除知性外，還帶有價值的意味。「精華」是有代表性的、可取的、可欲的、意義深長的；而「糟粕」則不然，它象徵無關重要的、無價值的，而且也是沒有代表性的。這裏我不是給「糟粕」和「精華」下定義。這兩詞極難界說，惟有暫時訴諸直覺。我們直覺的可靠性，要看我們對文化的體會和瞭解的程度。

(八)溝通古今和中外

這段的小標題，差不多已經成爲我國學術界的口頭禪。什麼「學貫中西」、「融滙古今」等成語，已常用來形容一個人學問的淵博。不過這些話說來容易，做起來却是極爲困難。學好自家的學問已經很不簡單，去學習外來的文化更非一朝一夕的事。學習外來的文化，必定要通外國語文，要學好一個外國語，至少要花十年八年功夫才行。學好了語文之後，是否能藉着語文的基礎來吸收外來文化，要靠個人的智慧和學問的根基。

在哲學方面尤其困難，能應付自然科學及社會科學的語文程度，和讀哲學所需要的語文水準，還有一段很長的距離。就筆者在美教學經驗來說，一般在美國習哲學的中國留學生，能看懂哲學原典而不倚賴參考書籍的（如哲學史之類），簡直寥寥無幾。中國人讀西方哲學原典的困難，除了語文的障礙，由於心態的不同而引起思想方式的差異，實在是困難的主因。(註十一)

那些不懂外文（或外文程度不好）而有志習西洋哲學的，惟有靠別人的介紹和中文翻譯本。但根據筆者的經驗和觀察，倚賴別人的介紹是非常靠不住的。上文已經說過，前輩留學生介紹西學入中土，往往只得糟粕，不得精華。比較可靠的，大抵只介紹西方哲人學說的結論，而思想模式和推論過程都付闕如。西方哲學的精神不在結論而在其未達到結論之前的wonder的歷程，我國學人介紹西哲的，究竟有多少能把握這歷程忠忠實實完完本本的介紹過來？筆者出國前慕吳康先生的大名，把他介紹西哲的書都買來讀。在他筆下介紹的西方哲學家，似乎個個都是一樣。好比在美國有些華僑餐館，幾乎每一道菜式都是同樣的味道。吳康先生介紹西哲的書，都是用極瑰麗的文筆來寫的，讀者讀來有時好像讀古文一樣。對每一個哲學家的敘述，吳先生在文字上都刻意求工，到頭來每一個哲學家都染上了吳先生的文采，怪不得每一個哲學家都差不多了。另外一位介紹西哲入中土的老前輩是謝幼偉先生。他的文筆比吳康先生的清晰得多，但他介紹西方哲學家的學說時，仍嫌失之過簡，wonder 的歷程和推理的步驟往往沒有介紹出來。

那麼，外文程度不逮的，看中文譯本又如何呢？筆者個人的感受是，看西洋哲學的中譯本有的時候像「霧裏看花」，有的時候像「隔靴搔癢」。而且現代西方大哲的最具代表性的大部頭著作，都沒有中文譯本，而譯成中文的往往是不大重要的作品。擧例來說，杜威氏最主要的著作是Logic:The Theory of Inquiry，Experience and Nature，Art as Experience及The Public and its Problems 四書，但竟然沒有一本有中譯本。（國人多未讀杜氏原著而遽下評斷，可歎也。）反之，那些較易讀而次要的像How We Think及Reconstruction in Philosophy，却已譯成中文。懷海德的巨著爲 Process and Reality，也沒有中譯本。由此看來，要是我們的外文程度未到水準，要談貫通中西，眞是談何容易！

要貫通中西哲學的傳統，除了對中國哲學有全盤性的了解之外，還要對西方哲學史及當代西方哲學有通盤的認識。我們研讀西哲，最忌只讀通一家而忽略了其他。若只讀通一家，然後藉着這一家之言來處理中國傳統哲學，這只叫做「選取湊合」而「獨樹一幟」，談不上什麼融滙貫通。有些人對西哲特別有研究，但對中國哲學只得皮毛。有些人却精研中國思想，但對西方哲學的瞭解膚淺。這兩種人想貫通中西，還是很感吃力。看來滙通中外思想而一爐共冶，眞是一件極爲艱鉅的工作。

除了貫通中西之外，我們還要融滙古今。我國古代聖哲的學說，是根據他們當時的時代和環境立論的。其中當然有歷久常新的道理。但「人能弘道，非道弘人。」我們聖哲的學說，是否具有現代的意義，是否仍然可以作爲我們實踐的南針，要靠我們不斷的作新解釋。西方思想界非常注重這種融滙古今的工作。十九世紀末和二十世紀初，基督教在西方曾遭受很大的打擊和批評。但現代的神學家和思想家們不斷予教義新的解釋，使其能在二十世紀的工商業社會作西方人精神生活的中流砥柱。最顯著的例子是神學家Paul Tillich對聖經的新解說。此外，還有Joseph Fletcher，作Situation Ethics一書，以基督教「愛」的眞諦爲主幹，應用到二十世紀的各種社會環境，在美國思想界影響極大。我們中國學術思想界也當效法西方思想家融滙古今的精神，使我們先哲學說的精華，不致因時代環境變遷而癱瘓，從而進一步融滙中西，創造未來的中國哲學。

(九)要融滙理論和實踐

哲學起源於對經驗的省察。「經驗」一詞，並不是專指個人的經驗，而是人類經驗的通稱（human experience in general）。因爲我們有道德經驗，因而產生道德哲學；有社會經驗，因而產生社會哲學；有宗教經驗，因而產生宗教哲學；有藝術經驗（欣賞和創造），因而產生藝術哲學；有科學經驗，因而產生科學哲學。總之，哲學不是無中生有的東西，任何一門的哲學，都可以說是從經驗產生的。但筆者要首先聲明，「經驗」一詞，絕不是像傳統哲學裏所含的意義那麼狹窄。二十世紀的「經驗」觀，在杜威、懷海德諸人學說裏，都是指人類文化的整體，絕不是洛克、休謨所指的「經驗」。(註十二)

哲學既源於對經驗的省察，那麼哲學和經驗之間的關係自然很密切。這種密切的關係，我們可稱之爲genetic-functional的關係。Genetic一詞，含有「發生」或「起源」的意味，這是說哲學發生於經驗的意思。至於Functional一詞含有「功能」的意思。這卽是說，哲學的功能，在於指導經驗（卽「活動」之意），改進經驗，使吾人的經驗更有意義。我在這裏所描述的哲學和經驗間的關係，正是一般人所說的理論和實踐的關係，也就是「知」和「行」的關係。

我國思想的傳統，向來倡導「知行合一」。但「知」和「行」如何合一呢？「知」和「行」之間的關係究竟是什麼呢？我國傳統的思想家似乎從未給予一個明晰的解說。我們若明白了「知」和「行」，或「理論」和「實踐」之間的關係是Genetic和Functional的話，那就好辦了。一個理論若和實際經驗沒有genetic關係的話，可以說是「海市蜃樓」或「無根之論」。一個理論若不能盡其functional的能事來指導實際的話，這個理論等於空談。這個「知」和「行」之間關係的界定，實在可以說是我們用以評論一個學說體系或觀念的標準。

在「論治哲學的門戶和方法」一文裏，筆者曾略論唐、牟、方三位哲學大師的學風及造詣。哲學界的朋友們對這篇文的反應非常熱烈。有讚譽不已的，有覺得「語焉不詳」而美中不足的。

但亦有少數的朋友認為筆者對三位大師讚譽過多而批評太少。但筆者前文的主旨，不在批評三大師，而在批評他們的門人和後學的「大師偶像意識」。但若要筆者對三位大師有所批評的話，那麼可以說，三位大師的學術造詣，從「融滙理論和實踐」的角度來看，可能皆未臻圓滿境界。

筆者最敬佩的當代西方哲人，是美籍英哲懷海德（Alfred North Whitehead），但美國實踐主義和歐洲的存在主義都對筆者的思想有極大的影響。懷氏的哲學像「天馬行空」式的噴射機，翺翔天際，逍遙無礙。但這種哲學只能提升我們的理想，極難帶領我們去體察「下界」，瞭解我們的人生實相。要彌補這種哲學的缺憾，一定要輔之以「存在意識」和「實踐精神」。存在主義的思想家大都能藉着現象學的陶冶來從體驗人生出發，而實踐主義者却念念不忘理論和實踐的統一性（unity）。當筆者在美講授杜威哲學的時候，最感人的一段便是介紹杜氏的生平。杜氏平易近人，沒有大師的架子。在社會上所結交的人，上自高級政府官員，下至流氓盜匪，都是他學習的對象。所以他的學問能貫通各門知識，滙合各階層的社會經驗，來成一家之言。

筆者於一九六七年（民國五十六年），移聘於芝加哥城西的北伊州大學，有感美國社會的需要，本實踐主義的精神，創了一門全校共同選修科，名為Contemporary Moral Issues。（中文可譯作「當代道德問題」）內容包括若干現代美國社會的道德問題，透過哲學家討論的方式，引導美國的青年用哲學的思考去找尋他們自己的答案。這課程通常討論的，包括（但不限於）下列各問題：

㈠婚前性行爲及婚姻以外性行爲問題。
㈡色情文學及藝術問題。
㈢男女平等問題。
㈣種族歧視問題。
㈤死刑存廢問題。
㈥安樂死問題。
㈦墮胎問題。
㈧娼妓問題。
㈨宗教和政治之間的關係問題。
㈩商業社會中義利衝突問題。

此外還有像 Civil Disobedience 一類介乎道德和法律之間的問題，林林總總。十年來，不少學者編有專書作爲教本，亦有不少碩學之士執筆討論。筆者移敎加州省立大學之後，繼續講授這一門課。由於青年學子對社會的關懷及需要哲學的領導，這門課大概已成爲美國較大大學的一門主要普通科了。

我國的學術傳統，一向相信「萬般皆下品，惟有讀書高」的格言，學者們多半是「四體不勤，五穀不分」的書生，而他們的社交圈子，往往都是「無友不如己者」。試問我們的哲學大師們，有誰肯和流氓、盜匪、娼妓等人結交呢？有誰肯自貶身價，深入大衆的低層社會來體察一般人的問題和苦痛呢？有誰和青年學子們作「稱兄道弟」的接觸，來瞭解他們就業、婚姻等問題所引起的內心苦悶呢？一個領導時代的思想家絕對不能把自己關在學術的象牙塔裏，一定要從象牙塔跑到十字街頭來體會人生的實在性。我們的學術大師們一向在書本裏努力地作貫通中外、融滙古今的功夫。可是一個從未摸過西方女孩子的手的人，怎能大談中西戀愛的異同呢？

我國人一向高談「知行合一」。筆者在西方介紹中國哲學的時候，也把「知行合一」或「理論與實際合一」作爲中國哲學傳統的特性。（註十三）筆者在外邦對中國文化從不作貶抑性的批評，但在國人前不得不坦白的說一句：我們學術界實在距離知行合一（廣義而言，並非專指王陽明之說）的理想太遠了。

(十)結論—寄望於哲學教育的改進

要塑造未來的中國哲學，是一件非常艱巨的工作。作爲這一類的文化使者，要貫穿古今，博通中外，要有敏銳的眼光和淵博的學識，更要能融滙理論和實踐。讀者可能會評論筆者理想過高而難於實踐，但根據筆者的觀察，假若我們得教育當局的合作，筆者的理想可能在十年到十五年後實現。

目前我國臺灣省的大學，有四所成立了哲學學系。（臺大、政大、輔大和文化學院）筆者除在臺大當客座外，對其他三校哲學系都略有接觸而有所認識。一般來說，四校的哲學系都不能和美國大學哲學研究所作緊密的銜接。筆者不是「崇洋媚外」，但絕不能「諱疾忌醫」。以下就筆者在美教學經驗及回國觀察所得提出下列各點改進：（以大學本部爲限，研究所不作提議。）

(一)課程方面：增設「哲學方法論」一門爲必修科。增設各種當代問題課程，促進哲學和社會人生的密切關係。

(二)教材內容方面：從「哲學概論」開始，即需訓練學生讀原典的習慣，絕不能讓學生倚賴教授所講演的筆記作爲該科的「精華」。因此，「哲學概論」及「中西哲學史」等基本科，均需重新編訂，選取原典作教材。其他高年級課程更應盡量用原典。

(三)教法方面：注重學生參加討論。西洋哲學的教授們介紹西方學說的時候，應當注重wonder的歷程及推理的步驟，絕不能摭拾西哲的結論視爲滿足。

(四)考核方面：注重學生表達是否淸晰而有條理，注重他們的思考方式及批評方法。至於「蒐集材料」或「引經據典」之後而不能作反省思考之學生，應加强輔導或勸令轉系。

(五)錄取標準方面：提高語文（包括本國及外國，外語特指英語）標準。特別着重思想的淸晰和語文的表達能力。語文能力太低的，縱令其他學科滿分，也不應錄取爲哲學系的學生。

以上所擧各項，如有健全的師資配合，實行起來絕非難事。師資的水準和大學教授的待遇問題有關，而且牽涉人事的批評，筆者暫時不願討論。但筆者有一項基本信念——我們的未來哲學一定可以從教育建設起來。我們只管替幾個大師捧塲是於實際無補的。我們應從教育的歷程來培養無數個未來的大師，中國哲學才有出路，中華文化才有希望！(註十四)

註一：Alan W. Watts, The Way of Zen (New York: Random House, 1957) Watts 評鈴木大拙之語，見此書序文。

註二 Hajime Nakamura, Ways of Thinking of Eastern Peoples. ed Philip p. Wiener (rev. ed., Honolulu:East-West Center Press, 1964)。

註三 此文已中譯刊登於哲學與文化第十六期（第二卷第六期）。

註四 筆者曾對此撰文評論，請讀者參閱：“Understanding Maoism:A Chinese Philosophers Critique,” Studies in Soviet Thought, Vol. 15 (1975) 99-118。

註五 中國哲學缺知識論（或認識論）一環之說，梁漱溟氏早言之，見其所著「東西文化及其哲學。」

註六 讀者可參閱筆者之『從「心理距離說」談到對中國文化的認識』。

註七 此處對「辯證法」的解釋，筆者得自業師李維氏（Albert William Levi）。氏為美國聖路易城華盛頓大學講座教授。

註八 持此論者，不乏人。較顯著的有歷史學者余英時及政治學者胡佛。余著以「歷史與思想」（聯經出版事業公司）為代表，胡氏近作「建設自由民主的燦爛中華」（登載於『中國論壇』第三卷第十一期，六十六年三月十日出版）提倡此論，更為激烈。

註九 筆者曾撰Taoism一文，評述此種比較之得失。此文為華盛頓州立大學教授Donald Bishop收集於其所編之Chinese Mind中。此書不日出版。

註十 “The Paradoxical Situation of Western Philosophy and the Search for Chinese Wisdom,” Inquiry, Vol. 14 (1971),1-18。

註十一　關於中西心態的不同，可參與筆者的「兩種不同的心態：CONCERN和WONDER」。

註十二　對「經驗」一詞作現代之解釋，最清楚者莫如杜威氏。讀者欲知其詳，可詳杜氏之Experience and Nature，Experience and Education, Art as Experience三書，以第一書之第一章為最扼要。

註十三　"The Paradoxical Situation……"Inquiry, Vol, 14, 9-10。

註十四：本文與筆者前文『論治哲學的門戶和方法』頗有互相補充發明之處，盼讀者能兼讀前文，以收相互參證之效。

哲學教育改進的我見

本人蒙教育部及臺大哲學系邀請返國講學一年，現在差不多接近尾聲了。雖然臺大哲學系黃振華主任曾懇摯地表示邀請續敎一年，但由於本人早定下來年在加州大學的計畫及家中瑣事，不得不在本年七月離臺返美。在過去一學年中，本人對臺灣哲學界的貢獻頗爲有限，雖然「哲學與文化」在本人客座任內每一期都登載一篇本人的文章，但讀這個刋物的人實在不多，而本人要說的話也常常有說不完的感覺。今天是中國哲學會年會，蒙總幹事張尙德先生邀請向諸位演講，非常感激。本人才疏學淺，雖然在美國哲學界混了十六年，但一無所專。今天的演講，謹就數月來在臺擔任客座的經驗，拉拉雜雜的發表一點感想。假如要冠以題目，就以「哲學教育改進的我見」爲題吧。

我首先要談的，是教學方法的改進。中國學生一向尊師重道，這是我們民族傳統的美德。可是他們太尊師重道了。他們把他們所尊重的老師，當作聖人一樣。老師在堂上所講授的，就是道統的菁華，知識的眞髓。他們拿着記錄講演的筆記本，就像基督徒拿着「新舊約全書」一樣，以爲天下眞理盡在於斯，旣不必討論其中的眞妄，也不必參考其他的讀物。這種教學的傳授方式是有很大的缺點的。儘管老師每一句所說的是千眞萬確的箴言，經過學生的「了解」（其實往往是「誤解」）而筆錄之後，不是走了樣，便是破碎支離，上文不接下理。當我講述相對論大意的時候，因爲學生們的科學基礎不够，惟有先講些笑話或故事作引起動機的題材。首先述「南柯太守傳」，再述美國民間 Rip Van Winkle 的故事，再闡述「山中方七日，世上已千年」的妙句，然後才解釋愛因斯坦氏對「時」、「空」、「運動」等概念的新解。但當我抽查一兩位同學的筆記的時候，發見他們對中美兩國的傳奇故事及「山中」「世上」的名句，都記得很詳盡，但對愛因斯坦學說方面，或「破碎支離」，或「語焉不詳」。我們怎可以把筆記本子當作「天書」呢？其次，一個哲學名家的學說，是很難正確地由別人複述出來的。當一位教授闡述一哲學名家學說的時候，往往不是失之過簡，便是教授加上自己的見解。而中國學生們往往把教授所述的哲學家當作哲學家的本來面目而不加深究。這一來，他們很容易走進學術的迷途或窮巷而不自知。在美國大學執教哲學的教授們，不管名氣怎麼大，都是鼓勵學生們讀原典的。他們的教學方法，不在講演式的紹述或滔滔不絕的發表一家之言，而在指導學生如何閱讀原典，及領導學生討論讀原典後所產生的問題和困難。美國的學生們也樂於在原典上下功夫。反之，中國的學生，聽課之前不必作讀原典的準備，拿一支筆和一個筆記本子到教室裏來，用看戲的心情來看教授在講壇上的「表演」。學生對教授的評價，往往不注重知識的可靠性或見解的正確與否，而注重教授的演出是否「精彩」。這一來，許多大學教師，爲了「出人頭地」或加速成名，往往不擇手段，奇兵制勝地來博取弟子們的「歡心」。有些在課堂裏表演驚人的記憶力，把經典一句一句打着拍節的背出來。（本人出國前教國文時也出過這一招。） 有些不能背書而學識欠充實的，便表演罵人的本領：罵同事，罵學校，罵古人，罵洋人，以至罵自己的政府。奇怪的是，老師罵人愈厲害，愈博得學生的擊節讚賞。一九六四夏威夷的東西哲學會議場中，方東美先生宣讀論文後和英國教授芬萊氏展開舌戰。方先生用專家和孩子之喻壓倒芬氏，方門弟子傳爲美談。其實方先生數十年來的學術活動可稱述的甚多，何以方門好些弟子把方先生「罵人」之事傳爲美談呢？本人眞不得其解！老師在堂上罵人，還有一點危險性。年輕的學子，模仿力極强。當他們的學識和見解還未和老師看齊的時候，罵人的技術和目空一切的態度，恐怕已靑出於藍而勝於藍了。因此，本人今天很誠懇的給教哲學的同寅們進一言：我們在教堂裏最好不要求表演精彩而罵人，我們最好鼓勵學生多讀原典而減少倚賴筆記。最後，我們最好鼓勵學生自己去找尋答案而不要給老師牽着鼻子走。

隨着教學方法的改進，課程的修訂和補充也是必要的。就本人的觀察，在臺省的四個哲學系，都沒有討論方法和與實際生活相關連的課程。本人僅趁這機會在各系主任的面前建議在各校哲學系增設「哲學方法論」一門課，請專人擔任，或由幾位老師合力教授，我國的社會和學術界，一向注重「師承」、「道統」、「眞傳」、「祖傳」、和「秘傳」等觀念，而忽略了對方法的批判、研討、和改良。我們的方法，主要是「模仿」和「武斷的直覺」（謝幼偉先生詞）。天資上乘的，憑着超人的模仿力和敏銳的直覺，或能創造一些「前無古人」的論調。那些天資較平凡的，窮數十年的光陰鑽研一個小專題，往往因沒有方法的訓練而致光陰精力白費。西方的哲學界非常注重方法的研討，而西方哲學史所記載的哲學方法亦五花八門。除了傳統的分析法、綜合法、和辯證法之外，還有Axiomatic Method, Semiotic Method, Phenomenological Method，以至Method of Exposing Presupposition等等。I. M. Bochenski的Methods of Contemporary Thought已在臺翻版，各位同寅若未有看過此書的，不妨買一本來看看。

其次，我還想趁這機會建議較大的哲學系設立「哲學批評」一科。中國的學術界，一向不注重批評的方法。在臺灣的文壇和一般知識界，筆戰之風甚盛。「戰士」們的武器，大多是以生花妙筆的修辭技巧，來作對「人」的攻擊，而忽略了對「學理」的分析。在他們的文章裏，都是充滿着一堆駡人的成語，像「崇洋媚外」、「厚誣古人」、「數典忘祖」、「喪心病狂」、「食古不化」、「走火入魔」等等，眞是不勝枚擧。可憐那些未受過邏輯訓練的讀者們，往往以爲駡人駡得精彩的，便是有學問的人。這無形中對謾駡式的筆戰，給予很大的鼓勵，那些有眞知灼見而不懂得修辭駡人的學者，往往沉寃莫白。而他們想發表的眞理或至道，也往往因此湮沒而不彰了。爲了補救這一點缺陷，我們一定要提倡批評方法。其實，批評是哲學本身一項重大的任務。

二十世紀大哲人杜威和懷海德都認爲批評是哲學的「天職」。在哲學上的批評，大抵分內在和外在兩種。內在的批評基於邏輯的法則，揭露被批評的學說（不是人）中內在的矛盾。作這種批評的人，一定要思想敏銳而了解力强。不懂思想法則的人，千萬不要作這種批評。外在的批評是指出被批評的學說和事實不脗合或在實踐上有所行不通的地方。看來外在的批評容易些，其實也不盡然。批評者若對事實觀察不清楚，或對被批評學說了解不够充分，便容易犯「不分皂白」或「無的放矢」的毛病。此外，近世西方哲學中還有Exposition of Presupposition的方法。批評者並不向被批評學說作直接的批評，而先追尋被批評學說背後的基本設定的條件。懷海德在「科學與近代世界」第三章對牛頓物理學的檢討，便是用這種批評方法。本人在一九六九年芝加哥學行的全美教育會議，宣讀一篇名「美國高等教育的兩項教條」（Two Academic Dogmas in American Higher Education），也是用這種方法寫成。我在「哲學與文化」本年二月份的一篇文章裏，特別呼籲哲學界用「方法意識」代替「門戶意識」。現在我趁這機會呼籲全臺的哲學系，增設方法論的課程。這實在是我們每一個哲學系的新使命。

除了方法論的課程外，本人還建議設立「學以致用」的新課程。「知行合一」原是我國學術文化的一句老口號，從王守仁的心學到我們總統　蔣公的力行哲學，在理論上都一脈相承，但在實踐上和美國的教育和文化相比，實在有點汗顏。美國大學的哲學系，早就本着「知行合一」的原則（這是實踐主義Pragmatism的中心學說），開設和現代生活有關連的課程。本人十年來也活躍地參與這一類課程的建設，專門講授「當代道德問題」（Contemporary Moral Issues）一課。講授的題目包括（但不限於）：婚前性行爲問題，墮胎應否合法問題，死刑存廢問題，以及安樂死問題等等。這一課程的主旨，在透過一個哲學學者的智慧和方法，對現代社會道德問題作透闢的分析，從而引導靑年們循智慧的（非本能的，非習慣的或禮俗的）途徑自己去獲得答案。我國各大學的哲學系的課程，都是因仍舊制，把哲學關在象牙塔裏。過去的哲學學者們大多是「四體不勤，五穀不分」的學究。年輕一代的學者們，似乎比老一輩的朝氣蓬勃多了。然而，大學裏的哲學課程，仍然是舊有的一套，年輕敎授們有「英雄無用武之地」之嘆。因此，本人鄭重地建議國內四哲學系增設現代問題課程，聘請關懷世道人心的年輕學者擔任，使哲學不至於成爲書本的敎條或概念的遊戲，從而實行我們文化一脈相傳下來的知行合一的敎訓。

除了改進敎學法和修訂課程之外，對學生考核方面，也應該硏究改進。根據本人數月來的觀察，最流行的考核方式是學期論文及讀書報告。本人入鄉隨俗，也採取這種考核的方式。上學期收來了一大疊學期論文，閱讀之下，頭痛萬分，不知道怎樣打分數。原因是他們的「作品」，旣無詳細註脚說明出處，也沒有什麼「前言」或「緒言」粗枝大葉式的說明他們的作品根據何書。我雖然在甲骨、鐘鼎等文字訓詁下過功夫，也曾寫過考據的文章，但面臨學生們的大作，頓感我在考據學方面所下功夫的不足。何者爲眞品？何者爲僞作？材料「抄」自何經何典？在學校限時交成績的情勢下，不得不採用現象學「存而不論」的原則，只看現象，不顧本體了。一九六三年

（民國五十二年）我應聘於密蘇里州立大學當專任講師的時候，每一位新聘的教員都收到校方一封公文，標題為「對學術上的不誠實的處理政策」(Policy Governing Academic Dishonesty)；對學生的論文和報告的「詐欺」，都訂定很嚴厲的處理辦法。輕者（缺少註脚）予以打零分，重者（抄襲別人文章）予以開除。至於在美國各大學執教的學者們，由於當學生時已訓練有素，加以在法律上有嚴格的規定，一般而言，都規規矩矩寫自己的文章。本人在美十六年，從未聽過一宗「抄襲」案。反觀我國的學術界，除了商人的「翻印」「盜印」之外，不少「學者」們用「移花接木」、「脫胎換骨」的方式把別人作品據為己有。當然也有些「豪邁」之士，公然大刀闊斧的「生吞活剝」。當他們被人揭發的時候，還板起臉來，反控揭發者妨害名譽而要求揭發者向他們道歉。高等學府裏要是窩藏着這種敗類，我們怎可以教育下一代成才呢？孔子說：「其身正，不令而行；其身不正，雖令不從。」我現在僅趁這機會呼籲哲學界同寅，一同合作，掃除以往陋習。凡遇有「移花接木」或「生吞活剝」而盜竊他人作品的，就是我們的師友，也要檢舉出來。在考核學生方面，特別要培養他們誠實不欺的態度。所有的學期論文或報告，務求出處詳明，言之有據。若能做到這一點，則中國哲學界之前途幸甚！

最後一點我要趁這機會建議的，便是學術討論風氣的培養。美國的哲學界非常注意學術討論，哲學的學術團體大抵有二三十個之多。全美哲學年會之外，許多大的州都有哲學年會。美國大學的哲學系，無論大小，都有定期討論的聚會。在本人任敎的大學，每兩星期都有一次哲學的討論。其方式是由系中一教授提出一篇論文或研究報告，影印若干份發給各同事及有興趣之校外學術界人士。各人研讀其論文或報告之後，於會中提出問題討論。本人參加這種討論會十多年，自己也提出過論文多次，深覺這種討論方式可以促進意見的交流，增進學術界同寅之相互了解，從而促進學術文化的進步。可是，本人回國講學這幾個月以來，既沒有機會提出自己的論文或報告，也沒有機會參與這種討論的盛會。研究哲學的同寅們只是閉上門搞自己那一套，都認爲眞理在我掌中，別人的只是「邪說」或「外道」。大抵搞德國唯心論的和邏輯實證論的勢不兩立，而搞存在哲學的和搞分析哲學的也有不共戴天之仇。留歐的譏諷留美的膚淺，留美的批評留歐的迂腐。從未出過洋的道統派譴責留學歸來的崇洋媚外，留學歸來的新進派也以「食古不化」或「閉門造車」等口號作還擊的武器。在這樣的局面之下，學術進步有可能嗎？

要使學術進步，一定要掃除私見，洗心革面。洗滌互相猜疑的心態，革除「惟我獨尊」的面孔，來從事開誠布公、虛心研究的學術討論。不過，要學術討論上軌道，必先具備兩項條件。第一項的條件便是我前面所說的批評方法。不懂得批評方法的人，往往「出口傷人」。像「你對這一行不懂，多讀幾本書再來談吧」一類的措辭，根本不是批評，而是自大和輕蔑。這種不懂批評方法的人若參加討論，可能把嚴肅的學術會議轉變爲潑婦罵街的市墟了。第二項的條件是參加學術討論的成員，都要對他們那一行（我們的一行便是哲學）有基本的通識。基本的通識是意見交流的橋樑。美國大學哲學研究所對哲學的一般通識非常注重，博士研究生一定要通過一個通識的考試（包括形上學、知識論、邏輯、科學哲學、西洋哲學史，以及各種價值論）才可以開始作專題論文的研究。因此，在美國大學的哲學系，同事間的學術鴻溝沒有像我們的顯著，而他們也比較易於收學術討論之效。

以上幾點，只不過是本人返國擔任客座教席的幾點感想，不能算是甚麼獨特之見。可是，以上各點，都是本人離臺返美之前對國內哲學界的臨別贈言，每一句都出自內心的至誠，而沒有任何一點「立異鳴高」的意向。本人非常抱歉，今天所講的，都是對國內哲學界的批評而不是讚揚和稱美。本人並不是不熱愛祖國，正因爲是熱愛祖國才說了上面這番話。父母有疾的時候，做兒女的還能顧全父母的「面子」而諱疾忌醫嗎？

門戶、方法、和中國哲學的未來

本人「論治哲學的門戶和方法」（註一），「論中國哲學的出路問題」（註二），及「哲學教育改進的我見」（註三）三篇文章，刊登以來，獲得不少反應。若干讀者更來函臺大哲學系向本人詢及許多枝節的問題。本人忙於教學及應酬，未暇一一答覆。玆值「哲學與文化」出版「中國哲學之未來」專號，本人趁這機會續論「門戶」、「方法」、和「中國哲學的未來」，把前文未能暢所欲言的，再來申說一番，並向讀者們作綜合的答覆。

㈠為什麼要用「方法意識」代替「門戶意識」

我在「論治哲學的門戶和方法」一文，主張用方法意識代替門戶意識，博得許多讀者讚同。但我在前文提出的，只是一點意見，並沒有給予充分的理論解說，以致少數讀者提出疑問。現在略爲補充解釋一下。

從社會組織學的觀點來看門戶，這可以說是「家庭意識」和「學術權威」所結合而成的產物。從論語中片段的記載，孔門七十二子的生活圈子，就像個大家庭一樣，孔子就是他們的家長，那幾個被家長稱許的或認可的，像顏淵和子路，就是這家庭的老大哥們。他們常有家庭式的結集，或閒談，或論學。家長外出的時候，總有一兩個弟子侍候着，或推車，或馭馬。家長有事，弟子服其勞。弟子有酒食，先呈家長饌。這一來，師生間的關係，好比父母和子女的關係一樣。在家庭裏的中堅份子（譬如長子），傳宗接代的意識極强，所謂「不孝有三，無後爲大」。學術門戶的嫡傳人，也往往以紹述眞傳或承繼道統的使命自任。從歷史的觀點來看，學術的「門戶」在我國文化的一脈相承，實在有無比的貢獻，那我爲什麼要主張廢除「門戶意識」呢？

第一，「門戶意識」很容易會引起意氣之爭。眞正的學術討論和批評會促使文化進步，但意氣之爭徒然浪費學人的智慧和精力。筆者記得從前大陸許多鄉村械鬬，往往由於兩姓間子弟的爭執而引起。許多時導致不可收拾的局面，鬬到雙方傷亡慘重還不罷休，鄉村械鬬往往由家庭（或稱「家族」）意識引起，學術上的「械鬬」亦有不少由門戶之見造成。筆者就讀大學時，不少老師因門戶派別的不同而互相詆譭。爲人師的在學生面前參加學術「械鬬」，好比爲人父母的在子女的面前拳打脚踢毆鬬一樣。不和睦的父母往往給孩子們不良的影響，好罵別人的老師們又那裏能做門人後學的模範呢？

第二，在今日的學術世界，不再是往日一人能兼通「義理」、「考據」、「辭章」的時代。學術的分工愈細密，門戶的教育力量愈弱。今日的學子若仍然以從遊一位大師便能囊括天下學術，這無異井中之蛙，甕中之鼈，一定走進學術的窮巷而不能回頭。若跟隨多個老師學習，學術的視野自然廣闊，偏狹的門戶之見也自然無地容身了。

第三，一個學術門戶的代表人物，往往是一名權威的學者。但權威的學者不一定是一個好教育家，他那一套「絕學」可能只有一二天才者或個性相近的才能了解，其餘的生徒可能白費精力和時間。而且，一個學術上的權威人物，往往有他的偏見或怪癖，學子們學養未深，很容易把偏見或怪癖學過來而忽略了老師的眞知灼見。這樣，很容易不自覺地走火入魔，而忽視學術的正途了。

筆者深深知道，門戶在中國學術界已有悠長的歷史。要把門戶意識一下子消除是不可能的。而且，在中國過去的學術界，「門戶傳承」實在發揮承先啓後的教育功能。倘若一旦廢除，沒有適當的代替品，對學術界無形中是一項損失。所以筆者不是提倡立刻廢除門戶，而是以「方法意識」逐漸代替「門戶意識」。

根據筆者個人的意見，門戶是學術的權威，但方法却是「權威的權威」。這怎麼說呢？這裏讓我引用羅時憲先生的話說明一下。一九五四年筆者中學畢業，考進了香港九龍廣僑書院（後合併於聯合書院）文史系。那時，羅先生當系主任。他對筆者的中文造詣及國學根基頗爲賞識，但對筆者只懂體會和記誦而不懂批評和分析頗有微詞。羅先生精研唯識之學數十年，兼治印度邏輯。其時陳大齊先生「印度理則學」在臺出版未幾，剛運到香港集成圖書公司發售。羅先生買了兩本，把一本送給我，鄭重地說了下面一段眞摯的話：「你若把思想方法搞通，一生受用不盡。方法好比一面照妖鏡子，有了這面鏡子，什麼中西大家學說的瑕疵，都一一在照妖鏡下現形了。」羅先生這一番話，不但對哲學初入門的具有啓發性，而且能使那些一向盲從權威的如夢初覺。我國思想界半世紀以來，一片紊亂。不少學者從事整理傳統思想而獨豎權威的旗幟，也有不少學者介紹西方的權威過來。什麼黑格爾、康德、斯賓塞、尼采、柏格森、懷海德、杜威、邏輯實證論、存在主義、現象論等等，都曾一度做過我們思想界的權威或主宰。他們來時，都掀起一陣熱浪，但不久便冷却了。好比巴黎的新裝一樣，年年的款式都新奇百出，但後浪推前浪的一瞬即逝。他們的學說，既難在我國生根，而我國思想界又未能吸取他們的長處而獨創自己的思想。爲什麼如此呢？原因是我國思想界的一般青年後進（其實也包括許多老前輩）缺乏思想方法的訓練，而且缺乏一般西洋哲學的通識。當外來哲學權威介紹入中土的時候，慕道者往往「一見鍾情」，「難分難捨」。其後又往往因爲道統派的叔叔伯伯們羣起反對，迫得「慧劍斬情絲」而「始亂終棄」。到了後來，馬克思竟以超級魔術把我國的一些熱血青年們迷惑了。我國思想界素來沒有「照妖鏡」的裝備，馬克思馬毛上長的虱子是肉眼看不到的。可憐我國的熱血青年們竟對馬氏娘娘一見鍾情，繼而論及婚嫁，道統派的叔伯們反對也無效了，到頭來姻緣錯鑄，貽誤終身！

有了方法的訓練，我們對外來的權威不容易一見鍾情，對家內的權威也不會盲從附和，而權威之間錯綜分歧的見解也不會使我們頭昏目眩而不知所從。所以從這個角度看，方法是「權威的權威」。倘若我們的教育在五十年前便實行思想方法的訓練，使全國青年們裝備一面思想的「照妖鏡子」，馬氏的邪說自然沒有容身之地，神州也不致於陸沉，我們也不致飄零海外了。(註四)

這幾個月來，不少同事和同學都提議我把杜威氏的哲學從新介紹過來，有的提議介紹懷海德，有的提議介紹頗蘭義（Michael Polanyi）(註五)或魯一士（C. I. Lewis-Royce 當譯「羅益世」）。這是他們的好意，他們能欣賞我在西洋哲學所下功夫的深度而表示信賴我的介紹，我應當在此致謝。但我不顧我國思想界重走舊路。當一個男孩子不懂得和女性相處的時候，介紹一個很適合他的女孩子，他也未必能了解或欣賞，到頭來不是始亂終棄也會成終身怨偶。前車可鑒，我們還要重蹈覆轍嗎？因爲這個緣故，我給他們的答覆是：我要介紹的，是西洋哲學方法和西洋哲學史。諸位若能搞通方法和歷史，自己可以研究專家的思想，用不着我介紹了。方法和歷史是「下學」的功夫，專家哲學的研求是接近「上達」之學。初習哲學的同學太講究速成了。他們不知道「頓悟」絕非一朝一夕的功夫所能獲致。有一天，有幾位同學問我應該讀些什麼書的時候，我告以「哲學史」和「哲學方法」。他們說：「這不是要花很多年的時光才能進入高深的研究了嗎？」我答說：「不錯！哲學的道途是漫長的。其他的學問像電腦學或會計之類或許有速成的途徑，哲學是沒有的。希望求速成的人最好不要讀哲學。」他們又問：「老師，你的成就究竟是循什麼途徑獲得的呢？」我答說：「我並沒有什麼成就，但我相信我已經裝備了一面『照妖鏡子』，那些異端邪說和僞裝的權威，都可能在我的鏡子下一一現形。換句話說，我只受了基本的訓練而已。」他們又問：「那麼一生的時光有限，走這樣的長途那裏走得完？」我答說：「今生走不完，來生再走。我們的眼光一定要長遠闊大。然後我們的成就才能垂之於久遠，才能對歷史文化有貢獻。韓文公說：『毋望其速成，毋誘於勢利。』希望諸位服膺這格言吧。」

(二)未來中國哲學的構想

哲學教育一天不改良，我們中國哲學一點都沒有希望。方法訓練的提倡是改良哲學教育的第一項任務。有了方法的訓練作基礎，我們才可以談我們哲學的未來。

第一，未來的中國哲學，一定不能脫離中國文化的基本形態。那麼，中國文化的基本形態是什麼呢？本文不是專論中國文化特質的文章，對這問題不可能作詳細的解答，只好用最簡略的方式來說明一下。根據筆者體會所得，中國文化（尤其是學術思想方面的文化）具有五大特性：(一)價值意識，(二)藝術形態，(三)人文主義，(四)中和理想，及(五)實踐精神。中國的傳統思惟方式，價值觀念（尤其是善惡觀念）重於事實觀念。中國人（指未受過西方思想影響的）對事實分析或現象描述的時候，極難採取「價值中立」的態度，而一般中國讀者讀到描述現象或分析事理的文章的時候，往往作價值性的反應。從這一點來看，西方思想像邏輯實證論一類的學說都很難在我國生根。至於中國文化的藝術形態，不少前輩學者論及。筆者亦曾在多篇文章發揮這一點的文化特質。(註六) 這裏要特別强調的是中國藝術精神的宇宙觀，把宇宙看作生機洋溢大化流行的整體，一切的存在都充滿着「情」和「生命力」。由此看來，這種文化和機械唯物論是格格不入的。至於中國文化的人文主義，前輩及時賢都發揮得淋漓盡致，用不着筆者狗尾續貂。中和之道，一向是中國人生活方式的標準。先秦諸子百家，只有儒家一脈相傳下來，原因是其他各家都帶偏激的性質，只有儒家才適合中國人「中和」的旨趣。從這一點，我們可以下一個判斷，馬列主義絕不適合中國人思想的胃口，因爲它是一個極爲偏激的學說，距離中國文化的基本精神太遠了。至於實踐精神，在二十世紀似乎已經成爲全球人類生活價值之一，美國人對這一點尤發揮得最透澈。我國思想向來有實踐精神，但缺乏了實踐的方法，這一點不得不向其他文化學習（尤其是美國實踐主義Pragmatism），來謀傳統文化精神的繼續發揚，在這一方面的改進，我們應當在教育方面盡最大的努力。以上五項基本精神，決定了我們吸收外來文化的方式。我們吸取外來文化，應當以不違反這幾項基本精神爲原則。我們尤其是要選擇能幫助我們原有文化精神繼續發展的外來文化或思想。就這一方面來看，據筆者個人的意見，我們應當向杜威氏多多學習。杜氏思想的實踐精神和方法不必說了。他的博大圓融的中和理想，確非一般「執一」之士所能了解。他的人文主義亦足以配合儒學的新發展。而且，他極端反對價值中立論。至於藝術精神，在「藝術即經驗」一書中，把「斜陽芳草尋常物，解用都爲絕妙辭」的眞諦，發揮得淋漓盡致。可惜當年介紹他思想進來的人，和他本人的思想形態相差太遠（介紹他思想入中土的大抵爲偏激之士），以致歪曲杜氏之學。到了現在，杜威哲學在國人的意識裏已成歷史陳跡，我們錯過了當年向他虛心學習的機會，現在要歷史開倒車，不是一件很容易的事了。(註七)

第二，未來的中國哲學一定是要滙合世界各哲學傳統而產生的哲學。我所說的世界各哲學傳統，原則上要包括印度、中東、南北美洲、歐洲、及非洲各地的文化。但在實際上，若能滙通中、印、西洋三大哲學傳統來創造未來的中國哲學，已是一件非常艱巨的工作。不過，我們若能在方法上打好基礎，在哲學教育盡量推動融攝外來思想的功夫，這也不會是不可能的。不過，我們過去對外來文化的融攝是否成功，應當先檢討一下。許多人對我國歷史上佛教的輸入看作中印文化的大融合，而且融合得非常成功。但就我個人的觀點來看，從鳩摩羅什到玄奘，到慧能，直至禪宗盛極而衰，象徵着中印文化交流的「失敗」，而不是「成功」。這怎麼解釋呢？在中國流傳的佛教，已經距離印度的佛教很遠。唯識宗是印度的土產，但由玄奘大師輸入中土，到第二代窺基大師之後即不得傳人。唯識論的分析方法和現象學，正是我們文化缺少的東西，但我們一點都學不到。也許我們的自創力太强了，天台、華嚴還不够，還要搞出一個「當下頓悟」「立地成佛」的禪宗來。在「拳打棒喝」的狂禪風氣之下，我們實在嗅不到一點印度文化的氣息，我們還能以融攝印度文化而沾沾自喜嗎？其實佛教所代表的，不算得是印度文化的精神。印度文化的精神深藏在印度教的經典裏，像吠佗經、奧義書、和薄伽梵歌等等。然而，我們中國搞思想的學者，有多少人曾經在這三部印度聖典中下過功夫呢？我們懂一點佛教的皮相，便以爲融攝了印度文化，這眞坐井觀天了！

那麼，我們融攝西方文化的功夫，又做到那一個地步呢？西洋文化比印度文化來得更複雜。大體而言，構成西方文化的，至少有四大部份：希臘的哲學，希伯來的宗教，羅馬的法律，和從希臘到現世一脈相承的科學精神。讓我們先從科學談起吧。國人注重科學，只限於其成果及實效性的一面，而對於科學生命的本身還未能把握着。科學生命的本身，在其思想上的清晰性、明確性，遵從規律，及接受批評的精神。我國思想界有成就的學者，有多少人能盡清晰明確的能事？又有多少人能接受批評，容忍異己？談到羅馬的法律，我們更有點汗顏。大抵我們文化的土壤仍然缺少能令法律滋長的肥料。立法和司法的程序，我們都模仿了西方。然而，我們得不到的是西方人的法律觀念和守法精神。這一點，筆者已在另文論述，這裏不作重複了（註八）。說到希伯來的宗教傳統，我們不能不承認這是西方人精神生活的支柱，他們相信一個全知、全能、全善、無所不知、無所不能、無所不在的神，實在代表着西方人認知方式的超越性。中國人所崇拜的神都是具體的，而且多是來自世間的，這實在顯示中國人認知方式和西方人不一樣。國人對希伯來宗教（不論猶太教、天主教、或基督教）的看法，極少從宗教哲學的角度去分析，只憑日常見到的教堂儀式、教士、教徒生活去下判斷，而且他們所見的往往限於在中國本土的情況，而對在西方世界的宗教實況不求甚解。這一來，我們如何能融攝西方宗教傳統的精華呢？我們常常自誇我們文化的融攝力强，我們似乎眞要檢討一下！最後，我們要談到希臘哲學了。自從國人研習西方哲學以來，我國國土確曾產生了精通希臘哲學的學者，像陳康、方東美兩位先生，確能在西方大學執教希臘哲學，陳先生在斯學之貢獻，擧世皆知，不必介紹。方先生一九五九至六〇年間，受聘於密蘇里州立大學講授柏拉圖一課。筆者也曾不自量力，在美國大學講授希臘哲學數遍。以我國學人的思想素質和努力，學習希臘哲學有所成是絕不會成問題的。然而，我國國土出產了希臘哲學專家（只有陳康先生能當此），便足以證明我們文化已把希臘哲學融攝過來了嗎？事情不是這麼簡單！希臘哲學的精神，並不在哲學家們片片段段的學說裏。我們精研柏亞二氏的大系統也不一定能把握這點精神。根據筆者個人的觀察，希臘哲學的眞精神在把理性的睿智和美感的生活情調融成一和諧整體，從而將道德價值及社會秩序納入其中，我國思想界的造詣，似乎還未到這一境界。原因是對美感生活有陶冶的人，往往缺乏知性的訓練。而中國國土造就出來的科學家，除了一二特例之外，都極缺乏人文的素養。我國中學教育，實行文理分組，大學中科學學系的通才教育又付闕如，我們那裏可以把希臘哲學的精神融攝到我們的文化裏來呢？

我們要我們未來的哲學融滙世界文化精華，一定要檢討我們以往在文化上融攝的成果，從而作「補過」或「策勵」的功夫。上文所指出的美中不足之處，不是不可以補救的，只要我們虛心學習和鍥而不舍，我們的理想終有一天可以達到。

第三，未來的中國哲學，應該是趕上世界思想潮流的哲學。我們現在的中國思想界，是否能趕得上世界潮流呢？我們也應當先檢討一下。我國一般的知識界，據筆者的觀察，對科學本質和功能的認識，還是西方人四五十年前的老觀念，以爲科學知識是絕對客觀的知識，科學所追求而獲得的是萬古不磨的眞理，一切和科學「不相容」的，像神話、宗教信仰、甚或代代相傳的「土法」（如中國固有的醫藥學），都應加以淘汰。在西方的文化界，因爲「科學哲學」一門的進步和發達，對科學在人類經驗的可靠性及在文化的地位常常加以檢討，西方人對科學已放棄了盲目崇拜的態度。科學家兼哲學家頗蘭義（Michael Polanyi）在其著名的演講辭裏指出，科學和神話並行而不相悖。（註九）根據頗氏的說法，科學不是完全客觀的，因爲科學活動常有科學家主觀的判斷。而科學家主觀的判斷又與他的興趣、經驗、和文化背景有關。說到最終極之處，科學不是一種理性活動，而是一種信仰。頗氏和其他新派科學哲學家的學說，已把西方人以往科學獨尊的思想改革過來了，何以我們的思想界對這一個新思潮懵然無知呢？其次，社會科學中的行爲主義，現正在我國思想界大行其道，這一派學說在美國已末落多年。行爲主義心理學的皇位早被人文心理學及現象學的心理學所取代。大抵這一派學說在美國走頭無路，闖進我們寶島的大門來作避難所吧！最後，讓我們看看我國文化界的哲學思想吧。看來非常可憐，我國哲學界具有影響力的思潮，竟然停留在西方十八十九兩世紀的時代。康德和黑格爾在西方哲學史的地位，我們絕對不能否認。但我們也不能否認二氏的哲學是過了時的哲學。康德的純理批判，可以說是第一本科學哲學的經典，體大思精，說理嚴謹。但我們不可不知，他所根據的科學，是牛頓物理學及歐幾里德幾何學。自從十九世紀末葉，新幾何學興起，配合了 Axiomatic Method 的發展，數學公理所代表的，不復是自明的眞理。這一來，康德所討論的數學的本質，不再適用於今日的數學了。物理學方面，二十世紀的量子力學和相對論，都是康德未見過的學問，康氏怎能不退位推賢呢？黑格爾的哲學，的確圓通博大，但二十世紀所有的哲學都照準他的「純對精神」迎頭痛擊。懷海德更評黑氏的數學論胡說亂道，從此終身不再讀黑氏之書。然而，我國的哲學界似乎還停留在康黑兩氏的時代，實在太可悲了。我眞不明白，爲什麼那些在西方過了時或壽終正寢的學問，往往在我國文化界「借屍還魂」呢？其實二十世紀的西方哲學，百家爭鳴，粲然大盛，我們可以學習的實在太多了。我們絕不能因爲自己所愛的哲學過了時便「駡」二十世紀沒有哲學。我們更不能因爲自己不懂當代哲學便以「現代爲哲學沒落的時代」作遁辭。當代哲學的盛觀，實非筆者三言兩語可能形容。美國的實踐主義（請不要再翻譯「實用主義」了）和自然主義都支配着美國文化的大流。存在主義已經成爲一種深入人心的世界性思潮，現象學亦成爲當今思想界的重要方法和哲學觀點。分析哲學也滲透了西方文化的任何一個角落。（請讀者注意，分析哲學絕不是像我國反分析人士所描述的那麼膚淺和可怕！） 基督教的神學也在二十世紀創造了前所未有的人文宗教觀。其餘的旁枝細流，不能一一備述。但願對中國哲學未來關心而有志創造的人士，不要受「康德黑格爾後無哲學」之說迷惑了而忽略了當代西方哲學的重要性。筆者在這裏認眞地說一句，我們若不趕上世界哲學的潮流，中國哲學的未來一點都沒有希望！

第四，未來的中國哲學，應該是全中國人的哲學。哲學的功能，在反省人生，創造價值，和指導行動。過去的中國哲學，在這幾方面都未能克盡厥職。原因是中國的哲學一向都被關在讀書人的象牙塔裏，而讀書人和社會都缺乏全面性的接觸。這一來，孔孟之書只不過是少數人的修養工具而已。孟子的理想人格是「富貴不能淫，貧賤不能移，威武不能屈。」我們有多少人能按照這個理想來生活呢？試看暴發的豪門富戶，到北投飲酒行樂，一擲數十萬金而不吝，這不是「富貴能淫」嗎？一些大學女生，爲了解決生活的窘境而靜悄悄地參加「應召」的行列，這不是「貧賤能移」嗎？不久以前，臺北報章報導流氓打人，受害者懾於流氓的兇勢，不敢向治安機關報案，這不是「威武能屈」嗎？論語說：「君子喻於義，小人喻於利。」董仲舒更進一步發揮說道：「正其誼不謀其利，明其道不計其功。」試問，我們有多少人能服膺這幾句格言？就筆者的觀察，一般國人對利害得失非常斤斤計較：像旅行社的回扣，色情娛樂機構的中間剝削，餐廳抽取服務費，（許多餐廳服務小費盡入老闆私囊。）補習班的特殊收費，建築商的投機取巧，一般小商人針對個別情形來開高價，以及二十餘歲少女爲錢財爲出國而嫁給華僑老翁等等，在在足以證明一般國人的利祿薰心。我們聖人的格言到那裏去了？我們的哲學究竟盡了多少職能？當年胡適之先生介紹美國哲學來中土，以重功利重實效來標榜。衛道之士立即對美國哲學迎頭痛擊。筆者在這裏謹向衛道之士請願：不要再攻擊美國人的功利主義或實效主義了，請看我們自己的同胞吧！美國人至少都知行合一，或可以說是學說和實際生活一致。我們的實際情況實在和我們所擁護的理想相距太遠了。我們不要再批評人了，該好好地對自己檢討一番吧。

理想若和實際距離太遠，不是理想本身有缺陷便是實際情況很有問題。理想和實際間應維持一種Genetic-functional的關係。理想不能是無中生有的東西，一定要由吾人實際生活和經驗經反省思考而產生出來。別人的理想不一定可以作我們的理想。同理，古人的理想不一定可以作今人的理想。我們應創造我們自己的理想，抄襲外人的理想或抄襲古人的理想都不一定能適合我們當前的實際，古人的理想和外邦文化的理想僅能給我們參考而已。一個妥善的理想，一定要能發揮其功能（function）指導實際和改良實際。我們的理想若和實際距離太遠，不能徒歎「世道淪亡，人心不古」，應該從速檢討理想，看看它是不是從我們的實際生活或經驗中創造出來，若是外來的理想或古人的理想，我們恐怕要花一大番功夫來把它修正或改良，才能使它發揮功能來指導我們當前的實際。我們未來的中國哲學，一定要配合實際而發揮其指導現實，改良現實的功能。這種哲學，可能由少數哲學家創出來，但成果是屬於全中國人的。

㈢未來中國哲學的構想能實現嗎？

讀者們也許會認爲我所構想的未來中國哲學太難實現了。第一要以中國文化爲本位，第二要綜合世界各大哲學傳統（至少中、印、和西洋），第三要融滙世界最新哲學思潮，第四要貫通理論實踐，發揮其領導全中國人的思想功能。也許讀者們會認爲，這個理想比「天方夜譚」裏的傳奇故事更難實現了。（註十）我在這裏要說明一下，我對未來中國哲學的構想，畢竟和「天方夜譚」的傳奇有很大分別。「天方夜譚」的傳奇是超實際的，超經驗的，而我對中國哲學的未來是根據實際情況來構想的。其次，「天方夜譚」的幻想世界是無路可通達的，我對中國哲學未來的構想是有路可以到達的。但這一條路，可能要費一段時間和多數人共同的努力築成。我現在要把築路的計劃說明，向讀者諸君請教。

我的築路計劃就是哲學教育的改革。就我個人的接觸範圍，哲學界中的先進和儕輩對教育學的興趣不很濃厚，不少人以爲教育是每一個有智慧的人可以不學而能的東西。我是師範大學教育系畢業的，深知教育的功能和教育學的複雜性，我們絕不可以看輕教育。它是救國救民復興文化必經之路，它是我們達成理想的手段，一切方法的方法。我們若忽略了教育，縱有很完滿的理想，也不過是「天方夜譚」裏的傳奇。

我對哲學教育改革的提議，發軔於「論治學的門戶和方法」一文，深感門戶之見在教育上的障礙，提倡用方法意識代替門戶意識。其後，在「論中國哲學之出路問題」的末段，簡單地提出了幾點哲學教育改進的意見。最後，在全國哲學年會的演講詞，以「哲學教育改進的我見」爲題，痛論目前哲學教育的缺點，現在把以上三文有關哲學教育的意見，更爲有系統的解說。前文還未道及的，趁這機會補充說明。

首先，我要提議哲學研究所增加「哲學教學法」一科目。（這一點前三文均未道及。）目前哲研所的職能，只着重培養哲學研究員，而不是培養哲學教師。我在過去一學年中，以客卿的地位，以超然的身份，從學生們天眞而坦率的口中，獲得不少關於其他教授們如何教學的報導。有的學識淵博，但不懂得發揮義理而照書直念。有的見解高超，但不由自主地發表一家之言而忽略所教學科的主題。有的口若懸河，專門名詞如「大珠小珠落玉盤」似的，學生們都感「眼花瞭亂」、「勢不可當」，但從不敢窮追細究。有的條理分明，顯淺易解，但一清如水，淡然無味。縱管學生們對他們的教學表示不滿，我却同情他們。他們是以往哲學研究所的產品。過去（以至現在）的哲研所，顧名思義是注重研究，但學制却要求他們畢業後當教師。他們從未學過教育心理和教學法，而他們的教學方式，都是訴之於「良知良能」，或模糊地模仿他們以往的師長。大抵一個人進了所謂「學者」階級，都自以爲一定懂得教書，正如一般人的觀念，以爲男女成年便一定懂得夫婦之道一樣。不懂男女之道而自以爲懂得，這不過是個人的愛情或婚姻的問題。若不懂得教學方法而自以爲懂得，則遺害社會文化甚大！所以筆者鄭重建議各哲學研究所增設「哲學教學法」一門課。這門課初成立的時候，一定會遭受部份教授們的反對，認爲這一課是多餘或不必要。筆者特別呼籲，請這些教授們多多合作，縱使你們自己「不學而能」或「生而知之」，也請你們忍耐一下，讓「後知後覺」的生徒們有一點學習機會，不致於他日爲人師時，尸位素餐，誤人子弟！筆者在美國北伊大哲研所時敎授此科，研究生咸認爲得益不少。他們許多已得博士而執教上庠，都對這一課有終身不能忘之感。

筆者對哲研所的第二項建議是增設一教學實習的輔導課程，特請教學成績優良而資深的老師擔任。擔任教學實習輔導的老師和擔任教學法的最好同爲一人。課程的編排大可以第一學期爲教學法，第二學期跟着便是教學實習輔導。教學實習的科目，以邏輯，哲學概論，哲學史，及倫理學等低年級科目爲主。每人全學期的實習時數不必很多，但每教學一小時必須做充分的準備。編排教案，搜集材料等都需要教授從旁指導。實習的時候由輔導教授及聽講的學生們作評鑑，研究生若受過這一項訓練，畢業後登大學講壇的時候也不致過份緊張而手足無措。這對於他們日後是否能成爲一個良好的教師，多多少少都有決定性的影響。

筆者對哲研所的第三項建議是定期學術的討論會（香港新亞研究所行之有年，每月一次，名爲「月會」），每次由一位研究生宣讀一篇小型論文或研究心得報告。事前將論文或報告題目、主旨、大綱卽發所中各同學及教授。在會場宣讀完畢時當場由所中教授及各同學提出問題或批評，然後由宣讀論文者答辯。這一來，既可以訓練研究生在學術討論上的獨立能力，又可以促進所中各人學術意見的交流。

至於哲學系大學本部（undergraduate），筆者在「論中國哲學的出路問題」已有提綱揭領式的建議。現在再補充說明一下：

㈠課程方面：首先要增設「哲學方法論」爲必修科。內容可分「探討哲學問題的方法」（如辯證法、現象學方法等)「研讀哲學的方法」(如何做劄記,如何分析哲學家之論證等)及「哲學論文寫作方法」三部分。若教授此門課的師資缺乏,可由幾位教授共同擔任。這一門課不易提起教者和學者的興趣,但在哲學教育上能發揮不可思議的功能。一定要教者和學者都有極大的耐心,這門課才能產生顯著的效果。其次增設各種當代問題的課程,例如:「當代道德問題的哲學省察」,「當代社會問題的哲學分析」,及「中國文化問題的哲學探討」等等,學生在畢業前應至少選一科,藉以體驗哲學的實踐功能,從而培養個人知行合一的意識。但這種學科的師資極難獲致,往往學有所成的教授,不屑討論實際的人生問題,可能認爲教這些課程會降低他們的學術身分。但那些學養未足的敎師,討論現實問題的時候往往流於膚淺,很容易把這些課程變成報章式或社論式的討論,便失去利用哲學的智慧來指導人生的意義了。這種課程最好的師資,是學有所成而關懷世道人心的學者。但在目前的中國學術界,這種人才是可遇而不可求的吧!課程的第三項建議,便是增設「國學概論」及「中國文化基本精神」兩門科目,旨在使研究哲學的同學們不要忘本,因爲未來的中國哲學是以中國文化爲本位的。西洋哲學的wonder歷程不管如何高妙,都不能喧賓奪主。其次,根據筆者的觀察,一般習哲學的,國學程度實在太差了。中國文字學,中國歷史,和中國文學,都是治中國哲學不能缺少的基本學問,我們哲學系的同學,有多少人在這幾方面下過功夫呢?最後,筆者還建議增加「比較哲學」一門課,列爲高年級的必修科,聘請學貫中外的教授來擔任,因爲未來的中國哲學,應該是融滙中外哲學文化的產品。「比較」的研究，是「融滙」的初步，是介乎「下學」和「上達」之間的功夫，不過，學生選這一門課時，一定要在中西和印度哲學打好基礎，然後這一課才能給與最大的「實惠」。

㈡教材內容方面：我國的高等教育有一個很微妙的現象，就是許多文史哲，甚或社會科學的教授們，都沒有用「教科書」的習慣。筆者肄業師範大學的四年期間，除了大一英文和大一國文之外，沒有買過一本教科書。原因是教授根本不用教科書。那時，我鼓着勇氣（因爲我那時是香港僑生，沒有臺灣本地學生那麼侷促）問教授們爲什麼不用教科書，我得到的答案往往是：「沒有一本教科書『行』。」換句話說，每一個教授都認爲自己那一套最『行』，似乎用了別人的書作教本，便是屈辱了自己一樣。而他們自己那一套是不是很『行』呢？當然，有些教授融滙來說，而獨創一中正和平的體系，像以前師範大學的高鴻縉及黃建中兩位先生便是典型。但這種『行』的教授實在不多。可是，那些『不行』的，也要裝『行』。筆者曾經一度發現一位教授，在堂上大罵別人的書不『行』，暗地裏却剽竊那人書中的內容來作講演的材料。這種高等學府裏的僞裝與自大，簡直把神聖的學術園地汚辱了。不用教科書最大的流弊，便是學生們沒有文字記載的典籍作爲求學的依據。老師那一套學問不管如何高妙，因爲口述和筆記各有不同的速度，在課堂聽講總是打了一個很大的折扣。試問，一架噴射機在空中飛翔，你駕着汽車在高速公路，縱使超速了一倍，也很難和空中的鐵鳥並駕齊軀的。因此，筆者替學生們向執教哲學的同寅們請願，最好用教科書。若眞的無教科書，便要自編講義。我覺得在地下疾馳來追趕超音速噴射機的學子們實在太苦了，可憐他們吧！

爲了上述的緣故，筆者建議哲學系基本科目的教材一定要重新編訂。所謂基本科目是邏輯、哲學概論、倫理學、中國哲學史，印度哲學史和西洋哲學史。除邏輯外，其他各科都應該以哲學原典爲教材。其實，這幾科在英語界都有極好的教科書，都是選輯原典而加揷導論編成的。盼我國哲學界的同寅多多參考，以收「他山之石，可以攻玉」之效。

㈢教法方面：我們若有精審編訂的教科書，而教授們亦樂意採用它們的話，教學法也可以跟着改進了。我國高等教育的傳授方式，以講演法爲主。講演法本身是無可厚非的，但它若變成了獨一無二的法門，流弊自然百出了。講演法引起的流弊，我已在「哲學教育改進之我見」一文中痛陳，這裏不必贅述。這裏我們要問的是：我們今後要採取什麼方法呢？我的提議是，盡量採用培養學生獨立研究和獨立思考的方法。第一，有了良好的教科書，學生上課前一定要充分準備，把教授預先指定要讀的材料精細讀一遍。最好自己做筆記，把難懂的做記號或筆錄下來，提出讀後感想及問題，準備在堂上發問或討論。第二，有了良好的教科書，教授們可以節省在堂上介紹題材（presentation）的時間，可以把大部份時間用在分析原典和解答問題方面。而學生們亦有機會參加討論，發揮他們的才智，從而增進師生間及同學間的相互了解。第三：教授們不是完全不用講演法，但應用只限於提綱揭領或畫龍點睛式的敍述。以最少的時間，發揮最大的效能。

不過，這個新方法的實行之始，一定會發生一些困難。學生們已習慣了「吃軟飯」（此詞借用），他們不慣於「備課」或「自修」的功夫。當教授施行這個新法的時候，一定仍然有學生事前毫無準備，抱着「不勞而獲」的欣賞態度跑進教室，拿着一枝筆、一本簿，休哉悠哉的等候講壇上的「開演」。所以，筆者建議，在此法實行之始，每一堂予以五分鐘或十分鐘的測驗，看看學生有沒有備課。筆者本人爲學一向注重自己下功夫，是非常反對在學問上「不勞而獲」的。

㈣考核方面：在臺各哲學系對學生的考核，以學期論文或研究報告爲主。一般的教授很少在堂上教導學生如何寫報告或論文。（筆者在班上花了一堂時間講述，學生們認爲前所未聞。）一般學子亦只好模模糊糊地從事製作。他們的製作，大抵都採用「選取湊合」，「截長補短」，或「移花接木」等方式。教授們閱讀的時候，也許太忙的緣故，往往對「來歷不明」、「交代未清」之處不加深究便給予分數。這一來，學生們拿學分實在太容易了。筆者還有一項發見，學生們很樂意寫報告或論文，對考試則畏之如虎。他們懂得批評考試只鼓勵記誦，而認爲論文才可以鼓勵創作。但據筆者觀察，這只不過是「避重就輕」、「畏難取易」的遁辭。筆者認爲寫論文和考試應該並重。學生是否獲得該門學科的基本知識，不是從學期論文可以看得出來的。

至於學期論文的考核，我們應注重學生的表達是否清晰而有條理，是否善用批評方法。至於取材方面，是否言之有據，出處詳明。我們一方面要鼓勵出類拔萃的生徒，但另一方面要杜絕投機取巧的敗類。

除了哲研所和哲系的教育改進之外，我們還要開創一種新的學風。這一點，我在「哲學教育改進的我見」一文中曾提及，在這裏再作一點補充說明。在我國哲學界，還有一部份的學者認爲哲學是個人的獨特創見，一個哲學家可以隱居獨處，研精覃思，經面壁數年孕育性靈之後，自然可以創造出超人的智慧，給宇宙人生的大問題逐一解答。這雖然不是完全錯誤的見解，也畢竟是偏頗之論。哲學的活動固然有獨自沉思的一面，但也有討論、分析、批評、和實踐的一面。獨自沉思的一面，各人可以做自己的功夫，不必和他人合作。另外的一面是不能閉門造車的。二十世紀的學術世界，是人類經驗縱橫錯綜的場所，我們絕對不可以再遵奉「不出戶而知天下事」的聖旨了。試看當代的偉大哲人，像杜威、懷海德、羅素、維根什坦、以至現象學和存在主義的哲人，他們學術上的成就，那一個的不是從互相切磋學風下孕育而成的智慧？在今日的學術社會，不再可能有面壁九年而產生的哲學了。而且我們談未來的中國哲學，是指我們國家民族的哲學，而不是一個當代奇才的哲學。(當代奇才的哲學也要透過社會文化才能被認可是奇才。）所以我們必須要消除「獨善其身」的心態，開創「切磋琢磨」的學風。

要開創「切磋琢磨」的學風，一定要學術界自動「洗心革面」。我給「洗心革面」下的定義很簡單，就是：「洗滌互相猜疑的心態，革除惟我獨尊的面孔。」在過去的中國學術界，各豎門戶，黨同伐異，對他人輕微的言詞，往往作敏感而武斷的反應。對和自己派別不同的，不惜歪曲其說而痛譏。今日的哲學界似乎進步了，但根據筆者年來的觀察，昔日的「流風餘韻」，至今仍「粲然大備」。在臺灣的思想界，至少可以見到三分天下的局面：有以天主教哲學爲宗的「教父派」（或新士林派），有以國父學說為宗的「黨義派」，有以孔孟陸王一脈相承的「道統派」。派別紛紜本身不是缺點，但各派之間當彼此意見交流而不應自劃界限而互相猜忌。「道並行而不相悖。」我們當具有「百川歸海，萬法歸宗」的胸襟，虛心對異己多多了解，多多學習，然後憑着我們的智慧和方法，採花成蜜，擇善而從，創造我們未來的中國哲學。

我深深相信，我在本文構想的中國哲學未來的遠景，絕不是「天方夜譚」式的幻景，而是有路可到達的目的地。然而，筆者一人力量有限，只是道路的設計者。這個道路的藍圖，自信是可行的方案。但此路甚長，非日夕之間可能建築完竣。而建築過程是非常艱巨的工作，盼望哲學界同仁鼎力支持此一項比「十大建設」更繁重的工程，羣策羣力，共赴事功，則中國哲學之未來幸甚！

註一　本文集第十三篇。

註二　本文集第十六篇。

註三　本文集第十七篇。

註四　唐君毅先生嘗有「歎中華民族花果飄零」一文，筆者讀之，感懷海外飄零身世，作七律詩一首曰：

「澹泊棲身有所思，冥鴻霧豹待良時。
哀聲遍野逢饑饉，花果飄零緣黍離。

海外傳經非夙願；華夏昇平未可期。

茫茫烟水中原夢，落魄天涯空自嗟！」

註五　頗蘭義（Michael Polanyi)的學說，代表着西方科學哲學的一個最新思潮。筆者在臺大開「科學哲學」一課時，用頗氏的SCIECE FAITH and SOCIETY作教本之一，此書已由先知出版社翻印。

註六　請參讀筆者「從『心理距離說』談到對中國文化的認識」、「『情』與中國文化」及「中國倫理的基本精神」三文。筆者英文著作對中國文化之藝術精神亦頗多發揮，玆從略。

註七　筆者撰有「杜威哲學的重新認識」一文，原爲在臺大、政大教育研究所、政工幹校研究所，及天主教哲學會之講稿，見本文集第七篇。

註八　請參讀筆者之「個人主義與中國社會」，原載於中國時報副刊，六十六年一月二十九日至三十一日；見本文集第五篇。

註九　見頗蘭義 Science Faith and Society 第一章，第二節，第二十五頁至第二十八頁。

註十　此爲讀者王喆昇先生致編者來函之語。王先生函登載於哲學與文化第四卷第五期，六十六年五月號。筆者未能予王先生函作專覆，在此謹致歉意。

附錄：兩種不同的心態 CONCERN 和 WONDER

(一)前　言

我在『「情」與中國文化』一文中，(註一)談及我在加州教書時，曾把男女間的愛情，大別爲二：一種是「關懷」或「顧念」之情，另一種却是「探究」和「好新」的意識。前者英文可稱之爲CONCERN，後者可以用WONDER一辭來表達。這兩個英文字比任何中文名詞更能表達我心中所要說的。CONCERN一詞還可以勉强譯作「關懷」，但WONDER一詞極難中譯。所以在這一篇文中，許多時候這兩個詞就不翻譯過來。好在這兩個英文字都是顯淺而易懂的，讀者根本用不着去翻什麼哲學辭典。而且這兩個字都是英文的日常用語，並不是什麼專門詞彙，哲學辭典恐怕也沒有收進去。

本文的主旨，不在討論男女間的愛情，而在利用這兩個概念來闡發作者的文化哲學。出發點是認識論，終極的目的是中西文化的比較。首先從認識論分析這兩種心態性質的不同，從而略述這兩種不同心態所產生的不同的文化，進而論及這兩種心態所產生的不同型的人格和不同型的哲學家。

㈡兩種心態的分析

在WONDER的心境裏，主體和客體是分立的。不但是分立，而且是對立。我所說的對立，並沒有敵對的含義，而是主體永遠是主體，客體永遠是客體的意思。所謂「永遠」，是以WONDER的歷程來作界限。當WONDER的心境寂滅或終止的時候，這種主體和客體的對立也會停止。客體不但是主體認知的對象，而且是「超越」的對象。所謂「超越」，不是說超經驗或不可知，而是說客體尚未爲主體所知，而且客體和主體之間有着一段距離的意思。因爲有了一段距離，客體對主體便有一種招引的力量，招引主體去探究客體的自身。在主體探究客體的過程中，客體成了主體的孤立絕緣的對象。在主體的意識狀態中，客體便構成了他的認知世界的全部。在這種的心境裏，主體所追求的問題只有一個：『它（指客體而言）是什麼？』至於客體是否會對主體不利，是否有益世道人心，本身是美的還是醜的，這些問題，主體一概不管。只要能解答「客體是什麼」一問題，WONDER的歷程已到達彼岸，客體不復是主體的WONDER的對象，倘若主體的 WONDER 心境尚有餘興時，便要另尋客體作對象了。

在CONCERN 的心境裏，主體和客體不採取對立分明的關係。換句話說，就是主體不完全把客體當作客體。在此心境中，主體可能把客體當作共主體（Co-subject），有時亦會把客體當作共客體（Co-object）。總之，在「關懷」的心境裏，關懷者和被關懷者不是維持一種通常的主體客體的關係。原因是關懷者和被關懷者的關係不是單純認知的關係。在關懷者的意識裏，他和被關懷者是休戚與共，患難相扶，甚至相依爲命的。關懷者所關懷的對象，不限於被關懷者的自身，而擴展延及於和被關懷者有關係的一切。由此可知，CONCERN 的對象，不只是一個客體，而是整個環繞客體（指被關懷者）的整個相關的世界。

WONDER 和 CONCERN還有兩點很顯著的不同。在WONDER的心境裏，因爲主體永遠是主體，客體永遠是客體的緣故，主體對客體的立場，是採取旁觀者（Spectator）的態度。是沒有Committment 和 Involvement的。（這兩英文字沒有中文相等字語，恕未能譯出。）反之，在 CONCERN 的心境裏，主體和客體休戚相關。所以主體對客體，不是袖手旁觀的。換句話說，主體覺得對客體有一種「共存亡」或「共患難」的責任，從而把自己commit 或 involve到客體身上去。第二個顯著的不同點便是，在WONDER心境中，主體所要求很簡單，是純粹知性的要求。這個要求一獲得滿足後，主體和客體的關係，便告冰消瓦解。但在 CONCERN 的心境則全然不一樣，二者的關係較能長久，因爲關懷者的要求較爲複雜的緣故。當然兩者的關係也不是不會消失的。例如當被關懷者不復存在的時候，關懷者對他也許慢慢會忘却。但一般來說，主體和客體（或兩個個體）之間以 CONCERN 維持的關係，總比靠WONDER維持的關係能天長地久。

(三)兩種心態所產生不同的文化

我所說的不同的文化，並不是專指東方西方而言，這裏所指的是構成文化的各種不同的要素。構成文化的要素有許多，最主要的，（即提示給我們文化哲學所研究的）有語言、藝術（包括文學）、科學、道德、法律、和宗教。當然哲學本身也在文化哲學研究的範圍。文化哲學的任務便是要分析各要素的本質及其相互間之關係，從而理解區域性的各種文化的特徵。

一般說來，從WONDER產生出來的文化，以理論科學及哲學上的形上學爲主，其次便是純文學和超越性的宗教，以下試分別論之。

WONDER的本質爲「好奇」、「探究」、和「試新」的精神。由於好奇的心理便產生探究的歷程。探究的對象只是客體或被探究者的本身。探究者不會問客體所能貢獻於主體或其他主體的價值。遂產生爲知識而知識的精神。另一方面在WONDER的心境中，主體和客體間的關係要單純而保持不變，WONDER的心態才能繼續持久。自然界或物質界的存在物正是WONDER心態中最好不過的客體。因爲自然界或物質界的存在物，多多少少有點穩定性，作爲主體探究對象的客體之後，不會反客爲主。探究者便可以持續不斷的探究從而開拓知的領域，這便是理論科學的根源。理論科學探究的對象是自然，而自然包括存在物種類之廣，渺無邊際，屢有「奇」物出現，遂足以引起探究者的「好奇心」。而且，宇宙萬物之呈現在探究者的眼前，層出不窮，日新月異，因而維持探究者的好奇心理而後令其產生好新的精神。因此，科學的精神是進步的、創新的。

至於形上學，亦是WONDER的產物。我這裏所說的形上學是不包括所謂道德形上學的。道德形上學既屬後起，而且是否可以稱爲「形上學」，都頗成問題。我這裏說的是指西方傳統哲學的宇宙論和本體論。西方傳統形上學自始便以「宇宙的實在究竟是什麼」爲探究的主題，其精神和科學同出一轍。其不同的，形上學企圖探究宇宙的全貌，科學只局限於宇宙的某些存在物。其次，形上學較科學離開感性的領域，WONDER的精神更能向超越或非感官界發展。

至於純文學，我指的是不含道德教訓而純粹想像或感情的產品。那些「文以載道」的文學，恐怕CONCERN的成份多，WONDER的成份少了。荷馬的作品，不用說是屬於WONDER這一類型。柏拉圖從道德觀點對他的批評，是從CONCERN世道人心着眼。純文學作品中的WONDER，不是向感官界作探究，而是神馳天闕似的在想像界中遨遊。我國文學史上的莊子和李白都曾創造這一類的作品。

宗教以救人救世爲本，應該是CONCERN的產物。但偉大的宗教必同時根源於WONDER。

猶太教和基督教藉着WONDER來超越經驗世界去認識探究宇宙的主宰。佛教藉着WONDER來超越經驗世界，一面探索人生痛苦的形上學根源，另一面探索寂滅後涅槃的境界。中國文化中沒有產生這種超越性的宗教，也許是民族性裏WONDER的精神比較弱的緣故。

中華文化是CONCERN心理特別發達的國家，所以在學術思想方面，特別注重道德倫理和社會政治。儒家的「己欲立而立人，己欲達而達人」便是CONCERN的原則化。孔孟兩聖的栖栖惶惶周遊列國，便是CONCERN的具體實踐。范仲淹的「先天下之憂而憂，後天下之樂而樂」也就是這種CONCERN精神的高度表現。國父孫中山先生臨終時猶力呼「和平奮鬥救中國」，這表示他對全民族的高度CONCERN。

柏拉圖哲學中的「愛」(Eros)，和孔子學說中的「仁」，可以說是WONDER和CONCERN的一個顯著而强烈的對比。(註二)一個以WONDER的精神探索的理念界，另一個是對同類(人類)的關懷心——CONCERN。柏拉圖的愛，是不愛任何個人的。從儒家的立場來看，這比墨子的兼愛更要不得。「仁」是出自人類的本性的關懷心，因爲關懷的對象不同而愛有差等。不過，這個差等不是故意從理論上造成的，而是人性自然流露的產物。

中國的文學大都平易近人，缺乏長篇而富於想像性的詩歌，而文學理論方面則以文以載道爲主，這些都是由於CONCERN心理强，WONDER心理弱的結果。

現在該談到法律了。這一個文化的大環，在西方極爲發達，而在中國傳統文化極爲落後。難道這是WONDER而不是CONCERN的產物嗎？就我個人看來，法律的原始精神是CONCERN，因爲其用意在維持社會秩序和保障個人的權益。但法律之能成爲理論體系，一定要賴WONDER來補足。我在另一文裏已討論過法律和科學的共通性。（註三）該文所述可作這裏的補充說明。爲了節省篇幅，這裏不再重複了。

最後我要談的是社會意識。西方社會比較注重個人的自由和個人的獨立性。（註四）中國社會則不然，個人自由少，而着重人與人之間之互相扶助和互相倚賴。在WONDER的心態裏，主體需要相當自由和獨立性才能維持這種心態。但在互相關懷（mutual concern）的心態下，一定導致人與人之間的相互倚賴。由於CONCERN的心理而往往會削減個人的獨立性和自由。舉個顯淺的例子吧。父母如對子女有CONCERN，他們一定會干涉子女們的飲食起居、出入、交友等等。至於談到婚嫁，從現代眼光來看，「父母之命，媒妁之言」是代表一種專制，但據我看來，這是CONCERN的精神發展到極端的地步。

(四)兩種心態所產生不同型之人格和不同類型之哲學家

一般來說，科學家和哲學家（特指西方式的）都是WONDER的產物。他們研究的對象，往往都佔據他們意識的全部。客體之外幾乎沒有其他事物存在的餘地。所以泰勒斯（Thales）有集中注意力觀天象而跌下井裏的笑話。而物理學家牛頓（Newton）又有研究到入了神而把手錶放進黃鍋裏的趣聞。其次，浪漫派的詩人和現代抽象派的畫家都是WONDER心態下的產品。文學派的浪漫主義，特重「神思」和「純情」。（自然流露之情，與CONCERN之情不同。）他們的作品，是他們神馳太虛或幻想界的結晶品。他們不管世道人心，更不會存心文以載道。抽象派圖畫的題材，往往不是來自經驗世界，光怪陸離，無中生有，全是想像的妙用。

在中國歷史上純由WONDER產生的人格實在少之又少。似乎莊子是惟一可數的人物。屈原的詩篇，雖充滿想像，但他「眷顧楚國，繫心懷主，不忘欲返。」（見史記屈原列傳）這分明是CONCERN的成份多。李太白的詩篇似乎不少想像的佳句。例如：「白髮三千丈」、「黃河之水天上來」、「舉杯邀明月，對影成三人」等等。但這些距離西方浪漫派文學仍有一段距離。「白髮」、「黃河之水」、「明月」，都是本來存在的東西，從浪漫主義的立場來看，也許太落實了。

在中國歷史上，由CONCERN產生的人格，簡直恆河沙數。就文學家而言，韓愈的「文起八代之衰」，是關懷世道人心的實踐。白居易的「誰知盤中飧，粒粒皆辛苦」是對農夫的關懷。詩聖杜甫的「三吏」「三別」，流露了最高度的對國家危亡、人民苦痛的關懷之情。（註五）至於中國歷史的哲學家們，幾乎全屬CONCERN的產物。（似乎公孫龍子是例外，但我不願意稱他爲哲學家。）我國歷史上的聖賢、豪傑、賢臣、良相、慈母、孝子，統統是由CONCERN心態孕育而成的。

西方文化並不是沒有 CONCERN 心態下產生出來的人格。偉大的慈善家、傳道家、和政治家，都屬於 CONCERN 這一類型。慈善家對別人經濟窘迫的苦痛關懷而樂意捐輸。傳道家關懷別人靈魂的將來歸宿而傳播基督的福音。至於偉大的政治家，更是世道人心的拯溺者。林肯總統爲了主持正義，解放黑奴，其 CONCERN 之情，千秋萬世而不朽。根據目前美國政治制度，所有聯邦政府和州政府的立法委員，都是由人民投票選舉的。一般而言，人民選舉他們的最後標準，是要看他們對人民有沒有 genuine concern。

其實，西方的哲學家也不是每一個都是WONDER心態的產物。蘇格拉底對年輕的一代CONCERN 而和當時的辯士們(Sophists)展開多次的舌戰。柏拉圖雖然神馳理想界，但他對現實的批評亦足够表示他的 CONCERN。他對荷馬的批評，除了形上學的理由外，實基於他對世道人心的關懷。一般而言，他是個WONDER和 CONCERN 調和下的產品。不過，從中國人的立場來看，他是偏重WONDER的一面。柏氏弟子亞里士多德，WONDER的意識比乃師强，但他仍然有倫理學及政治學的著作。近代哲學的興起，從笛卡兒 (Descartes) 到休謨 (Hume)，似乎都是以WONDER心態爲主。休謨雖然有倫理學的著作，但他對世道人心，不見得關懷。到康德的學說，然後把WONDER和CONCERN,從新一爐共治。「純理批判」固然是以WONDER爲主的結晶品。但「實踐理性批判」、「道德形上學」、「理性限度內之宗教」、及「永久之和平」等著作，充份表現其對社會文化的 CONCERN。康德以後的哲學，似乎失去了WONDER

和CONCERN的平衡。黑格爾領導下之理想主義（或稱唯心論）已缺乏CONCERN的精神，倒向WONDER那一面去。及至存在主義起，批評理想主義及當代文化，哲學重心從WONDER移轉過來。分析哲學的勃起，蔓延英美哲學界，造成有WONDER而無CONCERN的局面。而美國實踐主義（Pragmatism），（註六）又爲CONCERN心態發展之極致。其實，在同一派的哲學家，也有因氣質不同而一爲WONDER一爲CONCERN的。就存在主義的哲人而言，沙特（Jean-Paul Sartre）偏於WONDER，所以他無法理解人與人間可以有Co-subject的關係，而視兩人間的關係永遠爲主體客體(Subject-Object)的對立。至於海德格(Martin Heidegger)便不同，他的出發點便是向傳統的WONDER-type的哲學挑戰，而歸根結底到宇宙的本體是一種CARE（德文SORGE）。至於大哲人懷海德（Alfred North Whitehead），上祧柏拉圖之眞傳，下滙相對論、量子物理學，更吸取浪漫詩人的神髓，本來是屬WONDER心態的。但他的「科學與現代世界」，對西方文化的走入歧途而大聲疾呼。而他的「教育目的」論文集，反對塡鴨式的教育，也不能說沒有CONCERN的精神。

㈤結　論

從本文的敍述和分析，不知不覺之間顯露出中國文化和思想之特性之所在。中國的思想，實在以CONCERN爲主。試看張橫渠先生的幾句話爲天地立心！爲生民立命！爲往聖繼絕學！爲萬世開太平！

這可以說是對世道人心關懷的極致。可是碰上了一個西方WONDER式的哲學家，他一定會問：天地之心是什麼？爲天地立心是不是可能？要是可能的話，如何可能？「生民」一辭究竟何所指？它只包括黃帝的子孫們還是兼容其他各民族？「立命」的「命」有何含義？「立命」一詞究竟作何解？誰爲生民立命？爲生民立命是否可能？若是可能的話，如何可能？「往聖」究竟指誰？「絕學」是什麼東西？爲往聖繼絕學如何可能？意義在那裏？爲萬世開太平又如何可能？先決條件如何？凡此種種問題，可能在張橫渠先生說這幾句話的時候沒有想到的。我國學術思想的傳統最偉大處便是念念不忘世道人心。但無可否認的，就是缺乏思辨和分析的精神。這一缺點，正好用西洋哲學來補救。然而西洋哲學絕不能取代我國CONCERN的傳統。CONCERN是我們民族思想立脚的基石，一切文化價值的根源。中華文化所以別於西方文化者卽在於此！

（六五年十二月十三日講於政大哲學系）

註一 原載香港明報月刊一〇五期。見本文集第三篇。

註二 民國六十二年三月全美亞洲研究學會在芝加哥舉行年會，其中有『中國思想中之「愛」』一論題。Fairfield大學中國學者唐力權教授就柏拉圖之「愛」及孔子之「仁」發表論文。筆者其時應邀爲論文評論者，獲益甚深。又本文之主旨，實爲筆者與唐教授討論哲學時所達到之共同結論之一。可惜撰寫本文時我等二人海天遙隔，無從切磋。筆者特於此誌明，並向唐教授致懷念之意。唐教授才情高亢，文筆典雅。惟淡泊隱居，人多不知也。

註三 科學、法律、和宗教，實爲西方文化之三大支柱，而三者之精神實互相溝通。科學和法律如何溝通，筆者於『從「心理距離說」談到對中國文化的認識』略有解釋。見本文集第二篇。

註四 至於西方人的注重個人自由和個人獨立性，筆者在另文闡述。請參看『個人主義與中國社會』，見本文集第五篇。

註五 詩聖杜甫代表中國文化中CONCERN之極致，讀者請參閱『「情」與中國文化』。

註六 美國Pragmatism，一向翻作「實用主義」或「實驗主義」，爲國人最不了解之當代西方哲學中之學派。其不了解（或誤解）之原因極多。其中一因素，可能爲譯名引起之心理反應。「實用」或「實驗」，僅爲此學派之一片面。其精神在「知行合一」，且Pragmatic一字之語源，爲「實踐」之義。故筆者重新翻爲『實踐主義』。其實此派哲學與我國儒家精神及傳統思想頗多相通之處。而且杜威氏之哲學爲反共之有效武器。（見筆者之『易經及杜威思想之革命觀』）可惜前輩美國留學生（如胡適之先生）介紹杜威哲學於中國時，得其糟粕，而不得其菁華，遂致杜氏哲學盡爲國人誤解。本人在美除講授東方文化外，執教美國哲學十餘年深深痛恨我前輩留學生對西洋文化了解之膚淺，更惋惜杜氏之學在中國不得其傳。（前輩學者中對杜氏學說能領略其精神者僅吳俊升先生一人。）若杜氏之學在五四運動時得可靠之中國傳人，共產黨思想將無立足於中土之餘地矣。惜哉！

滄海叢刊書目

國學類

中國學術思想史論叢(一)～(八)	錢　　穆　著
現代中國學術論衡	錢　　穆　著
兩漢經學今古文平議	錢　　穆　著
宋代理學三書隨劄	錢　　穆　著
先秦諸子繫年	錢　　穆　著
朱子學提綱	錢　　穆　著
莊子纂箋	錢　　穆　著
論語新解	錢　　穆　著

哲學類

文化哲學講錄(一)～(五)	鄔昆如　著
哲學十大問題	鄔昆如　著
哲學的智慧與歷史的聰明	何秀煌　著
文化、哲學與方法	何秀煌　著
哲學與思想	王曉波　著
內心悅樂之源泉	吳經熊　著
知識、理性與生命	孫寶琛　著
語言哲學	劉福增　著
哲學演講錄	吳　怡　著
後設倫理學之基本問題	黃慧英　著
日本近代哲學思想史	江日新　譯
比較哲學與文化(一)(二)	吳　森　著
從西方哲學到禪佛教——哲學與宗教一集	傅偉勳　著
批判的繼承與創造的發展——哲學與宗教二集	傅偉勳　著
「文化中國」與中國文化——哲學與宗教三集	傅偉勳　著
從創造的詮釋學到大乘佛學——哲學與宗教四集	傅偉勳　著
中國哲學與懷德海	東海大學哲學研究所主編
人生十論	錢　　穆　著
湖上閒思錄	錢　　穆　著
晚學盲言(上)(下)	錢　　穆　著
愛的哲學	蘇昌美　著
是與非	張身華　譯
邁向未來的哲學思考	項退結　著

現代藝術哲學 孫旗 譯
現代美學及其他 趙天儀 著
中國現代化的哲學省思 成中英 著
不以規矩不能成方圓 劉君燦 著
恕道與大同 張起鈞 著
現代存在思想家 項退結 著
中國思想通俗講話 錢穆 著
中國哲學史話 吳怡、張起鈞 著
中國百位哲學家 黎建球 著
中國人的路 項退結 著
中國哲學之路 項退結 著
中國人性論 臺大哲學系主編
中國管理哲學 曾仕強 著
孔子學說探微 林義正 著
心學的現代詮釋 姜允明 著
中庸誠的哲學 吳怡 著
中庸形上思想 高柏園 著
儒學的常與變 蔡仁厚 著
智慧的老子 張起鈞 著
老子的哲學 王邦雄 著
逍遙的莊子 吳怡 著
莊子新注（內篇） 陳冠學 著
莊子的生命哲學 葉海煙 著
墨家的哲學方法 鐘友聯 著
韓非子析論 謝雲飛 著
韓非子的哲學 王邦雄 著
法家哲學 姚蒸民 著
中國法家哲學 王讚源 著
二程學管見 張永儁 著
王陽明——中國十六世紀的唯心主義哲學家 張君勱原著、江日新中譯
王船山人性史哲學之研究 林安梧 著
西洋百位哲學家 鄔昆如 著
西洋哲學十二講 鄔昆如 著
希臘哲學趣談 鄔昆如 著
近代哲學趣談 鄔昆如 著
現代哲學述評(一) 傅佩榮編譯

當代西方哲學與方法論	臺大哲學系主編
人性尊嚴的存在背景	項退結編著
理解的命運	殷鼎著
馬克斯・謝勒三論	阿弗德・休慈原著、江日新譯
懷海德哲學	楊士毅著
洛克悟性哲學	蔡信安著
伽利略・波柏・科學說明	林正弘著
宗教類	
天人之際	李杏邨著
佛學研究	周中一著
佛學思想新論	楊惠南著
現代佛學原理	鄭金德著
絕對與圓融——佛教思想論集	霍韜晦著
佛學研究指南	關世謙譯
當代學人談佛教	楊惠南編著
從傳統到現代——佛教倫理與現代社會	傅偉勳主編
簡明佛學概論	于凌波著
圓滿生命的實現（布施波羅密）	陳柏達著
薝蔔林・外集	陳慧劍著
維摩詰經今譯	陳慧劍譯註
龍樹與中觀哲學	楊惠南著
公案禪語	吳怡著
禪學講話	芝峯法師譯
禪骨詩心集	巴壺天著
中國禪宗史	關世謙著
魏晉南北朝時期的道教	湯一介著
社會科學類	
憲法論叢	鄭彥棻著
憲法論衡	荊知仁著
國家論	薩孟武譯
中國歷代政治得失	錢穆著
先秦政治思想史	梁啟超原著、賈馥茗標點
當代中國與民主	周陽山著
釣魚政治學	鄭赤琰著
政治與文化	吳俊才著
中國現代軍事史	劉馥著、梅寅生譯
世界局勢與中國文化	錢穆著

中華文化十二講　錢穆著
民族與文化　錢穆著
楚文化研究　文崇一著
中國古文化　文崇一著
社會、文化和知識分子　葉啟政著
儒學傳統與文化創新　黃俊傑著
歷史轉捩點上的反思　韋政通著
中國人的價值觀　文崇一著
紅樓夢與中國舊家庭　薩孟武著
社會學與中國研究　蔡文輝著
比較社會學　蔡文輝著
我國社會的變遷與發展　朱岑樓主編
三十年來我國人文社會科學之回顧與展望　賴澤涵編
社會學的滋味　蕭新煌著
臺灣的社區權力結構　文崇一著
臺灣居民的休閒生活　文崇一著
臺灣的工業化與社會變遷　文崇一著
臺灣社會的變遷與秩序(政治篇)(社會文化篇)　文崇一著
臺灣的社會發展　席汝楫著
透視大陸　政治大學新聞研究所主編
海峽兩岸社會之比較　蔡文輝著
印度文化十八篇　糜文開著
美國的公民教育　陳光輝譯
美國社會與美國華僑　蔡文輝著
文化與教育　錢穆著
開放社會的教育　葉學志著
經營力的時代　青野豐作著、白龍芽譯
大眾傳播的挑戰　石永貴著
傳播研究補白　彭家發著
「時代」的經驗　汪琪、彭家發著
書法心理學　高尚仁著

史地類

古史地理論叢　錢穆著
歷史與文化論叢　錢穆著
中國史學發微　錢穆著
中國歷史研究法　錢穆著
中國歷史精神　錢穆著

國史新論	錢　穆著
秦漢史	錢　穆著
秦漢史論稿	邢義田著
與西方史家論中國史學	杜維運著
中西古代史學比較	杜維運著
中國人的故事	夏雨人著
明朝酒文化	王春瑜著
共產國際與中國革命	郭恒鈺著
抗日戰史論集	劉鳳翰著
盧溝橋事變	李雲漢著
老臺灣	陳冠學著
臺灣史與臺灣人	王曉波著
變調的馬賽曲	蔡百銓譯
黃帝	錢　穆著
孔子傳	錢　穆著
唐玄奘三藏傳史彙編	釋光中編
一顆永不殞落的巨星	釋光中著
當代佛門人物	陳慧劍編著
弘一大師傳	陳慧劍著
杜魚庵學佛荒史	陳慧劍著
蘇曼殊大師新傳	劉心皇著
近代中國人物漫譚・續集	王覺源著
魯迅這個人	劉心皇著
三十年代作家論・續集	姜　穆著
沈從文傳	凌　宇著
當代臺灣作家論	何　欣著
師友風義	鄭彥棻著
見賢集	鄭彥棻著
懷聖集	鄭彥棻著
我是依然苦鬥人	毛振翔著
八十憶雙親、師友雜憶（合刊）	錢　穆著
新亞遺鐸	錢　穆著
困勉強狷八十年	陶百川著
我的創造・倡建與服務	陳立夫著
我生之旅	方　治著
語文類	
中國文字學	潘重規著

中國聲韻學　潘重規、陳紹棠 著
訓詁通論　吳孟復 著
翻譯新語　黃文範 著
詩經研讀指導　裴普賢 著
陶淵明評論　李辰冬 著
鍾嶸詩歌美學　羅立乾 著
杜甫作品繫年　李辰冬 著
杜詩品評　楊慧傑 著
詩中的李白　楊慧傑 著
司空圖新論　王潤華 著
詩情與幽境——唐代文人的園林生活　侯迺慧 著
唐宋詩詞選——詩選之部　巴壺天 編
唐宋詩詞選——詞選之部　巴壺天 編
四說論叢　羅盤 著
紅樓夢與中華文化　周汝昌 著
中國文學論叢　錢穆 著
品詩吟詩　邱燮友 著
談詩錄　方祖燊 著
情趣詩話　楊光治 著
歌鼓湘靈——楚詩詞藝術欣賞　李元洛 著
中國文學鑑賞舉隅　黃慶萱、許家鶯 著
中國文學縱橫論　黃維樑 著
蘇忍尼辛選集　劉安雲 譯
1984　GEORGE ORWELL原著、劉紹銘 譯
文學原理　趙滋蕃 著
文學欣賞的靈魂　劉述先 著
小說創作論　羅盤 著
借鏡與類比　何冠驥 著
鏡花水月　陳國球 著
文學因緣　鄭樹森 著
中西文學關係研究　王潤華 著
從比較神話到文學　古添洪、陳慧樺主編
神話卽文學　陳炳良等譯
現代散文新風貌　楊昌年 著
現代散文欣賞　鄭明娳 著
世界短篇文學名著欣賞　蕭傳文 著
細讀現代小說　張素貞 著

現代詩學　蕭　蕭　著
詩美學　李元洛　著
詩學析論　張春榮　著
橫看成嶺側成峯　文曉村　著
大陸文藝論衡　周玉山　著
大陸當代文學掃瞄　葉穉英　著
走出傷痕——大陸新時期小說探論　張子樟　著
兒童文學　葉詠琍　著
兒童成長與文學　葉詠琍　著
增訂江皋集　吳俊升　著
野草詞總集　韋瀚章　著
李韶歌詞集　李　韶　著
石頭的研究　戴　天　著
留不住的航渡　葉維廉　著
三十年詩　葉維廉　著
讀書與生活　琦　君　著
城市筆記　也　斯　著
歐羅巴的蘆笛　葉維廉　著
一個中國的海　葉維廉　著
尋索：藝術與人生　葉維廉　著
山外有山　李英豪　著
葫蘆·再見　鄭明娳　著
一縷新綠　柴　扉　著
吳煦斌小說集　吳煦斌　著
日本歷史之旅　李希聖　著
鼓瑟集　幼　柏　著
耕心散文集　耕　心　著
女兵自傳　謝冰瑩　著
抗戰日記　謝冰瑩　著
給青年朋友的信(上)(下)　謝冰瑩　著
冰瑩書柬　謝冰瑩　著
我在日本　謝冰瑩　著
人生小語(一)~(四)　何秀煌　著
記憶裏有一個小窗　何秀煌　著
文學之旅　蕭傳文　著
文學邊緣　周玉山　著
種子落地　葉海煙　著

向未來交卷	葉海煙 著
不拿耳朵當眼睛	王讚源 著
古厝懷思	張文貫 著
關心茶——中國哲學的心	吳怡 著
放眼天下	陳新雄 著
生活健康	卜鍾元 著
美術類	
樂圃長春	黃友棣 著
樂苑春回	黃友棣 著
樂風泱泱	黃友棣 著
談音論樂	林聲翕 著
戲劇編寫法	方寸 著
戲劇藝術之發展及其原理	趙如琳譯著
與當代藝術家的對話	葉維廉 著
藝術的興味	吳道文 著
根源之美	莊申 著
中國扇史	莊申 著
立體造型基本設計	張長傑 著
工藝材料	李鈞棫 著
裝飾工藝	張長傑 著
人體工學與安全	劉其偉 著
現代工藝概論	張長傑 著
色彩基礎	何耀宗 著
都市計畫概論	王紀鯤 著
建築基本畫	陳榮美、楊麗黛 著
建築鋼屋架結構設計	王萬雄 著
室內環境設計	李琬琬 著
雕塑技法	何恆雄 著
生命的倒影	侯淑姿 著
文物之美——與專業攝影技術	林傑人 著